士兵团体心理辅导理论与实践

王海民　朱丽娅　景溪萍　编著

国防工业出版社

National Defense Industry Press

内 容 简 介

本书将团体心理辅导的理论与实践相结合,联系部队实际情况,针对战士的个性、情绪、压力、心理创伤、生涯规划等内容进行分析、阐述,并设计辅导方案,具有一定的可操作性。

本书既可作为部队战士的心理自助书籍,也可供部队基层心理工作者参考。

图书在版编目(CIP)数据

士兵团体心理辅导理论与实践/王海民,朱丽娅,景溪萍编著.—北京:国防工业出版社,2013.2
ISBN 978-7-118-08549-5

I.① 士… II.① 王… ②朱… ③景… III.①士兵—团体心理学—心理辅导—研究 IV.①E0-051

中国版本图书馆 CIP 数据核字(2013)第 024025 号

※

国防工业出版社出版发行
(北京市海淀区紫竹院南路 23 号 邮政编码 100048)
北京嘉恒彩色印刷责任有限公司
新华书店经售

*

开本 710×960 1/16 印张 13 字数 229 千字
2013 年 2 月第 1 版第 1 次印刷 印数 1—2000 册 定价 58.00 元

(本书如有印装错误,我社负责调换)

国防书店:(010)88540777   发行邮购:(010)88540776
发行传真:(010)88540755   发行业务:(010)88540717

前　言

随着我国改革开放不断深入和经济社会深刻变革,社会竞争加剧、生活节奏加快、工作压力加大,出现心理问题的人群正在逐年扩大。据中国疾病预防控制中心精神卫生中心 2009 年年初公布的数据显示,我国各类精神疾病患者人数在1 亿人以上,也就是说,每 13 个人中有 1 位精神疾病患者。调查显示,精神疾病在我国疾病总负担的排名中居首位。

军队作为一个特殊群体,任务艰巨、繁重,随时要准备经历生与死的考验。在日常生活中,军营环境不仅相对封闭、单调,而且社会、网络等正在逐渐成为潜在地产生不良作用的影响因素,更容易引发心理问题。因此,做好战士的心理工作对于缓解战士心理压力,增强其自我调适能力具有重要意义。

心理疏导,也经常称为心理咨询或心理治疗,是随着社会的发展和部队的需要在军营里逐渐被认知和应用起来的。军人群体所处环境相对特殊,由于职业的需要,在人生观、价值观等方面确实具有一定的独特性,在某些情境中表现出与一般人不一样的行为方式,但是从人的内在本性上看,军人会产生与一般人相同或相似的情绪情感,在心理需要上没有本质的区别,甚至在有些特殊情境中更甚于一般人。

基层战士是个年轻的群体,心中充满无限的渴望与激情,期待在军营这个大熔炉中百炼成钢,成长为在部队能够建功立业,到地方能够奉献社会的有为青年。对战士来说,在部队的日子是极为珍贵的,同时也充满了挑战与不安。战士入伍后,虽然内心已经准备好接受军营的考验,但是在实际生活中,难免会体验到各种各样的负性情绪,产生不良心理,而且每个人都是带着原生家庭的各种因素走到了一起,在集体生活中磕磕绊绊。

心理疏导或心理咨询是一份专业性极强的工作,对工作者的素质有较高的要求,在咨询或治疗中,需要耐心细致地工作,并且自身人格比较健全。对战士开展团体心理辅导,既适应了部队的实际情况,帮助战士获得心理上的成长,又丰富了战士的业余生活,接触到不一样的教育活动。在以往对战士进行团体心理辅导时,有的战士谈到:"这是我人生第一次与人说如此贴心的话,心理辅导让我看到了我自己,也看到了我内心本来就在那里的力量。我清晰地感受到我的需要,接近了我的梦想。"团体心理辅导作为部队思想政治教育的一个组成部分,采用灵活、新鲜的方式,在外松内紧的印象中走进了战士的内心深处,与战士的心灵进行了静静的对话。战士的心灵在看似无痕的对话中得到了滋养,思想也受到了洗礼,得以升华。

这就是团体心理辅导的魅力。

编著者

于军械工程学院中国特色社会主义
理论体系研究中心

目　录

理 论 篇

实 践 篇

理 论 篇

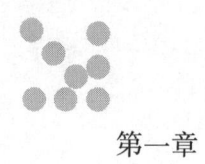

第一章　团体心理辅导的基础

光有知识是不够的,还应当运用;光有愿望是不够的,还应当行动。

——歌德

珍惜你做人的权利,挖掘你自身的潜能。如果你有意地避重就轻,去做比你尽力所能做到的更小的事情,那么我警告你,在你今后的日子里,你将是不幸的。因为你总是要逃避那些和你的能力相联系的各种机会和可能性。

——A.马斯洛

心理学的相关研究表明,团体对一个人的成长与发展有着重要的影响。每个人的成长都离不开团体,在人成长的各个不同阶段,需要不同的团体来支持。因为人是社会动物,人必须作为团体的一分子,需要和期望才能得到满足。特别是当人彷徨无助遇到困难的时候,团体往往可以扮演重要的角色,发挥助人的功能。在帮助那些有共同成长问题个体上,团体心理辅导是一种经济而有效的方法。

第一节　团体心理辅导概述

一、团体的特征与功能

团体心理辅导中所说的团体,也称为小组,与人们在日常生活中所说的概念不同。伯吉斯在《人格和社会群体》一书中,将团体定义为若干互动的具有特定人格的个人集合。勒温认为,不管团体大小,结构及活动如何,所有称为团体的都需要建立在其成员彼此互动上。哈默斯指出,团体是指一群人彼此互相沟通一段时间,以使每个人不需要通过他人,能与其他人面对面地沟通。概括地说,团体是指两个或两个以上独立的个体通过彼此互动、互相影响而形成的个人集合体。个人集合往往没有统一的目标,缺乏团体意识的团体成员没有互动和相互依存的关系;而团体则不同。

1. 团体的特征

一个有意义或有功能的团体,必须具备以下几个方面的要素和特征:

(1) 有一定的规模。作为一个团体,必须有一定规模,即至少由两人以上组成。但人数只是一种形式,判断一个团体是否是真正意义上的团体,除了人数之外,还必须具备共同的目标、共同的结构与规范、成员之间的互动等方面的基本特征。

(2) 有共同的目标。共同的目标是团体形成的先决条件和根本原因,也是团体的重要特征之一。图书馆里围坐在一张阅览桌旁的六名学生并不是团体,但是如果他们是为了共同编写一个校园心理剧本,那就是一个团体了。这就是说,一个团体中的成员是为了一个共同的目标而集合在一起的,他们或者是为了完成一定的任务,或者是为了构建一个共同的关系网络,或者是有共同的理想、兴趣、爱好和价值观,而志同道合地走在一起。这样的团体,既包括稳定的同道者,也包括临时的同道者。成员间彼此有共识,即有共同的目标、理想、兴趣,志同道合,荣辱与共,具有一定的凝聚力。

(3) 有成员之间的互动。团体的成员在总体上会感觉到他们是一个与其他群体不同的联合体。这种团体成员相互靠拢的感觉会产生一种归属感,并形成团体的凝聚力,使他们愿意分享共同的信念、态度,对团体产生心理上的依赖。团体成员之间还会发生一定的互动关系,这种互动可能是相互支持、信任、欣赏、鼓励、合作的正向互动,也有可能是相互拆台、欺骗、指责、攻击的负向互动。团体成员若缺乏互动,则冷漠且毫无生机;成员间正向互动越多,则团体越健康且越有活力;成员间负向互动越多,则团体可能离心离德、分崩离析。

(4) 有一定的结构与规范。团体是组织化了的人群,每一个成员在团体中都占据一定的位置,执行一定的角色,承担一定的义务并享有一定的权利。团体还会形成一定的规范,规定了成员可接受的内隐或外显的行为规则,群体成员之间的互动和各种活动都会受到这些团体规范的约束。如果团体缺少规范,成员就会处于无序状态,并容易导致团体的解体。规范越清楚且为大家所遵守,团体就越健全与稳定。若团体缺乏规范,成员就会处于"无序"的状态,容易导致团体的解体。

2. 团体的功能

团体能够影响个人的成长,这是由团体自身功能决定的。当然,这种影响可以是积极的和愉快的,也可以是消极的和痛苦的。具体说来,团体的功能主要体现在了以下几个方面:

(1) 团体能使成员之间产生共同的感受或体验。当个体情绪不佳或遭遇困难时,常常会感到孤独、失望、无助,并以为自己是"最不幸的人"。这些负向的情绪,有时在个别辅导的情境中会显得难以消除、久拖不决,但若是放在一个团体情境之中加以处理,却可能取得意想不到的效果。因为在团体的互动分享中,个体会发现与自己类似境遇的人其实很多,于是他的孤独感便会大大降低,而应对困难和矛盾的办法也会从团体中得到启发。

(2)团体能改变自我概念并增进对他人的了解。在一个良性互动的团体中,每一个成员都可以将其他人看作是自己的一面"镜子",因此便有了可以比较、对照的对象;而别人给他的反馈性意见,也能使他对自己在平时所没有察觉的个人特质有一个比较清晰的了解。这样便能使个体自我概念的结构趋于更加客观与合理,同时也使个体对他人有了进一步的了解,有助于和他人建立良好的人际关系。

(3)团体创设了模拟现实生活情境的实验机会。团体是社会的缩影,是社会生活的真实反映,所以西方有学者称团体为"迷你社会"或"小小社会"。团体成员彼此之间的矛盾冲突、学习训练上的竞争合作、官兵之间的关系协调无一不反映着社会生活的真实面貌。

所以,如果身处团体之中,却没有时间或机会参与团体中坦诚的互动,不知社会交往为何物,那么一旦离开军营进入社会的真实世界时,就会无法适应社会生活的复杂关系与各种具体矛盾。

(4)团体提供了不同的资讯及多元的回馈。团体的成员各有不同的成长背景与生活经验,因此在讨论问题时,往往能够从不同的视角发表意见,提供多元化的解决问题的方案。团体心理辅导之所以能够为官兵的成长起到积极作用,正是由于团体的多元互动开阔了官兵的视野,满足了官兵大量吸收不同信息的需要,可以有效地弥补这一年龄段官兵认知上片面性带来的各种偏差和不足。

此外,团体还给官兵提供了接受回馈的机会,只有在团体中个体才可能有如此多的机会听到他人对自己的看法。团体中他人的建议、反映和看法都是很有价值并具有冲击力的,因为当你只听到一个人的回馈性意见时,你可能并不在意,但是当有七八人对你都有相同的看法或反映时,你就很难去否认或者不予理会了。

3. 团体的动力

概括地说,团体动力是由团体内部要素之间互动而产生的影响团体运作的社会力。它是指在任何时间内发生在团体里的各种驱动性的力量。它包括被人们觉察到的(如人际间的互动、相互间言行的影响、团体认同的规范等),也包括未被人们觉察到的一些现象(如团体的风气、舆论、潜规则等)。由于这些动力的存在,团体的运作才得以开始并持续下去。

(1)团体动力是团体中"力的磁场"。"力的磁场"这一理论是美国心理学家勒温提出来的,它指团体中一种相互牵动的关系。勒温把人的心理和行为视为一种场的现象,是人与环境的函数。基本上,团体成员在团体中的所作所为,都是该成员与其知觉到的环境的互动。

在一个团体中,每个成员对各种现象可能各有其不尽相似甚至截然相反的知觉,因此,不同的成员对自己行动方向、目标的认定均可能不同。这样一来,团体便像是一个充满能量的小"磁场",不同成员所认同的相似或不同的目标及其行动之间,便形成或相互促进或相互抑制或相互斗争的种种关系。如果我们视每个成员为团体的一个元素或一个小系统,那么这些元素或小系统之间的"关系"对团体过程与动力的影响要远远大于个体元素对团体的影响。

(2)团体动力强弱的标志是团体气氛。团体气氛是指一种团体的社交气氛,是团体动力强弱的标志。团体的气氛可以反映在与群体互动相关联的情感或言语氛围、对群体的态度反应、个体的自我概念等方面。研究表明,对于广大官兵来说,团体的气氛是直接影响其成就和心理发展的重要因素之一。广大官兵总是将群体视为一个参照系,积极主动地建构自我,所以团体气氛(实际上是一种群体压力)在一定程度上也强制塑造着自我,这一点在团体心理辅导活动中往往表现得相当明显。团体动力标志着团体运作的状况,它与团体心理辅导活动的操作实务息息相关。

在团体心理辅导活动中,团体动力主要表现在团体凝聚力、团体气氛、团体规范、团体活动的参与度及成员互动水平等几个方面。

(3)团体动力存在于成员互动的行为世界之中。任何一个团体一定都包含着一个人与人相处的行为世界,任何一个人与人相处的行为世界都建立在互动双方或多方如何认识外界现象或信息,以及互相之间如何对待、如何回应的基础之上。

这样一个人与人相处的互动世界,就是每个个体所能知觉的生命空间。这就是说,团体就是每个成员所共享的生命空间,个体的生存、适应与发展都与这个共同构建的生命空间有着密切的关系。在成员互动的行为世界之中,团体的动力是动态的,它会随着时空有所变化;团体的动力是有方向的,它有着一定的运作趋向;团体的动力是有强度的,在不同的团体中它会呈现出差异来;团体的动力是可以感知的,它可以由身处其中的人所体会及知觉到;这种团体的动力是有影响的,它会影响到个人行为及团体的效能。

二、团体心理辅导的内涵

1. 团体心理辅导的界定

团体心理辅导(Group Guidance),美国称指导,我国的台湾称辅导,是心理辅导(Psychological Guidance)的一种形式。对于团体心理辅导,许多心理学家作出了自己的界定。清华大学樊富珉教授提出,团体心理辅导是在团体情境下进行的一种心理咨询形式,它是通过团体内人际交互作用,促进个体在交往中通过观察、学习、体验,认识自我,探讨自我,接纳自我,调整、改善与他人的人际关系,学习新的态度与行为方式,以发展良好适应的助人过程。

心理咨询大师卡尔·罗杰斯曾经说过,20 世纪人类社会最大发明之一是小团体运动。团体心理辅导正是在团体情景下进行的一种心理咨询形式。从本质上讲,团体心理辅导是一个助人自助的过程。团体心理辅导之所以可行,主要在于它是在团体的情境下,借助团体的力量及各种心理辅导的技术,通过引导、帮助团体成员主动参与,使其在交往中通过观察、学习、自我体验、自我领悟、自我实践去调节改善与他人的关系,学习新的态度与行为方式,从而达到促进个体良好发展的目的。

一般而言,团体心理辅导通常由一位或两位团体心理辅导师主持,一般称为团体领导者,多个来访者参加,一般称为团体成员。根据团体成员的相似性组成小组。团体的规模因咨询目标的不同而不等,少则 3 人~5 人,多则十几人,甚至几十人。通过几次或十几次团体聚会、活动,参加成员相互交流,共同探讨大家关心的问题,彼此启发、相互支持,鼓励分享,使成员了解自己的心理及他人的心理,以便改善人际关系,增加社会适应性,促进人格成长。实践证明,团体心理辅导既是一种有效的心理治疗,也是一种有效的教育活动。

2. 团体心理辅导的阶段

团体心理辅导是通过团体方式去辅导他人,不同的阶段有不同的任务和内容。对于团体的形成与发展应分成几个阶段,不同的心理学家有不同的看法。一般说来,团体的形成与发展大概分成以下四个阶段:

(1)热身阶段。在这一阶段,小组成员初入团体,对团体的成员有陌生感,对团体也不甚了解,不知道自己该做什么,由此会产生很多疑惑与焦虑。这一阶段的任务是澄清目标(如向成员解释心理辅导的目的),通过活动让小组成员消除陌生感,逐步认识和了解团体成员,从而开始建立起信任感。工作重点是组建小组,增进小组成员的了解与信任。

(2)凝聚阶段。经过第一阶段的热身,小组成员间有了初步的认识和了解。随着活动的深入,成员互动更加频繁,从身体的接触逐步到心灵的沟通与交流,小组的自然领袖就会产生;同时成员们也会表现出真实的自我,由此会出现如抗拒、冲突等不利于团体进一步发展的行为。随着这些问题的解决,小组成员互相接纳,信任感进一步增强,团体凝聚力也会得到进一步巩固和发展。这一阶段的发展重点是为成员提供鼓励,增进成员的互动,解决成员的冲突与抗拒行为,建立起坦诚而互相信赖的团体气氛。

（3）探索阶段。经过第二阶段的努力，团体成员已经彼此信任，团体也有很强的凝聚力。这一阶段的任务是，在充满信任、理解、真诚的团体气氛下，鼓励成员探索个人的态度、感受、价值和行为，深化对自己的认识。工作重点是解决成员的问题，促使成员的行为改变。

（4）结束阶段。这一阶段的主要任务是让成员面对即将分离的事实，协助团体成员整理、归纳在团体中学到的东西，鼓舞信心，将学习到的东西应用于日常生活中去，促使态度与行为进一步改变。工作重点是促使团体成员态度与行为的迁移，处理惜别情绪。

上述四个发展阶段虽然有不同的特征，但它们又是连续的、相互影响的。作为一个成功的团体心理辅导领导者，必须对团体的发展阶段及其特征有清晰的了解，才能把握住团体的发展方向，有效地引导团体向健康的、既定的方向前进。

3. 团体心理辅导的目标

团体心理辅导领导者在进行团体心理辅导前，首先应确定团体心理辅导的目标，并在团体建立的初期就要向团体成员讲明，使团体成员明确参加团体的意义，同时能确定自己要达到的辅导目标。团体心理辅导的终极目标是自我实现、自我认识和促进自我成长。团体领导者在设计辅导活动的时候，应通过有计划的系列辅导活动，通过一个个子目标、直接目标、间接目标达到终极目标。

在现实的团体心理辅导中，有些团体领导者把辅导目标局限于某一项一般目标或直接目标，忽略了终级辅导目标的重要性。当辅导过程中缺乏了终极目标的引领，辅导的效果就会大大减弱，很可能会流浮于表面，仅仅起到治标的作用。在这种情况下，团体心理辅导也就成了心理调适和心理发展的"快餐"，团体心理辅导的效果就难以巩固与迁移。

团体心理辅导是一种有计划的心理辅导活动，为了取得预期的辅导效果，必须有明确的辅导目标。

团体心理辅导目标具有的功能：一是导向性。团体目标引领着团体心理辅导活动过程的方向，是团体领导者与团体成员经过努力要实现的状态。二是聚焦性。团体目标可以协助团体成员将自己的注意力集中在团体主题上。三是激励性。团体目标有助于调动团体成员的积极性，努力克服困难，最终达到目标。四是评估性。团体目标为团体心理辅导领导者评价带领团体的效果，以及及时调整团体活动主题提供了一个参照标准。

三、团体心理辅导的产生与发展

1. 团体心理辅导在国外的发展与研究

团体心理辅导起源于 1905 年，已有一百多年的历史，当时，美国的内科医生普瑞特将肺病患者组成了第一个团体,采用讲课、讨论、现身说法等形式,鼓励、激发患者战胜疾病,取得了良好的效果,开创了团体治疗的先河,他也被认为是团体咨询与集体心理治疗的先驱。团体心理辅导目标真正迅速发展并走向实用是在第二次世界大战期间,大量受到战争创伤的士兵出现精神障碍,心理疾病发病率非常高,而当时的精神科大夫和心理医生人数远不能满足要求,在这种情况下,团体心理辅导作为一种既经济又高效的治疗方法得以广泛应用。团体心理辅导真正用于帮助正常的人提高和完善、促进正常人的成长是从 20 世纪 30 年代勒温的"国家训练实验室"开始的。勒温在 1931 年美国教育期刊发表了"A Group Guidance Gurriculum in the Senior High School"一文,认为人就是一个场,人的心理现象具有空间的属性,即人的行为是由场所决定的。

20 世纪 30 年代,团体心理辅导目标式的课程遍及全美各地,许多学校团体心理辅导的图书也先后出版。50 年代,行为治疗开始兴起,美国心理学和精神病学家拉扎勒斯首先将以学习为基础的行为疗法应用于集体心理治疗,受到高度重视。60 年代,人本主义心理学兴起,其代表人物马斯洛、罗杰斯等人倡导"人类潜能运动"。在美国,70 年代以来,各种类型的团体心理辅导活动,特别是交友集体雨后春笋般地涌现出来,罗杰斯等人倡导的人类潜能开发运动得到越来越多的关注,全国各地有几百万人自愿参加这种集体。受美国的影响,欧洲与日本等国家也越来越重视团体心理辅导的作用,都展开了相应的研究,并将团体心理辅导运用到各个领域。此外,英国、德国、澳大利亚、意大利、加拿大、墨西哥、瑞典、丹麦、波兰、土耳其、日本等国的学校团体心理辅导也开展得很好。由于团体心理辅导的独特之处和较好的效果,在国外已广泛应用于学校、企业、医院、社区、司法等各个领域。

2. 团体心理辅导在国内的发展与研究

我国的团体心理辅导在香港、台湾地区发展较早并相当流行。团体心理辅导在我国发展最早的主要是 20 世纪的台湾地区,由于受美国的影响较多,积累了较多的经验。当时团体心理辅导在台湾地区的大学尤其活跃,开展了许多类型的训练,如人际关系训练,自我肯定训练,克服焦虑、自卑等。香港地区,团体心理辅导在 20 世纪 70 年代末期逐渐受到重视。其中 70 年代初期到 80 年代是尝试各类团体心理辅导活动并有所发展的阶段,80 年代后进入多元化发展阶段,服务对象从青少年扩大到老人,服务模式有发展性、康复性、预防性、行为修正性等。在香港地区,所有大学的学生事务处都有辅导中心,为大学生提供心理咨询、团体心理辅导。

我国大陆的团体心理辅导起步较晚,20 世纪 90 年代开始,团体心理辅导的理论与方法被介绍引进到我国大陆。1991 年,中国心理卫生协会大学生心理咨询专业委员会主办了"团体咨询培训班",系统介绍了团体咨询的理论、方法、技巧,为北京高校培养了一批团体咨询人员,以后各高校的团体咨询才逐渐开展起来。在高校主要运用在新生入学教育、自信心教育、人际交往及某些问题的心理治疗等方面。随着我国改革开放的全面推进、以人为本的科学发展观的提出,人们的心理健康越来越受到政府、社会、企业、学校、家庭、军队的关心和重视。近年来,团体心理辅导已经越来越受到重视并开始广泛应用,成为心理健康教育、心理咨询工作、管理培训的一种新的发展趋势。

团体心理辅导除用于治疗各种神经症如恐怖症、抑郁性神经症、神经衰弱症等之外,还可用于调节正常人的心理障碍,用于发展性目标,进行人的潜能训练、拓展训练、成功训练等。现在团体心理辅导的应用范围也日趋广泛,近年来社会上流行的各种员工培训、人际交往技巧培训、成功心态训练、舒缓压力训练、领导影响力训练、癌症俱乐部等,也都带有团体心理辅导的色彩。经过20多年的发展,团体心理辅导已经成为心理健康教育和心理咨询工作新的发展趋势。但总的来说,在我国大陆,团体心理辅导研究及应用还在起步阶段,许多方面仍需要做大量的、深入的研究。

第二节　团体心理辅导与个体心理咨询

心理咨询主要有个体心理咨询与团体心理辅导两种形式。它们作为心理咨询的两大支柱,尽管形式不同,但并非互相排斥,而是相辅相成,根本目的是一致的。其目的都是帮助来访者维护心理健康,克服成长中的种种困难和障碍,迈向自我实现。也就是说,无论哪种形式都是为了个体更好地成长、发展和适应。但是,个体心理咨询与团体心理辅导两者各有其独特功能与有效范围,能为不同需要的人在不同情况和层面上提供帮助。了解团体心理辅导与个体心理咨询的区别与联系,可以帮助人们更好地学习和掌握不同的助人技巧,整合自己已有的经验,扩大服务的领域。

一、团体心理辅导与个体心理咨询的区别

个体心理咨询与团体心理辅导的区别主要体现在以下几个方面:

1. 互动程度不同

个体心理咨询的过程是心理治疗师与来访者之间单向或双向沟通的过程,人际互动为一对一的形式,咨询信息的交流仅限于两者之间,深度够但广度不足;而团体心理辅导是多向的沟通过程,对每一个团体成员来说,都存在多个影响源。每个团体成员不仅自己接受他人的帮助和感染,也可以感染和影响其他

团体成员,在这个过程中团体成员可以体验到亲密的感受。此外,在团体互动情景下,团体成员可以同时学习模仿多个团体成员的适应行为,从多个角度洞察自己,团队成员可以得到多方面的回馈。团体心理辅导过程中,团体成员之间相互支持、集思广益,共同探寻解决问题的办法,团队成员的社会性需求可以得到一定满足,可以较好地使团体成员获得他人对于行为交互作用的反应与启示。

2. 助人氛围不同

在团体心理辅导的条件下,有一种我为人人、人人为我的气氛,团体成员不仅可以得到接纳和帮助,并且也可以给予别人以援助。团体越有凝聚力,团体成员之间就越能相互扶持,这种合作的、参与的关系有利于团体成员增进亲近感。团体成员间的相互作用可以促进相互教育、相互启发,从而影响团体成员行为发生改变。而个体心理咨询较为注重来访者与咨询者的关系互动,对于这种合作和分享的气氛与关系方面则有所欠缺。

3. 适用情况不同

个体心理咨询比较适合处理个人深度情绪困扰的问题;而团体心理辅导在处理人际关系问题或有相同问题困扰的人群时,则通常优于个体心理咨询。就人际交往而言,个体心理咨询可以针对个体人际交往存在的具体问题,通过纠正和改变来访者的错误认知或非理性观念,进而有步骤地调整其行为,以达到人际交往能力的提高。但人际交往问题源于人际互动,其调适也应通过互动来解决,所以相对来说团体心理辅导对于解决人际关系交往问题更合适而有效。改善情感体验、形成人际交往的技能技巧及解决浅层的认知、情感、行为障碍比较适宜于团体心理辅导。具体说来,个体心理咨询和团体心理辅导适用情况分别如下:

(1) 个体心理咨询适用情况:

① 原因与解决办法都较为复杂的危急情况;

② 为了来访者与他人的安全,需要保密的情况;

③ 解释有关个人自我概念的测验资料时;

④ 对于在团体中讲话有极大恐惧的个人;

⑤ 因拙于与人交往,而可能为团体其他成员所拒绝的个人;

⑥ 自我觉察能力较为狭隘的个人;

⑦ 涉及性行为(尤其是不正常的性行为)的情况;

⑧ 有强迫性需要被注意及认可的个人。

(2) 团体心理辅导适用情况:

① 对于他人及他人对事物的感受想获得更多了解者;

② 需要学习对异于自己的人有更深尊重者;

③ 需要学习社交技巧(与人谈话、交往等)者;

④ 需要与他人分享隶属感者；

⑤ 有能力谈及自己的忧虑、问题及价值观者；

⑥ 需要他人对于自己的问题忧虑有反应者；

⑦ 认为朋友辈的帮助有益者；

⑧ 喜欢缓慢地接受咨询，当感到受威胁时能有后路可退者。

4. 技术要求不同

团体心理辅导情境中，人际互动多样且多变，团体领导者面临的问题非常复杂，团体领导者必须了解来访者的感情，并帮助他认识自己的感情，而且要观察咨询的内容会对其他团体成员带来何种影响，引导各个团体成员参与讨论。所以，团体领导者不仅要了解讨论的内容，同时要关心团体成员间的相互作用及关系，仅有个体心理咨询技巧是不够的，还必须敏锐觉察团体的特质和动态，使用各种催化技巧，发挥团体的潜力，达成团体的目标。因此团体心理辅导在技术方面对团体领导者的要求更高。

5. 工作场所不同

个体心理咨询需要的空间相对较小，有一个较为温馨舒适的房间，可以摆放两把椅子或沙发，使来访者与咨询者能舒服地坐着，方便进行交谈即可；而团体心理辅导则需要较大的活动空间，并得视活动内容需要进行一定的特别布置和安排。

二、团体心理辅导与个体心理咨询的联系

个体心理咨询与团体心理辅导的联系可概括为以下五点：

1. 目标相似

两者的目标均为助人自助。都在帮助个人由自我理解、自我接纳、增强自信以达到自我整合和自我实现的目的，都在帮助个人解决问题、减除困扰、缓解心理症状。

2. 原则相似

两者都强调提供温暖、自由、宽容的气氛，以接纳和坦诚去除来访者的自我防卫，使个人由于受到尊重而能自由地表现自己的感情和经验，自在地检视自我，产生自信，增强自我选择的责任，并能对自己的决定负责。

3. 技术相似

两者都需要咨询人员熟练掌握接纳、共情、回馈、澄清、复述、场面构成、情感反射等咨询技术，从而使来访者能够观察自己、了解自己、自我觉察和自我醒悟。

4. 对象相似

两者的对象都是以发展中的个体为主，而以有适应困难者优先。即以有正

常发展问题的个人为服务对象,两者都针对个人的要求、兴趣与经验,有针对性地开展工作。

5. 伦理相同

两者都强调在咨询过程中严格遵守保密原则,尊重来访者的隐私权。两者都有益于探索个人情绪与生活变化,可以增进个人控制自己情绪的信心。

三、团体心理辅导的优势

1. 感染力强,影响广泛

受诸多因素的影响,社会大众对心理辅导的态度还不够积极,在寻求帮助的过程中往往遮遮掩掩,心态还不够开放,许多人对心理咨询室望而却步。而团体心理辅导这种形式较开放,活动形式活泼多样,相对于传统课堂讲授的培训方式,能够对团体成员产生更强的吸引力。团体成员主动参与意愿往往更加强烈,很多人由以往的"要我参加"转变为"我要参加"。团体中每一个成员都存在多个影响源,通过彼此的交流与互动,相互理解和支持,不仅自己接受他人的帮助,同时也可以成为帮助其他团体成员的力量。这种团体氛围感染性强,其多角度、多渠道的交互影响的效果显著而广泛。尤其在同质团体中,大家发现有类似问题的人有很多,心态比较放松。在分享和共同探讨的过程中,更容易加深对问题的理解,更容易找到解决问题的办法,所以他们参加团体心理辅导的积极性较高。团体心理辅导过程中,团体成员在资源分享、真实场景、群体互动、归属体验的条件下,活动对团队成员感染力强、影响深刻,易于达到较为明显的教育效果。

2. 效率高,省时省力

一对一的个体心理咨询,每次咨询时间面谈一般要花 50 分钟到 1 小时多,而且有时一次并不能解决问题,需要多次。对心理辅导老师来说,要服务的对象很多,经常心有余而力不足。而团体心理辅导是一个或两个团体领导者对多个团体成员,即一个团体领导者可以同时指导多个来访者,增加了咨询人数。进行团体心理辅导活动,心理治疗师可以用有限的时间和精力服务于更多的人。相对于个体咨询一次只能解决一个人的问题而言,团体心理辅导效率高,省时省力。因此,自 20 世纪 70 年代以后,通过团体来辅导个人已逐渐成为西方高校心理辅导的主要模式,其中的一个重要原因就是可以充分利用有限的力量。

3. 效果容易巩固

在心理咨询中,很多来访者认为自己的心理问题和经历很独特,是无法解决的,觉得自己的命运很悲惨。但在团体中,尤其是同质性团体中,当团体成员发现别人与自己有着相似的经历,面临同样的问题时,会减少孤单、不满等不良情绪,改变过于消极的自我评价,重新认识和审视自己,提高抗挫折能力,从而更勇敢、更积极地去解决问题。

因此,团体心理辅导有助于团体成员更好地接纳自己。团体心理辅导创造了一个类似真实的社会生活情境,为参加者提供一个现实生活的缩影,使其能在团体中获得较多的学习和生活经验,并在安全、信任的气氛中去尝试学习或改变行为,而这种在团体中习得的思维方式和行为方式的改变又可以迁移及拓展到参与者的日常生活中去,使其团体心理辅导目标效果得以巩固。

更重要的是,在团体互动情境下,团体中的成员们有机会听到和自己类似的问题,团体成员之间互相支持、集思广益,不仅自己接受他人的帮助,同时也可以成为帮助其他团体成员的力量,共同多角度地探讨解决问题的办法,而不是像个体心理咨询那样完全依赖指导者的帮助,因而辅导的结果较好,效果容易巩固。

第二章　团体心理辅导的类型与疗效因子

家庭是大于孤立的个体的总和,是一个系统的、有组织的整体,它具有部分作用于超越个体人格的方式。

——尼科尔斯

个人的意志又是永不知足的,满足一个愿望,接着又产生更新的愿望,如此衍生不息,永无尽期。

——叔本华

第一节　团体心理辅导的类型与功能

一、团体心理辅导的类型

心理学证明,团体对一个人的成长与发展有着重要的影响。目前,关于团体心理辅导的分类还没有统一的标准。现实生活中,各种团体心理辅导活动形式多样,可以根据不同的标准进行分类。

根据团体心理辅导所依据的理论,可以分为精神分析团体心理辅导、认知—行为团体心理辅导、会心团体心理辅导;根据团体心理辅导目标的计划程度,可以分为结构式团体心理辅导与非结构式团体心理辅导;根据团体心理辅导目标参加者的固定程度,可以分为开放式团体心理辅导与封闭式团体心理辅导;根据团体成员的背景相似程度,可分为同质团体心理辅导与异质团体心理辅导;根据参加团体的对象,可以分为针对儿童的团体心理辅导、针对青少年的团体心理辅导、针对大学生的团体心理辅导、针对年长者的团体心理辅导;根据团体心理辅导目标的活动方式,可以分为家庭治疗、心理剧治疗;根据团体心理辅导目标的功能,可以分为成长性团体心理辅导、训练性团体心理辅导及治疗性团体心理辅导。

在团体心理辅导实践中,成长性团体心理辅导、训练性团体心理辅导和治疗性团体心理辅导是有效促进青少年和谐人格发展的三种主要类型,因此在这里着重介绍这三种团体心理辅导的类型。

1. 成长性团体心理辅导

成长性团体心理辅导是目前应用最广泛的团体心理辅导形式之一。这种团体心理辅导形式通过团体成员的主动参与、互动交流、表达自己,进而找到团体成员共同的兴趣与目标,每名团体成员在与其他团体成员交流、互动、体验和反思的过程中获得成长。

成长性团体心理辅导目标基于这样的认识:在人生成长过程中,每个人都会遇到困难,如果克服一些不可避免的困难,人便可以获得心智成长。通过团体活动,个别成员将埋藏于心底的感受如恐惧、愤怒、罪恶感等,在其他人面前充分表达,以解除他们的感情障碍;团体成员给予支持,通过团体对成员接纳、爱护及认可,使团体成员对团体有归属感;团体成员通过团体活动,观察他人在相同情况下如何与别人相处,了解别人对自己的看法,从而可以对自己有更清晰的具体认识。

参与成长性团体心理辅导的团体成员在这种团体心理辅导的过程中能更好地认识自己、扬长避短、充分发挥潜能,提高学习训练与生活质量。

2. 训练性团体心理辅导

训练性团体心理辅导通过团体成员相互作用的体验,学习对自己、对他人、对团体的理解和洞察,并掌握如何处理这些人际关系的技能。

训练性团体心理辅导主要有三个特性:

(1)强调此时此地,不涉及团体成员过去的行为和经历;

(2)强调过程,不强调内容;

(3)强调真实的人际关系,尊重他人,有利于他人的成长。

训练性团体心理辅导重视团体成员技能的训练,着重通过团体背景下的行为演练培养团体成员解决问题的能力,例如,如何做决定、如何表达自己的意见等。

训练性团体心理辅导着重帮助团体成员去学习新的行为,改变不适应的行为,并通过练习使新行为得到巩固。例如,一个希望得到别人同情的人,可以在训练性团体中表现某一行为,看看是否能获得别人的同情。他也可以做出相反的行为,从其他团体成员的反馈中得知此种行为在他们心中的反应,从而找到适当的行为方式。

训练性团体心理辅导较成长性团体心理辅导更有针对性,其根据团体成员存在的问题,专门开展相应的团体心理辅导,以改变团体成员目前的状况,促进团体成员继续成长。

3. 治疗性团体心理辅导

治疗性团体心理辅导是指通过团体特有的治疗因素,如团体中所提供的支持、关心、情感宣泄等,改变团体成员的人格结构,使他们达到康复的功能。治疗性团体一般持续的时间较长,所处理的问题也较严重,往往针对某种行为异常如焦虑、抑郁、性健康等。

团体心理辅导目标的重点放在过去的经验影响以及潜意识的因素,同时或多或少必须改变团体成员个人的人格结构。治疗性团体对团体领导者的要求比成长性团体心理辅导更严格。

参加辅导性团体的成员不仅可以是人格或心理有问题的个体,心智健康的个体也可以参加辅导性团体,而且会更有收获。治疗性团体提供一种特殊的团体氛围,使不健康的人走向健康,健康的人更加健康,充分开发出其心理潜能。

二、团体心理辅导的功能

一般说来,团体心理辅导具有教育、发展、预防和治疗的功能。这四大功能相互联系、相互渗透,在团体心理辅导过程中共同起作用。

1. 教育功能

团体心理辅导的过程可以认为是一个通过团体成员相互作用来协助他们增进自我了解、自我抉择、自我发展、进而自我实现的一个学习过程。团体心理辅导十分重视团体成员的主动学习、自我评估、自我成长,有助于团体成员自我教育。团体为成员提供了一个多元的社会角色模范,使团体成员有机会进行模仿性学习,尝试模仿适应行为。

在个别心理辅导中,团体成员只能模仿心理治疗师一个人;而在团体心理辅导中,团体成员除了模仿团体领导者外,还可以模仿或参考其他团体成员的行为。个人可以根据自己的需要,有选择地寻找模仿对象,如通过观察别人是如何与人交往、如何谈话、如何倾听等,学习交往技能。

团体心理辅导的过程是一个借助团体成员之间的互动获得自我发展的学习过程,团体是团体成员学习良好行为的有效途径。

2. 发展功能

在人生的成长过程中,每个人都会不断地遇到困难,如果克服了一些不可避免的困难,便会获得心智的成长。

青年正处于心理发展剧烈变化的时期,处于这一时期的青年,既渴望与人交往又存在闭锁心理,既寻求独立又依赖他人,既想得到他人的友谊又怕交友不慎受到伤害。团体心理辅导能够给予团体成员启发和引导,满足团体成员的社会需要,促进团体成员的自我了解与接纳,帮助团体成员养成积极应对问题的态度,以使团体成员对自己充满信心,对未来充满希望,并逐步迈向自我完善。

团体心理辅导的积极目的在于发展的功能,重视团体成员个体的内在需要,促使人的全面发展,这是心理辅导遵循人的发展模式的直接体现。团体心理辅导能使团体成员的社会功能与技巧在团体中得到修正与增强,使个体掌握社会技巧来解决问题,协助走向自我完善。

3. 预防功能

很多个体的心理问题来自与人际交往的障碍,不善于人际交往又使他们常常陷于不良情绪中。不良情绪长期压抑在心中,容易产生心理问题,影响身心健康。由于团体心理辅导提供一种轻松、相互信任的气氛,使团体成员容易解除自我心理防护机制,互相倾诉遇到的问题和困扰,从而能够较好地预防心理障碍的产生。

团体心理辅导提供了更多的机会让团体成员之间交换彼此的意见,互相倾诉心声,讨论以后可能遇到的困难及解决的策略,增进对问题处理能力的培养,可以在一定程度上预防心理问题的发生或减少心理问题发生的概率。

同时,团体领导者容易发现那些需要个别辅导的团体成员,及时给予帮助,从而更好地预防团体成员心理问题的发生和发展,团体心理辅导是预防心理问题发生的最佳途径。

4. 治疗功能

人类的行为具有社会相互作用的特征,由于团体情境比较接近日常生活与现实状况,有偏差行为及情绪困扰的团体成员在团体的作用下,能勇敢地面对个人问题,借助团体成员的力量澄清问题,获得信息反馈,从而矫正问题行为。

在团体心理辅导的情境中所提供的支持、关心、感情宣泄、人际互动等氛围,可以较好地帮助团体成员分析、讨论、解释过去经验和解释潜意识层次上发生的防御和阻抗,觉察无意识动机,可以有效地减轻或消除团体成员已经表现出来的、外在的偏差行为及情绪,从而矫正问题行为。

充满希望是有效从事任何活动的重要因素,当团体成员抱有能够改变自己的期望参加团体心理辅导时,这种行动本身就具有积极的治疗价值。当他们在团体中有一点进步时,对自己就更有希望与信心。

第二节 团体心理辅导的疗效因子及影响因素

团体心理辅导中的治疗性改变是一个非常复杂的过程,而且随着人类各种体验的复杂相互作用而产生,这种相互作用即疗效因子。这些因素代表着改变过程的不同部分,有些因素是指行为上的改变(如提高社交技巧),有些因素是指情感的感受能力(如宣泄情感的能力),有些是指改变的前提(如凝聚力)。

一、团体心理辅导的疗效因子

亚隆认为,团体心理辅导的疗效因子主要体现在以下几个方面:

(1) 利他主义。团体心理辅导过程中团体成员通过付出而获得,不仅从相互给予—接受的关系中受惠,也从给予的行为本身有所获益。具体说来,这主要涉及团体成员帮助别人令其增进自尊、将别人的需要放在自己之前、忘记自己而考虑别人、将其自我的某方面与别人分享、帮助别人且在其生命中扮演重要角色等方面。

在团体中,由于时间是固定的,成员在固定的时间内不可能每个人都能够充分分享,在某个成员特别需要的时候,团体能够给予他充足的时间会使个体感到被关心、被理解,其他成员也会在让出时间的时候感到了利他,体验到自己能够对他人所提供的帮助,并感到骄傲和自豪。

(2) 团体凝聚力。一个团体,凝聚力很重要,它在某方面会影响团体的存在。在与团体成员的密切接触过程中,个体不再感到孤独,在讲述自身的负性事件和情感时,团体接纳了羞耻感和罪恶感,改变了个体的认知。自然地,成员在感到被团体无条件地接纳后,内心会认可团体和其他成员,感到自己是团体的一员,准时参加团体辅导。

(3) 普遍性。普遍性是指每个人的行为或思想从来不会完全有别于他人。在团体中,个体逐渐地感受和认识到自己的问题不是独特的,他和其他成员是在一起的。在关于一些所谓的坏的想法和感觉、痛苦的经历和家庭情况等方面,个体了解到这些困扰是普遍的,没有本质上的区别,爱与恨不会偏袒任何人,减轻了心理压力。某成员带着深深的自责进入团体,总感到在人际交往中自己是不被他人需要的、不被他人喜欢的,导致自我贬低。通过交流与互动,该成员意识到团体中不只自己有这样的感受,其他人也或多或少都有这种想法,在那一刻,该成员感到自己不再孤独,也不再为自己的困扰感到羞耻和尴尬,自由地开放自己,表达内心世界。

在团体心理辅导过程中,特别是开始阶段,对团体成员的独特感给予肯定,本身就能缓解团体成员的情绪。当听到其他成员暴露类似的担心时,该成员的共鸣感常会油然而生。团体成员这种"无独有偶"、"同是天涯沦落人"的感觉,本身就能起到很好的心理治疗效果。

(4) 社交技巧。通过团体中成员之间的关系互动,个体可以观察学习他人的交往技巧与交流方式,领悟他人的交往经验,并运用在生活中。个体在团体中自由地表达,无形中增强了对他人的信任感,根据他人的反馈,调整自己与外界交往的方式。通过在团体内的锻炼,个体在团体外呈现出较强的交往能力。

（5）宣泄。讲述本身就是宣泄，表达自己。成员在团体中表达各种情感，对成员的、领导者的，正面的或负面的。通过讲述，个体学会如何恰当地向外界表达自己，并聆听外界对自己的反馈。曾经压抑的能量得以宣泄，心灵变得安静。无论如何，每个人内心都有属于自己的秘密，这些秘密相对而言都是对个体产生负面作用的事件。对于痛苦，总要耗费个体更多的能量，而能量是固定的。这样，个体在其他现实事件中能够投入的能量较少，导致效能低下，陷入事件中无力自拔。

（6）行为模仿。行为是可以学习和模仿的。在团体中，个体观察到其他成员的行为模式，学习和模仿那些更能够适应环境的行为，并在团体外的环境中进行尝试。例如，有的成员在现实生活中不能表达对他人的关心，当看到他人伤心难过时不知所措。在团体内，他观察到某成员在他人哭泣时递了纸巾，因此对递纸巾行为进行模仿，在其他成员哭泣的某一时刻也递上纸巾，并将递纸巾行为运用在团体外的现实生活中。不仅行为可以模仿，而且情感表达也可以模仿。团体成员在团体中会发现有的成员能够轻松地表达自己的情感和感受，并且不为此感到羞耻和尴尬；相反，通过表达自己而获得了成长，因此模仿那些成员，慢慢地开始表达自己的情感，走上成长的道路。除了成员相互之间的学习与模仿，成员也会学习和模仿团体领导者的行为，如说话的音调、语气、姿势等。

（7）家庭因素。每个人都来自于家庭，家庭因素对个体的影响很大。在团体心理辅导中，成员普遍上都会讲述和家庭有关的事件，在团体中重现原生家庭的矫治性治疗。在成员重新审视家庭关系中，个体会感受到自身没有修通的情结，带着情结与成员进行互动，让个体更加深刻体会到这一点。个体与团体的关系就如同个体与家庭的关系，通过体验与其他成员之间的关系，个体反思自身的成长经历，让过去的情绪重新呈现，并在现在的关系中重新认识。

成员张某，在原生家庭中一直感到不被关注，经常有被忽视感。在团体中，每次活动都会有被忽视感，认为其他成员不关心自己，自己发言与否对别人不重要，即使发言时间也很短，总认为自己的话无人理会，倾向于保持沉默。成员在反馈时，该成员意识到这一点，在团体的帮助与支持下，逐渐变得主动发言，并积极向他人反馈。

（8）希望。希望是治疗的支持因素，有希望，就有治疗。在团体中，团体成员目睹别人好转，也会对自己有所启示，或是知道、目睹别人解决了与团体成员类似的问题，都会激起心里渴望改变的愿望。同时，其他成员的变化对自己也是一个帮助，支持自己参加团体，并获得成长。团体心理辅导领导者应有效地利用这一因素，时常提醒团体成员注意所取得的进步。

二、影响团体辅导效果的因素

1. 影响团体心理辅导效果的成员因素

（1）成员年龄与文化水平。参加团体心理辅导需要具有较好的语言和非语言沟通能力，才能收效。一般而言，团体心理辅导最适合的人是 10 岁以上 60 岁以下。但是，如果团体心理辅导领导者经验丰富，安排适当的内容，妥善计划咨询过程，即使是幼儿也可从中受益。

智商低的人不容易从人际互动中体会其中的意义，因此对自己的问题不能产生领悟。有研究表明，智商越低，心理咨询失败率越高。以团体心理辅导中的分享为例，有的团体成员对活动的分享过于泛泛，有些团体成员往往有深刻感受却难以用合适的语言表达出来，这在一定程度上与某些个体语言表达能力差、文化功底薄弱有关。

（2）成员的求助动机。全体团体成员均自愿参加，并具有相当的团体合作意识，这是团体心理辅导活动成功的基础。众所周知，心理咨询特别强调来访者具有求助动机，即本人自愿参与且有改变自身的强烈欲望，这样所组成的团体易取得更佳效果。同时，团体成员间要有合作意愿，活动中才能有效合作而不是对抗、破坏、相互敌对。

一般而言，团体成员的求助动机越强，团体心理辅导活动的效果越好。但在实际的团体心理辅导活动中，常会有一些团体成员由于种种主客观原因的存在，不是自愿参加团体。如果团体中有个别非自愿者，与其他团体成员的合作意愿会降低，可能会在一定程度上使团体心理辅导活动偏离正轨，这些团体成员可能会在团体心理辅导活动过程中表现得缺乏兴趣、较少参与甚至出现攻击行为等，这会在一定程度上直接影响团体心理辅导活动的效果。

（3）成员的人格特质。在实际的团体心理辅导活动过程中，一些团体成员可能对活动不投入。他们有的态度冷漠，像个旁观者，沉默寡言；有的讨论时随意性大，话不切题；有的不能与领导者或其他团体成员很好地合作。这些个体防卫现象都会在一定程度上影响团体心理辅导活动的效果，这些个体出现个体防卫的原因可能不同程度地与团体成员的人格特质有关。有的团体成员性格就是对事物较少投入，兴趣易变；有的过于自卑，内心有强烈的不安全感，自我防御心理太强，不敢暴露内心世界；有的对团体活动或团体心理辅导领导者期望值过高，由不满而产生抗拒。

一般说来，有责任感、有成就感、富创造性、精力充沛的人，最容易从团体心理辅导中得到帮助。

2. 影响团体心理辅导的团体因素

（1）团体人数和时间的影响。工作团体最合适的人数是 5 人～15 人,辅导团体最佳人数是 12 人～25 人,学习团体 8 人～12 人,成长团体 8 人～12 人,治疗团体 4 人～10 人。团体中人数的多少对于团体心理辅导效果具有一定影响。

团体持续时间对辅导效果很重要。团体心理辅导作为一种创设情境并依靠团体相互影响产生效果的活动,一旦结束,团体成员的心理感应也会逐渐消退。只有当外部的动机转化为内部学习动机时,团体成员对学习仍感到有信心、有兴趣并有较强的责任感时,才会为学习付出努力和坚持。

因此,团体心理辅导应当注意时间安排。一般团体心理辅导只需 6 次～15 次即可使团体成员有效地处理自己的问题。具体说来,团体心理辅导的时间长短需根据成员问题的严重程度及团体目标而定。

（2）团体特质。团体不是个体的简单组合,团体功能的有效发挥取决于团体特质、人数多少、团体成员素质、团结的紧密程度、向心力等。其中,团体特质是影响团体心理辅导效果的重要因素之一。团体的组成是异质还是同质对团体效果影响的研究尚无定论。有研究者认为,凡属沟通问题,同质团体较好,因为彼此之间较能相互了解、接纳,容易形成凝聚力。但也有人认为,为促使团体成员有较多互动的机会产生,应采用异质团体。

（3）团体活动条件。活动条件的限制也在一定程度上影响着团体心理辅导活动的效果。

由于活动道具和场地等的限制,有些好的团体活动不能很好地进行。如"信任后倒"这个游戏,游戏过程中必须有特定高度的台阶做信任后仰,不能随便找一个高处向下落;否则,团体成员的人身安全不能得到很好保障。

场地方面,由于没有特定的团体心理辅导目标场地和设备,每次活动都必须寻找适当的地点,这会在一定程度上容易使团体成员对团体心理辅导领导者的信任感产生不利的影响。以团体心理辅导活动过程中的分享为例,团体活动的时间、地点安排、内部陈设等物理因素也会影响分享质量。如果进行团体活动的空间不够私密,不时有外人干扰,就会让团体成员产生不安全感;温度太冷或太热,会让团体成员分心;团体活动时间不合适,也会使团体成员心不在焉,不能专注于团体活动。

（4）团体氛围。团体氛围是团体内情感的表现,放松而专注、自由与安全的氛围是一个有效运作团体所必须的。彼此接纳与信任的气氛,是团体心理辅导目标产生效能的关键;而防卫气氛则会造成团体沟通的障碍。接纳与信任的气氛一旦形成,团体成员对任何活动都会产生浓厚的兴趣和参与的积极性,团体心理辅导过程就会充满生机和活力,每个团体成员都会真实地表达释放自己,敢于尝试,有勇气接受失败,对别人支援并接纳别人,这样才能使团体心理辅导产生效果,促使团体成员的改变和成长。

团体心理辅导领导者应注意精心营造温暖、接纳、安全、信任、尊重的团体心理气氛,始终以真诚、无条件积极关注、共情的态度带领团体,在这种气氛下,团体成员才能坦然面对自己的问题,开放真实的自我,融入团体,从而导致积极的行为改变,促进自我成长和进步。

第三章　团体心理辅导的主要理论

治疗师对当事人所说的内部框架有着同感理解，并试图将自己的这种经验与当事人沟通。

——罗杰斯

行为就是人们所说所做。

——米尔腾伯格尔

第一节　团体精神分析疗法

精神分析疗法是由弗洛伊德于19世纪末创立的。他认为，人的重要行为表现是源于人们自己意识不到的动机和内心冲突，因此，其特点是把着眼点放在个人的"内在精神"，探索个体潜意识的动机、欲望，经过内心分析，协助人们增进对自己内心特别是潜意识中存在的"症结"的了解，经领悟理解并矫正自己的行为。

一、主要理论与概念

主要理论包括关于精神分析的无意识理论和人格结构理论及心理防卫机制等。关于精神分析的无意识理论和人格结构理论将在第六章中详细阐述，在此不介绍。下面仅介绍心理防卫机制。

心理防卫机制是自我为了缓解和防止焦虑或愧疚的精神压力而采用的防卫方式，故又称为自我防卫机制。心理防卫机制是自我应付本我的冲动、超我的压力和外在现实的要求而采取的心理举措和防卫手段，以减轻和解除心理紧张，从而保持人格结构的平衡。实质上，自我防卫机制是一种自我保护法。心理防卫方式成为习惯后，个体在意识上未必自觉，故精神分析者视之为潜意识行为。心理防卫方式常见于正常人，它不是病理的，相反，对于维护正常的心理健康是有积极作用的。

健康人是根据环境与个人条件灵活地选择防卫方式，恰当而不过分地进行防卫。但是,如果运用不当或走向极端,则可被认为是心理失常或神经症者。这个过程出现异常,就出现常见的神经症。对自我心理防卫机制的了解,不但可协助我们能较深层次地分析人的心理,也能用来评估人的自我成熟程度。常见的心理防卫机制主要包括以下几种:

(1)压抑作用:把不能被意识所接受的念头、情感和行动在不知不觉中抑制到潜意识中,是精神防卫机制最基本的方式。压抑是经常被使用的防御机制,一般情况下,压抑都是愤怒、羞耻、悲哀等情绪。

(2)否定作用:把引入精神痛苦的事实予以否定,以减少心灵上的痛苦。否定是低级的心理防御机制。

(3)退化作用:当人们面对问题时,选择困难较少、阻力较弱的儿童应对方式,无意中恢复儿童期对他人或他物的依赖,以逃避责任。当个体遇到严重的挫折时,可能发生退化,回到婴儿期的心理状态,显得无助和弱小。

(4)幻想作用:在一个人面对困难时,会采取幻想的方法来加以化解,以达到内心的平衡。它具有主观的色彩。

(5)移置作用:当一个人无法面对某一位比自己更有权势的人时,会将其烦恼转移到另一位较安全或较为弱的人身上。

(6)合理化作用:当一个人遭受挫折,或无法实现追求目标时,用貌似合理但实际上不正确的理由为自己的行为辩护,以避免精神上的苦恼。合理化类似于"酸葡萄"心理。

(7)投射作用:当个体把自己不受欢迎的某些特点或想法归于别人以达到保护自己时投射就发生了,比如一个人自己不大方,反倒非常关注他人是否小气、吝啬。

(8)反向作用:一个人为压制自己的一些不能被人接受的欲望及冲动时,会采取与之相反的做法。

(9)补偿机制:当一个人因具有某种生理、心理人格缺陷而感到不适时,会竭力用种种方法来弥补这些缺陷,以减轻自己的不适感。

(10)认同作用:一个人把自己钦佩或崇拜的人的特点当作是自己的特点,用以来掩护自己的短处。

(11)升华作用:将受挫的情绪以一种积极的、可被社会接受的方式呈现出来。

(12)幽默作用:以幽默的语言或行为来应付紧张的情境或表达潜意识的欲望。

(13)理智化:个人竭力通过思想与情感之间的分离达到避免无法忍受痛苦的过程。

二、基本技术

1. 自由联想

自由联想是精神分析疗法的基本手段。弗洛伊德认为,浮现在脑海中的任何东西都不是无缘无故的,都是具有一定因果关系的,借此可挖掘出潜意识中的症结。在应用这种方法时,首先让团体成员躺(坐)在椅子或沙发上,使其处于充分放松的状态,然后引导团体成员讲出出现在意识中的每一种想法,无论它们看上去是多么荒谬、可笑、不合逻辑或令人难堪。按照弗洛伊德的解释,充分的放松状态可令被压抑的潜意识的内容逐渐地浮现于意识的层面上来。

团体成员自由诉说心中想到的任何东西,可以使他的潜意识的大门不知不觉地打开,潜意识的心理冲突可以被带入到意识领域。通过分析团体成员在自由联想时所谈及的材料,团体心理辅导领导者从中找出团体成员潜意识之中的矛盾冲突,并通过分析促进团体成员领悟心理障碍的"症结"。

2. 梦的解析

弗洛伊德认为,梦乃是做梦者潜意识冲突欲望的象征,做梦的人为了避免被人家察觉,所以用象征性的方式以避免焦虑的产生,分析者对梦的内容加以分析,以期发现这些象征的真谛。他提出,梦并不是偶然形成的联想,而是被压抑的愿望伪装的满足。因潜意识中的原始冲动或性欲难以直接见人,所以必须通过伪装的方式才能满足自己的愿望。

因此,必须进行梦的解析(或释梦),以揭示梦的隐匿意义。借助对梦的分析、解释,就像通过一个窗口可以深入到人的心理内部。弗洛伊德认为,通过释梦可以发现精神疾病患者被压抑的欲望,可以成为治疗它的一种有效方法。

3. 移情分析

移情是指团体成员把他(她)原先对某人(通常为父亲或其他具有重要影响的人)所具有的情感转向了团体心理辅导领导者。移情有正移情和负移情,正移情是团体成员将积极的情感转移到团体心理辅导领导者身上,负移情是团体成员将消极的情感转移到团体心理辅导领导者身上。

移情可通过多种方式表现出来,如体现于自由联想及梦的内容之中或直接的语言表述等。透过移情分析,可使团体成员洞悉深埋于内心的对某个或某些重要人物所特有的看法、情感或反应。恰当地运用移情,可以把团体成员早年形成的心理情结加以重现,重新经历往日的情感,进而帮助他解决这些心理冲突。

三、目标与过程

1. 目标

团体精神分析疗法将一些基本的精神分析理论应用于团体治疗,如自由联想、梦的解析、移情分析等。团体精神分析疗法强调在团体中重视的是个体的早期家庭,以帮助团体成员解决积压在心里的问题。团体精神分析疗法认为,每个团体成员对其他成员和团体心理辅导领导者的反应其实是反映了他们早期家庭中的动力关系,虽然这些反应是表现在此时此地的团体中,却能反映出个人早年经历。

在团体的治疗中,团体在某种程度上就是个人早期家庭的复本,团体心理辅导领导者要清楚成员在团体中与其他团体成员和治疗师的关系模式,以及与团体成员早期家庭中的动力关系之间的联系。团体就像一个家庭,由不同的团体成员组成,每一个团体成员都将在团体中重新体验他们最初在家庭中所体验到的心灵冲突。

2. 过程

团体精神分析治疗过程主要包括重新体验、分析、讨论和理解过去经历并修通潜意识中的自我防御和阻抗。修通是精神分析中的一个概念,是指重新理解过去的经历并克服阻抗,使团体成员源于童年的心理障碍得以消除,并通过新的感悟作出行为选择。在团体精神分析的治疗过程中,感悟力和理性思考很重要,而与自我认知相关的感受和记忆则更为重要。因为团体成员需要重新思考和重构自己的过去,解决压抑的内心冲突以了解自己的行为如何受潜意识的影响,这个精神分析治疗的过程通常都是长时间、深入剖析的过程。

3. 领导者的角色和职责

精神分析治疗团体中领导者的指导模式可以各有不同,既可以旁观的成分多一点,也可以是对团体成员活动的参与和支持度比较高的模式。采用前一种的领导者认为,这样团体成员们会更多地把他们对领导者的期望和自己的潜意识中的需要投射到领导者身上,领导者就可以对团体成员的潜意识进行分析。领导者的主要任务是要发现并处理好团体内复杂的移情反应,并且随着团体内相互作用的加强,领导者需要通过分析去推断团体成员潜意识中的动机以及这些动机产生的根源。

此外,领导者还应该发挥这些作用:在团体需要支持又缺乏支持的时候给予团体支持;激发团体巨大的潜在力量;采取必要的措施来解决团体内部冲突;通过自我的情感开放来创造融洽的气氛,觉察团体内部破坏性的关系等。为了有效地履行这些职责,对于团体心理辅导领导者而言,极为重要的是在整个治疗过程中体察自身心理动力状态和反移情状况。为此，团体心理辅导领导者可能需要相互协商和必要的时候接受督导。团体心理辅导领导者的自我治疗，对他们体察自己的反移情及其自身的需要与动机对团体治疗有很大的影响。

第二节　个人中心团体疗法

美国心理学家罗杰斯创立的个人中心治疗理论认为，人有理解自己、不断趋向成熟并产生积极的建设性变化的巨大潜力，因而心理辅导与心理治疗的任务在于启发和鼓励这种潜力的发挥，促进其成熟。团体成员相互尊重、信任建立起来的良好关系可以使参加者降低社会屏障，不受防御机制阻抑地去揭示自己最核心的情感，即真实的自我。团体指导者与参与者积极地鼓励其他人表达自己的真实情感，显露出那些平时未表露出的态度，使每一个团体成员都会被其他人真实地看待，并从其他团体成员的反应中得到关于对自己的肯定或否定的反馈，以便真正地认识自我。

一、主要理论与概念

1. 人性观

人本主义心理学产生前，心理学中最有影响的两大学派是精神分析学派和行为主义学派，人本主义心理学是作为这两大学派的反对力量而出现在心理学舞台上的。它一方面反对精神分析学派从对心理障碍患者的观察去推论人性，认为这样看人得到的是病态的人；另一方面又反对行为主义者从动物观察的角度去推论人性，认为行为主义者眼里的人是大一点儿的白鼠。人本主义者主张应该从健全发展的人身上去观察人的基本属性，这样才能正确把握"人是什么样的"这一根本属性。

因此，在此基础上罗杰斯通过自己的临床经验得出结论，人的本性是建设性的、可以信赖的。

他从人性善出发，指出人有一种与生俱来的自我实现倾向，这种倾向使人不仅要在生理、心理上维持自己，而且要不断地增长和发展自己。人不仅仅追求原始欲望的满足，即使在所有的欲望和冲动都得到满足和发泄后，仍要不懈地前进，且满足生理上的基本需要以后的活动，才是真正的人的活动。人永远不会满足已有的成就，总是不断地去创造、去建设。也只有在这种积极主动的创造活动中，人才能体验到只有人才能享有的快乐，自我才能由此不断地发展和完善。

总之，罗杰斯深信，人最基本的生存动机就是全面地发展自己的潜能，以使自己成长并达到自我实现。这种积极的人性观对心理咨询与治疗有着深远的意义。

2. 以来访者中心的咨询观

罗杰斯认为,人都有现实和理想两个自我。前者是在现实中获得的自我感觉,后者则是个人对"应当是"或"必须是"等的自我概念,两者之间的冲突导致了心理问题。每个来访者都具有解决自身问题的动机和潜力,咨询师的任务就在于创造一种恰当的气氛,并采用一定的方法来激发来访者的动机和潜能,以帮助他们重新发现自己、评价自己、认识自己潜在的能力,以消除自己的心理问题。

因此,罗杰斯特别强调咨询师与来访者之间的和谐关系。为此,要求咨询师必须做到:无条件积极关注、共情式理解、创造真诚而和谐的气氛、学会倾听的技术,做到不指责、不评论、不干涉。这些观点对团体心理辅导有很大的启发。

3. 会心团体

会心团体是罗杰斯在 20 世纪 60 年代提出的对当时美国各种性质相同的咨询团体的总称,其中包括人际关系小组、敏感性训练小组等。这些团体尽管名称各异,但本质是相同的,它们都强调集体中的人际交往经验,都以促进个体的发展为目的。因此,又称为发展性咨询小组。

会心团体采用的主要方法涉及五个方面:一是强调语言交流和身体活动;二是强调人际间的真诚、坦率、相互支持;三是鼓励个体摒弃传统的社会面具,鼓励情感表达和自我暴露;四是强调交流此时此地的情感与问题,而非彼时彼地的情感与问题;五是强调彼此提供真诚的反馈,包括对当事人的表扬与批评。

此外,罗杰斯还根据其"来访者中心"的原则提出了"以集体为中心"的集体咨询总原则,要求咨询人员维持一种不判断的态度,以共情理解和尊重的方式与大家交流。因此,随着活动的深入,作为分享深层次体验的产物,组员间常有极大的亲密和支持感。

二、基本技术

罗杰斯早在 1942 年就在其名著《咨询与心理治疗》一书中提倡非指导的治疗方式。他认为采用较多指导性的治疗技术与方法的治疗者和更多地采用非指导性的治疗技术与方法的治疗者,对于治疗的目的与看法是不同的。指导式的治疗假定治疗者应为来访者选择治疗目标,指导来访者努力去达到这一目标。这种治疗实际上假定治疗者地位优越,而来访者是无法全部承担为他自己选择治疗目标的责任的。非指导的治疗认为来访者有权利为他自己的生活作出选择,尽管他选择的目标可能与治疗者的看法很不相同。非指导的治疗还认为,如果来访者对自身的问题有所领悟,他们更可能会作出自己明智的选择。

个人中心治疗即是非指导的治疗,这种治疗的着眼点是促进来访者的成长。

在咨询实践中,他会较多地倾听,要求咨询师对来访者提出的疑问,坚持中立,不给予直接回答,也不给予任何规劝,而是让来访者自主决策,帮助来访者进行自我探索,促进其自我概念向着更接近自我的经验、体验的方向发展。他主张将最基本的责任放在来访者身上,而咨询师处于被动境地,只作为跟随者。

由于罗杰斯非常反对把心理治疗变成一种程序化的作业,因而在他的理论中是找不到现成的治疗技术的。他相信人生来具有积极向上的潜力,因此他主要是鼓励来访者自己叙述问题,自己解决问题。治疗者要做的就是倾听、倾听、再倾听,从而尽可能准确,甚至比来访者自己还要准确地体验到他们的内心世界。而要做到这一点,治疗过程中的气氛是很关键的。罗杰斯认为,治疗者在对来访者的态度上应做到真诚一致、无条件积极关注、同感理解。这三个条件是有内在联系的,它们有助于营造一种相互信任的、和谐的气氛,使来访者能充分挖掘内心的真实自我。个人中心疗法所采用的技术主要有治疗的非指示性、人际关系分析、自我暴露、角色扮演、交朋友小组等。

三、目标

个人中心疗法十分强调咨访关系的重要性。罗杰斯认为,治疗关系对来访者人格的改变所产生的影响远远大于治疗者所采用的治疗技术的作用。来访者对咨询师的信任、亲近,是咨询成功的重要因素。只有创造良好的咨访关系,来访者才有可能最大限度地接受咨询师的影响。个人中心疗法的基本目标可以说是去伪存真。伪就是一个人身上的那些与其价值条件化了的自我概念相一致的,或者说由这些自我概念生出来的生活方式、思想、行动和体验的方式。真就是一个人身上那些代表着他的本性,属于他的真正自我的思想、情感和行动方式。罗杰斯常用"变成自己"、"从面具后面走出来"这样的话来表达来访者中心的治疗目标。

四、过程

个人中心疗法既不以问题为中心,又不具有明确具体的目标,而是"以来访者为中心",以整体改变为目标。在个人中心疗法中,咨询关系贯穿咨询的全过程。当事人此时此刻正在进行的生活体验是咨询师直接面对和处理的问题所在。罗杰斯强调,他不追求特定的治疗步骤、技巧或治疗工具,而是把重点集中在营造一种良好的关系氛围,使来访者能自由地探索内在感受。罗杰斯提出,要使来访者发生改变必须具备 6 个条件:

(1) 两个人有心理上的接触;

(2) 头一位,称其为当事人的,处在一种不协和状态,脆弱或焦虑不安;

(3) 后一位,称其为治疗者的,在此关系中是一致的或整合的;

（4）治疗者体验到对当事人的无条件积极关注；

（5）治疗者体验到对当事人的内在参考系的同感性理解，并力图把这种体验传达给当事人；

（6）治疗者对当事人的同感理解和无条件积极关注至少在一定程度上成功地传达给了当事人。

因此，个人中心疗法与精神分析、行为主义疗法是不同的，它没有确定的治疗步骤。在咨询中，咨询师是通过倾听、映照、澄清及显现、探索、传达共情及无条件积极关注等策略推动整个咨询过程。在咨询的开始阶段，来访者经常要求咨询师给予指导、建议。

对此，咨询师一方面表达对来访者期待的理解，另一方面要坚持不予指导。当来访者领悟到他人的指导不起多大的作用，只有自己能解决自己的问题时，咨询已取得初步成效。

第三节　团体行为疗法

行为治疗理论源于美国桑代克和华生的行为主义，以及苏联巴甫洛夫的经典条件反射学说与美国斯金纳的操作条件反射学说。但是，行为治疗作为一种可供临床应用的系统心理治疗方法，却是 20 世纪 50 年代的事情。40 年代末，诞生于南非的精神病学家沃尔普在实验室条件下造成了动物的实验性神经症，即布置特殊的紧张情境造成动物行为的异常和生理功能的混乱，然后用行为治疗的技术将其消除或纠正。到了 50 年代，沃尔普把行为治疗的技术系统地应用到临床治疗病人。他在 1958 年发表的《交互抑制心理疗法》一文，是行为治疗发展史上的一个重要标志。此后，行为治疗广泛地应用于心理治疗。

一、主要理论与观点

行为治疗又称行为矫正，是一种心理治疗的方法。其所依据的学习理论认为，许多适应不良的行为，包括某些所谓"病态"的表现，都是在环境中学习得来的错误行为。既然一些病态表现或不良行为是通过学习得来的，那么通过再学习的方法（主要是条件反射的方法）也能减轻或消除一些症状或病态行为，并形成某种新的、合乎要求的行为。

行为治疗不同于一般心理治疗，因为这种治疗是直接纠正或影响不良行为和症状本身，而不是针对引起这些行为或症状的心理因素。行为治疗对某些神经症、心身疾病、性心理障碍，以及吸烟、酗酒、药瘾等不良行为或习惯有显著疗效。

行为治疗或条件反射治疗,是以行为理论为指导按一定的治疗程序来消除或纠正人们的异常或不良行为的一种心理治疗方法。它的主要理论基础是巴甫洛夫的经典条件反射原理。行为治疗强调,症状即异常行为或生理功能都是个体在其过去的生活经历中,通过条件反射作用,即学习过程而固定下来的。因此,也就可以设计某些特殊的治疗程序,通过条件反射作用的方法即学习的方法来消除或矫正那些异常的行为或生理功能,也可以建立新的健康行为来代替它们。行为治疗就是根据经典性条件反射和操作性条件反射的原理,设计一些方法来矫正某些行为的。

行为治疗的基本态度:认为人的行为,不管是功能性或非功能性的还是正常或病态的都可经过学习获得,且能通过学习而更改、增加或消除。人可以通过某些手段来控制学习的过程和结果,如平常经常使用的奖励和处罚,奖励就促使人容易学习成功且能维持,而处罚则会中断学习并改变其行为。行为治疗不关心所谓无意识,不关注因果关系或事情的来龙去脉,只注意眼前可观察到的不适应的行为,其目的是消除、更改不良行为。

二、基本技术

行为治疗的基本技术包括系统脱敏、条件操作法、模仿法、放松训练、厌恶疗法和角色扮演等方法。这些技术是基于经典条件反射、操作条件反射和社会学习理论等行为学基本理论发展而来的。

1. 系统脱敏法

系统脱敏法又称交互抑制法,是运用对抗条件的原则,从轻而重,逐步地把过敏的情绪或行为反应消除。当一个人对某种对象或环境过分害怕时,可以说是产生了过敏的惧怕反应,妨碍了日常生活,形成了不适应的行为。其机理是:应用经典性条件反射原理,逐步地使正常反应加强,不正常反应消失,从而达到行为矫正的目的。此方法主要用于神经症,如恐惧症、焦虑症等的治疗。具体步骤:将引起来访者焦虑、恐惧、厌恶的刺激分成轻重不同的层次、等级,然后让来访者学会松弛反应(主要是经过神经肌肉放松训练),从刺激反应程度轻的逐步过渡到反应程度重的,期间来访者一出现恐惧、焦虑时就让其放松,形成交互抑制或对抗情境,直到各等级的刺激与焦虑反应的联结消除为止,即使之逐渐习惯而除去敏感。

2. 条件操作法

条件操作法又称奖励强化法或代换券疗法,是根据斯金纳的操作条件反射原理设计出来的,目的是通过强化(即奖励)而形成某种期望出现的良好行为。

即当来访者出现某种预期的良好行为表现时,马上给予奖励,从而使该行为得到强化。

3. 模仿法

模仿法又称示范法、观摩法,是根据班杜拉的社会学习理论而发展出来的。社会学习理论认为,人有许多复杂的行为不可能通过经典条件反射以及操作条件作用来简单地加以控制或改变,而要通过观摩、示范或学习,通过模仿来获得。利用社会学习原理,咨询师可设计一些程序,使来访者有机会得以通过模仿学习获得新的行为反应,或用适当的行为取代不适当的行为。咨询师应对来访者的积极反应给予强化。模仿学习有被动模仿学习和主动模仿学习,前者只观摩而不参与,后者还有参与。一般来说,后者的学习效果更好。

4. 放松训练

放松训练对于应付紧张、焦虑、不安、气愤的情绪与情境非常有用,可以帮助人们振作精神、恢复体力、消除疲劳、镇定情绪。放松训练要在安静的环境中进行练习,光线不要太亮,尽量减少无关的刺激,以保证放松练习的顺利进行。治疗者首先要帮助来访者找到一个舒服的姿势,这个姿势使来访者有轻松、毫无紧张之感,可以靠在沙发上或躺在床上。放松的顺序一般是从手臂部→头部→躯干部→腿部。放松的方法:集中注意力→肌肉紧张→保持紧张→解除紧张→肌肉松弛。若来访者面临某些特殊的场合时易感紧张,此时已无时间和场地来慢慢练习其他方法,在这种情况下,可用深呼吸放松法。其他放松的方法还包括想象性放松法,一般与其他技术结合使用。

5. 厌恶疗法

厌恶疗法又称处罚消除法,是根据巴甫洛夫的经典条件反射原理发展而成,认为来自于学习过程的负强化作用可以消除原有条件反应,通过惩罚手段可以阻止或消除来访者原有不良行为。

6. 角色扮演

角色扮演,又称行为排演法,多用于改变来访者的不良行为以及在小组治疗中都比较常用。角色扮演可以说是对现实生活的一种重复,又是一种预演。在角色扮演过程中,来访者可学习改变自己旧有的行为或学习新的行为,并进而改变自己对某一事物的看法。

三、目标

一般而言,行为疗法的目标是要消除来访者不良适应的行为和帮助他们学习建设性的行为。团体行为治疗的目标同样是协助团体成员排除不良行为,并学习有效的行为模式。团体行为辅导与教育过程相似,团体心理辅导领导者需教导团体成员建立有关学习方法的新观点,尝试更有效的改变其行为、认知、情绪的方法。

四、团体心理辅导领导者的任务

在行为辅导团体中,领导者常扮演行为矫治的专家、教师或训练师角色。在团体中,领导者主动传授方法给团体成员,教给团体成员应对技巧和矫治方法,以便团体成员能在团体外进行实践。行为辅导的团体,在协助团体成员确定治疗目标后,将要达到的行为目标分解为具体的小目标,使用逐步改变的方式,从具体而容易改变的小目标开始较容易达到预期的结果。在团体中,领导者适当的行为和价值观将为团体成员提供示范。团体心理辅导领导者还需要收集资料,对团体成员的问题不断进行评估,以确定对每一个团体成员的治疗效果。

第四节　理性情绪团体疗法

理性情绪疗法是由美国心理治疗家埃利斯于 20 世纪 50 年代创立的。埃利斯最早把自己的理论称为理性疗法,强调认知的作用,后来又觉得应重视情绪的影响,所以改为理性情绪疗法。

一、主要理论与观点

1. 人性观

在人性问题上,埃利斯认为人生来就有一种内在的倾向,他把这种倾向称为人的本性。人的本性虽然趋向于成长和自我实现,但也会存在一种非理性的、不利于生存发展的消极倾向。他认为,在许多时候人类天生就倾向于进行畸形的思维;倾向于自毁前程;倾向于过分易受暗示影响和过分概括化;倾向于无端地焦虑不安和生气,并且持续不断让焦虑和敌意伤害自己。不管他们受过何种教育,也不论他们在什么样的社会环境中长大。

对于非理性信念的产生,埃利斯认为有以下几方面的原因:

(1) 人类天生就有很强的倾向,趋于非理性地思考看待事物。

(2) 儿童时期的学习在形成非理性信念上扮演了重要角色。由于有先天倾向的基础,加上孩子比成人更缺乏客观地评价自己和环境的能力,儿童很容易从父母的表扬和批评中概括出非理性的观念,并内化成自己的信念。

(3) 人们容易把一些理性信念通过过度概括、夸大转化为非理性信念。例如,关于"人对人友善是一种好品质"这一理性信念,通过过度概括可能会变成"我必须在任何时候,任何情况下都关心人,否则我就是个彻头彻尾的坏人。"

（4）一个人在长大后会不断地自我灌输、自我宣传一些非理性信念，从而使它们得以维持（有些非理性信念也会由于实践检验而丢失）。在埃利斯看来，正是这种先天倾向容易使人在后天的教育和环境影响下发展出非理性的生活态度，造成心理失调。理性情绪疗法把人们常犯的错误视为正常现象，试着协助来访者接受自己是一个会不断犯错的人，并能更和平地与自己相处。

2. ABC 理论

理性情绪疗法关于心理失调的原因和机制的看法集中表现在它的"ABC 理论"中。

人们通常以为人的情绪和行为反应（Consequence）直接由某一激发事件（Activating Event）引起，即 A 引起 C。埃利斯反对这种看法，在这个问题上，埃利斯认为使人难过和痛苦的不是事件本身，而是对事情的不正确解释和评价。他指出：A 只是引起 C 的间接原因，人们对 A 所持的信念、看法和解释（Belief），才是引起 C 的更直接的原因，即人们对诱发性事件所持的信念、看法和解释才是引起的更直接的原因。A 引起 B，B 导致 C，这就称为 ABC 理论。而要改变情绪，就应改变认知、想法或信念。通过自我暗示、自我激励等练习，形成和发展符合实际的、有益的、理性的观点和观念，接纳自己所面临的情境，适应自己的现状，改变自己的情绪，以合理的人生观来创造生活，并以此来维护心理健康，促进人格的全面发展。理性情绪疗法主张对来访者的非理性信念进行侦察、分析和辩论，改变他们非理性的信念，从而消除他们的情绪和行为问题，产生有效的咨询效果。

3. 不合理信念

理性情绪疗法认为，人们的情绪是由人的思维、人的信念所引起的，而不合理的信念往往使人们陷入情绪障碍之中。不合理信念的最大特点就是不客观，其主要特征有：

（1）绝对化要求。即人们以自己的意愿为出发点，对某一事物怀有认为其必定会发生或不会发生的信念，认为任何事情都是绝对的。它通常与"一定"、"必须"、"应该"这类字眼连在一起。如认为好朋友就应该什么都告诉自己，就应该在自己困难的时候立刻放下手中的任何事情来帮助自己；朋友就应该让着自己、照顾自己，等等。上面这些其实都是个体的主观愿望，事实上，他人的行为是你无法左右的，或者说客观事物的发生、发展都有其规律，是不以人的意志为转移的。持有这种观念的人，一旦某一天遇到了与自己的"绝对化"观念不符合的事情，就会产生不良的情绪。

（2）过分概括化。持这种观念的人会认为世界上的事物不是好的就是坏的。他人的一次迟到，就认为对方没有时间观念，没有责任心。工作上出现一次失误,就认为对方没有能力。如有的人一次考核没考好,就认定自己失败,整个人失败,以致对自己失去信心。以自己做的某一件事或某几件事的结果来评价自己作为人的价值,其结果常常会导致自责自罪、自卑自弃的心理及焦虑和抑郁情绪的产生。

(3)糟糕至极。埃利斯指出"糟糕至极"是一种不合理的信念,因为对任何一件事情来说,都有可能发生比之更坏的情形,没有任何一件事情可以定义为是百分之百糟透了的。当一个人沿着这条思路想下去,认为遇到了百分之百糟糕的事或比百分之百还糟的事情时,他就是把自己引向了极端的、负性的不良情绪状态之中。常表现为"一旦……天就要塌下来了","再没有比这更可怕的了",等等。如身体一得病,便认为自己患了绝症,心急如焚;一旦考试失利,便认为世界塌了,所有的人都瞧不起他,自己完了。这是一种认为如果一件不好的事发生了,将是非常可怕、非常糟糕,甚至是一场灾难的想法。这将导致个体陷入极端不良的情绪体验如耻辱、自责自罪、焦虑、悲观、抑郁的恶性循环之中,而难以自拔。

埃利斯认为,所有困扰人类的严重情绪问题实际上都直接起源于那些非理性信念。不管个体的遗传方面有怎样的缺陷,也不管在他的早期或晚期生活中曾经遭遇哪种精神创伤,他现在对不良刺激所发生的过度或不足反应的主要原因,都是因为他现在所持有的一些教条式的、非理性的以及未经验证的某些信念所致。

绝对化要求、过分概括化、糟糕至极既是非理性认知的三个特征,又可以理解为三种不合理的认知方式,情绪困扰常常来源于上述三种不合理的认知方式。

二、基本技术

理性情绪疗法的基本技术主要有与不合理信念的辩论、合理想象、认知作业、改变自我暗示等。

1. 与不合理信念的辩论

这一方法是埃利斯根据自己心理咨询与治疗的实践经验不断摸索总结出来的,是理性情绪疗法最重要也最常使用的技术。咨询师通过积极主动地、不断地向来访者发问,对其不合理信念进行挑战。埃利斯认为,这一方法使得治疗者能够用科学的方式向来访者所持有的关于他们自己的、关于他人的以及关于他们周围世界的不合理的信念进行挑战和质疑,以动摇他们的这些信念。

(1)质疑式。直截了当地向来访者的不合理信念发问。如:"你有什么证据能证明你自己的这一观点?""是否别人都可以有失败的时候,而你不能有?""是否别人都应该照你想的那么去做?""你有什么理由要求事物按你所设想的那样发生?""请证实你自己的观点!"等。

一般说来,来访者不会简单地放弃自己的信念,虽然他们往往不加批判地接受了许多现成的看法,但面对来自治疗者的质疑,他们也会想方设法地为自己的信念辩解。因此,治疗者需不断努力,借助于这种辩论过程的不断重复,使对方感到为自己的不合理信念辩护变得理屈词穷,使他们真正认识到:他们的那些不合理的信念是不现实的、不合逻辑的东西;他们的那些信念是站不住脚的;什么是合理的信念,什么是不合理的信念;要以合理的信念取代那些不合理的信念。

(2)夸张式。这是治疗者针对来访者信念不合理之处故意提出一些夸张的问题,其落脚点与质疑式提问是一样的,仅仅是方式上略有区别。这种提问方式犹如漫画手法,把对方信念的不合理之处、不合逻辑、不现实之处以夸张的方式放大给他们自己看。故意夸大来访者的信念,使来访者看到它的不合理之处。如:"因为你对别人很友好,你就可以颠倒众生,赢得天下所有人的欢心吗?"

(3)极端式。质询来访者这件事最坏的结果是什么。如:"如果考试没有进前五名,最坏的结果是什么? 真的就那么可怕吗?"

(4)更新式。提醒来访者:"从另一个角度想一想,事情不像你预想的那样,是否也可能是一件好事呢?"

2. 合理情绪想象

理性情绪想象技术是理性情绪治疗中最常用的方法之一,它与心理治疗中通常所用的想象技术既有联系又有区别。它也是需要由治疗者进行指导,帮助来访者进行想象的技术。其步骤如下:

(1)使来访者在想象中进入他产生过不适当的情绪反应或自感最受不了的情境之中,体验在这种情境下的强烈情绪反应。

(2)帮助来访者改变这种不适当的情绪反应,并体会适度的情绪。

(3)停止想象,让来访者讲述他是怎么想的,是什么使他的情绪发生了变化。此时治疗者要强化来访者的新的合理的信念,纠正某些不合理的信念,补充其他有关的合理信念。

合理情绪想象技术除帮助来访者认清信念与情绪反应的关系之外,还可帮助来访者找出他对某事所持有的不合理的信念。有时来访者谈到某一事件时,往往只记得自己当时多么气恼,却说不上自己当时的想法,想不起来为何如此气恼了。治疗者可帮助对方回忆当时的情景,重新进入那种最坏的情绪体验之中,此时再进一步探查来访者当时的想法,从而找到其所持有的不合理信念。

3. 认知作业

理性情绪疗法是在改变人的认知上下工夫,但要改变人的信念与思维方式是一件非常困难的事。因此,治疗不但需要治疗者的努力,也需要来访者本人的努力。这种努力不仅在会谈中进行,也应持续到会谈以外。认知的家庭作业正是为此而设立的。在完成作业的过程中,来访者可以更好地掌握会谈中的内容,并且学会自己与自己不合理的信念进行辩论。认知作业既有固定格式的也有自由格式的,具体说来主要包括完成合理情绪治疗自助量表、与不合理的信念辩论、合理的自我分析等。

(1)完成合理情绪治疗的自助量表。这是由埃利斯在美国纽约创立的合理情绪治疗研究所特制的一种自助表格,其内容:首先让填表者找出 A 和 C;其次再找 B(表中列有十几种常见的不合理信念,填表者可从中找出符合自己情况的 B,若还有其他的不在此列中的不合理信念可单独列出);然后填表者自己做辩论,对自己所有的不合理信念一一进行质疑式的辩论;最后填写效果表,即通过自己与自己的不合理信念辩论而达到了何种情绪的和行为的效果。

(2)与不合理信念的辩论。这也是一种规范化的作业形式,内容很简单,只需来访者回答一些具体的问题,如:

"我打算与哪一个不合理的信念辩论并放弃这一信念?"

"这个信念是否正确?"

"有什么证据能使我得出这个信念是错误的(正确的)结论呢?"

"假如我没能做到自己认为必须要做到的事情,可能产生的最坏的结果是什么?"

"假如我没能做到自己认为必须要做到的事情,可能产生的最好的结果是什么?"

(3)合理的自我分析。合理的自我分析目的与上述作业相同,它是一种完全由来访者自己完成的报告,没有特殊的要求与规定,但报告的重点在辩论上。事实上,这种自我分析人人都可以做,按合理情绪治疗的观点来看,人人都可能存在不同程度的不合理信念。

(4)改变自我暗示。理性情绪疗法认为,不明确的语意是扭曲思考的原因之一。来访者可以学习用"较喜欢"来取代"必须"和"应该",用"可能不太方便,如果……"来代替"那绝对很可怕,如果……"。通过改变语言形态和做新的自我暗示,来访者可以逐步改变不合理的思维方式。

(5)角色扮演。咨询师要求来访者扮演一个特定的角色,展现与该角色相应的行为特点和内心感受,从而起到增进来访者自我认知、减轻或消除其心理和行为方面问题的作用。

三、目标

理性情绪疗法认为,我们的问题既不是由生活状况本身造成的,也不是由其他人或过去的事件造成的,而是由对生活状况的感知和思维造成的。因此,我们的责任是对自我打击的思维进行认识和改变,因为这种思维造成了情感和行为的障碍。

人们接受来自外部的行为障碍思维,并不断地用这种错误的思维引导自己。为了克服非理性的思维,咨询者要使用主动的和指导性的治疗步骤,包括教育、建议和布置作业。理性情绪疗法虽然是教学式的和直接的,但它主要还是让人根据自己的意愿去思考、感觉和行动。它重新教育来访者进行自己的思维。

咨询者的任务是不断地鼓励和提醒来访者去做持续和大幅度改变所需的事情。理性情绪疗法假定人们容易学会错误的、自我击败的思想,但人们也能学会丢掉它们。人们通过自言自语使自己的困难持续下去,但通过指出和改正认知上的错误,他们可以为自己创造一个更自我实现的环境。

团体心理辅导领导者的任务是,协助团体成员正视并积极面对自己的非理性、不合逻辑的思想,认识自我挫败的行为和非理性信念之间的联系,教导他们如何改变自己思考和行为的模式。理性情绪疗法把咨询和治疗的直接目的,归结为以下三方面:

(1)纠正非理性的思想、信念以及非理性的思维方式,帮助来访者树立积极的、能带来快乐生存的价值取向、追求、目标和理想;学会用科学、理性、求实、灵活的方式来思考问题。

(2)纠正不合宜的情感,帮助来访者获得合宜的情感体验。埃利斯认为,合宜情感既有肯定的,也有否定的;不合宜的情感亦然。

(3)纠正不合宜的行为,增进合宜的行为。埃利斯把强迫、冲动、不良的成瘾行为,刻板反应以及退缩、恐怖等称作自我损害行为。因为这些行为严重妨碍了人的生活和幸福,妨碍了近期和远期目标的实现。

四、过程

理性情绪疗法理论认为,只有思想的改变(将非理性的思维转化为理性的思维),才能带来行为的改变。

咨询师的责任是帮助来访者摆脱他们的非理性信念,而用理性观念来替代。这种过程在开始时,需要来访者说明他们的某些观念是不合理的,帮助他们弄清为什么会这样,讲清楚不合理的信念和他们的情绪困扰之间的关系,埃利斯将其称为第一步领悟。

咨询过程的第二步是说服来访者,使他们了解之所以长期陷于这种情绪障碍中的主要原因是由于他们不断重复地向自己灌输同样的非理性观念。

咨询的第三步是通过以与不合理的信念辩论方法为主的治疗技术,帮助来访者认清其信念的不合理性,进而放弃这些不合理的信念,帮助来访者产生某种认知层次的改变,这是咨询过程的最重要的一环。

咨询的最后一步是关于消除来访者的某些特殊的非理性倾向的问题,以避免以后再出现一些新的非理性信念。咨询师所期望的结果是,通过以理性信念来代替非理性信念,从而使来访者朝一种理性的生活方式迈进。如果这种结果产生了,那么来访者的自我挫败行为会消失,而情绪障碍也会有显著进步。

第五节　人际相互作用分析理论

人际相互作用分析理论是由美国精神分析学家柏恩于 1959 年创立的一种心理治疗的理论和方法,是目前国际公认的重要心理治疗和人格理论、方法体系之一。其目的是协助人们了解他们与别人互助的本质,以教育当事人改变生活态度,对人际交往获得深刻的领悟力,建立自尊的、成熟的人际关系。

相互作用分析理论是一种针对个人成长的、有系统的心理咨询与治疗方法,适应范围较广,尤其适合团体咨询和治疗,在帮助当事人通过改进沟通方式而促进自身成长,并与他人进行有效交往方面产生了非常积极的作用。人际交互作用理论注重人与人之间的互动、沟通,非常适用于团体心理辅导。

一、主要理论与观点

1. 人生四种基本态度

人生态度是指个体对待自我和他人的看法。一个人的自我在发展过程中,由于外界刺激的缘故,会形成不同的人生态度,即"我不好—你好"、"我不好—你也不好"、"我好—你不好"、"我好—你也好"。

(1)"我不好—你好"。如果一个人持有这种生活态度,他会很自卑、压抑、胆怯,总认为自己做不好事情,在人际交往中很被动,不会主动和他人交往,甚至逃避。

(2)"我不好—你也不好"。这种人眼里的世界是灰暗的,对人生丧失兴趣。这种人缺乏爱,总会看到事情的负面信息,对人生失去信心和兴趣,既不喜欢自己和别人,也不满意自己和别人,对自己和别人都不相信,认为自己和别人都没有存在的意义,有时表现出玩世不恭。他们的行为总是给自己和别人带来麻烦。极端者可以导致自杀或凶杀。

（3）"我好—你不好"。持有这种生活态度的人，不能客观地看待他人，从不信任他人。在与别人交往时，总感觉自己受到迫害或成为人家的受害者。于是他总是去伤害别人，把自己的不幸归于别人，常用威严的家长自我对待别人。总感觉受迫害、受欺负的人，必然失去了亲近他人的能力。

（4）"我好—你也好"。这是一种承认所有人价值的积极的生活态度，在相互作用分析理论中，这是一种成人自我状态占主导地位的态度。持有这种生活态度的人，喜欢自己和他人，也相信自己和他人，与他人友好相处，对生活充满希望，对别人充满好感，能帮助人们创造性地解决问题。承认他人存在的意义，并能友好地与他人相处。

2. 心理游戏

心理游戏是相互作用分析理论的一个特有的概念，柏恩用《人们所玩的游戏》整整一本书来探讨人际交往中的"游戏"。他给游戏下的定义是："游戏是一系列不断发展的、互补的暧昧性相互作用，它将会引出具有明确含义的预想结果。可以把游戏描述为一套原地转圈的相互关系，它们经常是重复的，表面上好像很有道理，实际上有着隐蔽的动机，或者说得更加通俗一点，就是设置圈套或'机关'的一系列活动。它具有以下两个特点：隐蔽性和惩罚性。实际上每一场游戏都是不诚实的，其结果不仅有刺激性，而且有戏剧性。"心理游戏就是通过扮演"惩罚者"、"受害者"和"拯救者"等心理角色而进行的一种勾心斗角，它对人际交往有着破坏作用。

二、基本技术

1. 沟通分析

人际相互作用分析理论认为，沟通是一个人自我状态的刺激以及另一个人自我状态的反应。三种自我状态所发出的刺激和反应形成了各种形式的沟通，主要有以下三种类型：

（1）互补沟通。当一个人以某种自我状态向对方发送一个刺激时，接受的一方以发送的一方所期待的自我状态做出反应，相互作用能够继续进行。这种相互作用叫做互补的相互作用。如父母状态对父母状态、成人状态对成人状态。

（2）交叉沟通。当发送刺激的一方或者接受刺激的一方或者双方都没有得到期待的反应，就会引发不适当的自我状态，相互作用的线路就会出现交错。这种相互作用叫做交叉的相互作用。如 A 以成人对成人的状态发出信息，但 B 以父母对儿童的状态回应。

（3）隐含沟通。这是一种最为复杂的交流方式。在隐含交流中，总是涉及两种以上自我状态。真正的信息往往没有明确表达出来，而是隐含在另一种客套的交流中。当一个人以某种自我状态向对方发送一个刺激，而用另一种自我状态间接地表达另一种含义，就会引发双重的相互作用。这种相互作用叫做暧昧的相互作用。

2. 生活脚本分析

生活脚本也称生活原稿，是指一个人持有的由父母等人给他刻下的早期记忆和他据此而为自己设计的人生计划。这个"脚本"就是人潜意识中的"生活计划"，它规定了一个人生活的主题，规定了他在现实生活舞台上所要扮演的角色，也规定了他周围的人所要扮演的角色，人们的生活仿佛是一次又一次地按照预先写好的"脚本"反复上演的戏剧。人们的人生态度与其生活脚本有关，如果一个人的人生脚本是积极的，那么他在成长中就会积极地追求；如果一个人的人生脚本是消极的，那么他就会采取消极的处事态度。一个人要从根本上改变自己的生活，就必须深入分析并"改写"自己的"生活脚本"。

3. 重新决定方式

"重新做决定"的技术由 Goulding 首先应用并推广，现已成为心理治疗师所广泛使用的技术之一。治疗师要求当事人违抗"父母我"的命令，给"成人我"以充分的自由，从而使当事人健康地成长。如果"父母我"要反抗这种改变时，治疗师可让当事人先以"儿童我"重新体验早期的经历或者挫折，然后让当事人回到当下，以"成人我"摒弃早期"儿童我"所做出的决定，重新采取一个理智的决定。而这还只是重新做决定的起点，治疗师还要帮助当事人用新行为强化新决定，从而使治疗达到一定的效果。

4. 自我表达

"自我表达"技术中，治疗师让当事人自由地表达在早期生活的重要时刻他们所希望看到的或者经历过的事件。这种技术的目的在于，让当事人在自我表达中宣泄压抑已久的情绪，这些情绪来源于"儿童我"和"父母我"的对抗，使当事人在自我表达中逐步认识到事件的真相，以及自己该以怎样的状态去处理已发生的事件，最终帮助当事人建立一个"有效整合的成人我"。

三、在团体心理辅导中的应用

人际相互作用分析理论相信人的可发展性，认为不论人早年有过什么样的经历甚至不幸，他都可以通过新的选择改变自己的命运，使自己成为一个有爱、有幸福感和有生产性的人。相互作用分析理论应用于团体心理辅导中，可以用于指导团体成员处理人际交往的问题，有利于团体成员的心理健康。团体心理辅导领导者可以对团体成员目前的人际关系进行分析，帮助团体成员找到有利于自己人际关系发展的"三我"状态的平衡。团体心理辅导领导者可以对团体成员的生活态度进行深刻的分析,帮助团体成员认识到只有"我好—你也好"的人生态度,才能在人际交往中建立良好的人际关系。

人际相互作用分析理论认为,一个人的心理健康与否取决于是否具备一个有效整合的成人我。"有效整合的成人我"不仅不受来源于"父母我"和"儿童我"的错误信息的干扰,而且"成人我"在"三我"中的比例适当。"有效整合的成人我"有七大表现:一是能客观理性地看待事物而不是按照自己的想象去看事物;二是能够在正视现实的基础上思考并决策;三是能够有效地整合并且调节自己的"父母我"和"儿童我";四是能制止"父母我"所发出的否定性内部语言,并发掘出积极的"父母我"状态;五是勤于思考,懂得收集信息,能够进行预测;六是能在吸取日常经验的基础上不断更新自己;七是能对此时此地的刺激做出反应,能够做出自由的选择和改变。

在团体心理辅导的过程中,团体心理辅导领导者可在人际相互作用分析理论的指导下,指导团体成员分析自己的人际关系,深刻认识自身的"三我"状态,努力构建当事人"有效整合的成人我",以促进当事人的心理健康。"父母我"照章办事,"成人我"面对现实,"儿童我"感情用事,"有效整合的成人我"是当事人处理人际关系的最佳"三我"状态。

柏恩认为,一个人如果能够把握自己的"父母我"和"儿童我",并使自己处于"有效整合的成人我"的影响下,那么他的整个生活会变得更好;而如果人人能使自己处于"有效整合的成人我"的影响中,那么整个世界会变得美好。

四、目标

人际相互作用分析理论着眼于人与人之间互动、沟通的研究,非常适用于团体心理辅导。人际相互作用分析的目的是通过分析相互作用的类型,帮助人们确立一个强有力的成年自我状态,从而促进人的成熟、成长,建立良好的人际关系。人际相互作用分析团体给予团体成员某种程度的觉察,协助团体成员去除与他人互动中所使用的不好的脚本或游戏,激发团体成员重新检视早期的决定,能应用自己新的觉察做出新的、有效的决定,对生活的方向作出新的抉择。在团体中,团体成员可以观察到他人的变化与示范,逐渐了解自己的人格结构,并学会如何与他人沟通。在团体中,与其他团体成员的互动给他们充足的机会去练习作业并履行契约。团体中的互动使团体成员增加对自己与他人的觉察力,帮助他们把焦点放在生活中要改变的事情上,并能重新做出决定。

第四章　团体心理辅导的领导者

哪里有光的照射,哪里就会产生阴影。

——卡斯特

促使心灵健全发展唯一的方法就是体认受苦的价值。

——斯科特·派克

团体心理辅导成功有四个要素:一是要有明确目标,全体团体成员认可;二是有称职的领导者,有爱心、责任感和领导能力;三是团体成员积极参加投入;四是有适当的团体活动,生动有趣使人乐于参加。这四个因素中,团体心理辅导领导者是团体心理辅导成败的关键因素,其素质、条件、能力、经验等直接影响团体心理辅导的效果。

在团体心理辅导过程中,团体心理辅导领导者是整个团体的灵魂,其行为对团体心理辅导目标活动的过程和结果在很大程度上起着决定性作用,优秀的团体心理辅导领导者常带领团体发挥最好的效能。

第一节　团体心理辅导领导者应具备的条件

团体心理辅导领导者是团体心理辅导过程中的关键因素,从活动方案的设计到活动的组织实施,从组员间关系的协调到活动任务的分配、讨论的引导和总结等环节都要依靠领导者来完成。团体心理辅导领导者既是团体心理辅导活动的组织者,又是团体心理辅导活动的参与者,团体互动系统的核心。团体心理辅导领导者必须具备以下几个方面的条件。

一、优秀的人格特质

团体心理辅导领导者的人格特质会影响团体动力的形成与发展,影响团体目标的实现。香港中文大学林孟平指出,出色、高效的团体心理辅导领导者应具备 11 项人格特质：

  （1）认识自己，接纳自己，自爱自信；

  （2）敏锐的自觉，把握环境；

  （3）自我肯定，清楚并欣赏自己；

  （4）投入并参与，身体力行，以身作则；

  （5）个人的协调和表里一致，心口如一；

  （6）愿意作典范，严于律己；

  （7）愿意接触和面对个人的需要；

  （8）清楚了解个人的价值观；

  （9）信任团体过程的功能；

  （10）保证自己不断更新团体成员；

  （11）个人力量与勇敢，勇于创新。

  个人特质的形成并不是一蹴而就的，它是团体心理辅导领导者在职业生涯中不断自我打磨和修炼才具备的。个人特质体现在领导者身上是相对稳定的，然而相对稳定并不是说它一成不变，团体心理辅导领导者可以根据这些人格特质来不断地完善自身，以更好地领导团体。

二、扎实的理论功底

  毋庸质疑，心理治疗师必须掌握有关的心理咨询理论，并在相应的专业领域完成规定的实习内容和实习时间。这些领域包括健康心理咨询、学校心理咨询、职业心理咨询、婚姻与家庭心理咨询、组织心理咨询等。对于团体心理辅导领导者而言，掌握必要的心理咨询理论尤为重要。

  目前，有的团体心理辅导领导者着重于应用某个理论，更多的团体心理辅导领导者倾向于应用多种理论，因为任何心理学流派的理论在临床的心理咨询与治疗中都有自己的独特之处——善于解决某类心理问题。

  所以，团体心理辅导领导者掌握多种心理咨询有关理论，吸取其精华，要比只掌握一种理论可供选择的方法多。团体心理辅导领导者对团体心理辅导的理论和技术更应有充分的理解和把握，了解各种咨询理论和技术的应用范围，并能够结合实践需要恰当地安排咨询内容，合理使用咨询技术。

三、基本的领导才能

  曾有心理学家指出，一些以前主要从事个别心理咨询的临床工作者可以慢慢地转型成为一名团体心理咨询者。但需要注意的是，在转型过程中，很多人往往会遇到一些困难。最容易犯的错误是：没有把当事人放在团体的背景中进行帮助,这可能导致团体凝聚力的降低,甚至导致个别团体成员在中途退出。与个别心理咨询一样,团体心理咨询也有可能对团体成员造成伤害。

总之,对于一名团体心理辅导者来说,团体管理技巧非常之重要。由于团体心理辅导领导者在团体心理辅导活动过程中所采取的领导技能会在一定程度上对团体心理辅导产生较大影响,因此,团体心理辅导领导者应具备一定的组织协调领导能力和团体管理技巧。

团体心理辅导需要策划一系列的会面与活动,有成效的团体心理辅导领导者都是很好的计划制定者,他们能够以一种团体感兴趣的方式安排一系列对个人有收益的会面,同时根据相关的主题安排有关的活动。一名成功的团体心理辅导者应具有计划与组织才能,懂得利用团体的互动来增强团体的凝聚力,以促进团体心理辅导的效果。

团体心理辅导领导者还应具有敏锐的洞察力,具备建立良好人际关系的能力,对于那些不适合团体或对团体产生破坏力的团体成员,领导者要能够即时识别,并对其进行个别辅导。对于有些个体,将个体心理咨询与团体心理辅导结合起来,有时会比单一的团体心理辅导目标模式更为有效。

四、良好的心理素质

在团体心理辅导过程中,经常会面对许多难以预见的问题,如团体成员对团体心理辅导领导者的攻击和敌视等。这些问题的出现常会使团体心理辅导领导者在能力、情感的自控程度、价值观、个人修养等方面面临严重挑战。

因此,团体心理辅导领导者必须具有良好心理素质。一些国外的团体咨询专家认为,富有成效的咨询者特点包括关心、坦白、灵活、温和、客观、值得信赖、诚实、强壮、耐心和敏感。此外,还包括接纳自己,与他人和睦相处;喜欢他人,在权威的位置上感到舒适;对自己的领导能力有信心;对他人的情感、反应、情绪、言语产生同感的能力,良好的心理健康水平。

五、广博的知识经验

团体心理辅导领导者要指导某个类型的小组,首先必须掌握相关领域的基本知识,例如:团体心理辅导领导者要去指导一个青少年学习小组,必须清楚中小学教育的有关知识;要指导一个职业选择小组,就应该知晓社会对职业需求有关的知识;要指导一个戒烟小组,就必须掌握吸烟成瘾的生理、心理知识。

通常,团体心理辅导领导者指导的小组类型很多,即使是在某一个领域内组织小组(如关于青少年学习方面的小组),而且组员千差万别,问题涉及许多学科,团体心理辅导领导者除了掌握心理咨询的专业知识和经验外,还要掌握教育学、社会学、生理学、伦理学、法律、体育保健、医疗卫生等多科的基本知识,积累丰富的生活经验;否则,团体心理辅导领导者在团体心理辅导过程中,很难同感,团体心理辅导就不能深入。

六、丰富的团体实践

团体心理辅导领导者应具备良好的设计组织能力和引导促进能力,具有丰富的团体心理辅导实践。除了专业教育与训练外,美国团体心理咨询协会(AGPA)建议每一位心理咨询者在自己正式担任团体心理辅导领导者之前,要以团体成员的身份参加团体心理咨询,至少需要 60 小时。

领导实践和参与经验是两个互补的积攒经验过程,作为领导者或参与者的实践经验可以帮助团体心理辅导领导者在带领团体时迅速定位自己和团体的参与者。在团体心理辅导领导者位置上习得的是直接的领导技能,可以将成功的经验运用到以后的团体心理辅导中;而作为参与者的经验则可以让团体心理辅导领导者换位体验参与者的需要,这可以使领导行为更加有针对性和实效性。

七、良好的职业道德

美国心理学协会和美国团体治疗协会特别制定了团体心理辅导领导者的道德规范。团体心理辅导领导者要以团体成员的利益为重,保守秘密,尊重团体成员的隐私权。

第二节　团体心理辅导领导者的角色、职责和功能

一、团体心理辅导领导者的角色

领导基本上是一种影响力作用,它是一种实现目标的行为,也是一种动机导向的行为。领导乃指引导团体成员由所不知而使其知,由所不能而使其能。换句话说,是少数人影响多数人的一种能力或过程。根据团体心理辅导过程中领导者所发挥的作用,其扮演的角色主要有以下几种。

1. 领导者的角色

团体心理辅导领导者其领导者角色贯穿于团体心理辅导的每一个阶段,从辅导团体的准备到开展团体心理辅导工作,再到最后的结束和评价。如果说辅导团体是风筝的话,那么想要它按着方向飞得更高,就必须有领导者这根牵在手里的线。他控制着辅导团体的发展方向,为目标达成提供有力的保障。团体心理辅导领导者必须利用自己的知识和技巧使团体成员发挥自己的能力,实现其

个人目标。团体心理辅导领导者的领导职能包括活动前的动员,活动中的启发、鼓励、引导,活动结束时的总结和事后的效果追踪、反馈等。

2. 示范者的角色

在团体心理辅导的过程中,不论团体心理辅导领导者是否有意为之,其言行都具有重要的示范作用。团体心理辅导领导者要对团体成员的见解和行为采取开放、包容、不批评、不指责的态度,对积极的观点和行为要及时鼓励、肯定。在团体中,领导者的自我表露也具有积极的示范作用。团体心理辅导领导者在适当时机向团体成员表露自己类似的经验、感受,不仅可以促进团体成员的思考,而且可以示范如何真诚地开放自己。

3. 调解员的角色

在团体心理辅导过程中,一些团体成员之间在沟通上可能产生矛盾、发生冲突,团体心理辅导领导者要做一个调解人。如何调解他们、把他们的注意力吸引到团体心理辅导的目标上来,就需要团体心理辅导领导者扮演好调解者的角色,化各种矛盾和冲突为建设性力量。

4. 平衡者的角色

在团体心理辅导活动的过程中,团体成员真诚、平等、无条件接纳式的沟通产生的动力对团体心理辅导目标能否取得实效具有至关重要的作用。但是由于团体的动力发展是变化的,而且团体成员的个性不同、经历不同、社会角色不同,每个成员在团体中角色也不同。

有的成员在团体中处于支配者的角色,有的成员处于观望者的角色等,有时候团体中还会出现次团体。团体心理辅导领导者要注意观察团体成员在团体中的角色,并通过引导、鼓励、提醒等多种方式不断平衡团体成员的互动,努力创造安全的团体氛围,减少团体成员的焦虑和不安全感,尽可能使团体的动力均衡发展,使每一位团体成员都能平等地参与到团体活动中去。

5. 教育家的角色

团体心理辅导中的领导者具有教育的职能,包括讲授新概念、理论与方法,提供新信息;以身作则,为团体成员作示范和提供榜样。

6. 好朋友的角色

团体心理辅导的魅力之一就是团体成员之间的互动,这种互动既体现了团体成员个体独特的个性,同时也在团体成员之间建立了一种特定意义的依赖感,而这种依赖感的产生离不开团体心理辅导领导者在团体中的表现。

团体心理辅导领导者的耐心倾听、仔细观察、真情反馈、倾情投入以及适度的自我袒露,为团体成员设置了安全的环境,有利于团体成员之间建立信任感,使得团体成员可以在自我防卫较低的水平上进行真实表现,较深入地进行自我探索。领导者要严格遵守团体的保密原则,完全站在团体成员的角度,试着以朋友的姿态倾听他们的心声,这也是深入了解团体成员的技巧。同时,在适当的时机,团体心理辅导领导者也要进行自我暴露,这样团体成员会把团体心理辅导领导者当作朋友,有利于团体包容氛围的建立。

7. 代理人的角色

在团体咨询过程中,团体心理辅导领导者有时要作为团体的代理人,代表团体利益与外界打交道。

8. 治疗师的角色

在治疗性团体心理辅导中,团体心理辅导领导者还具有治疗师的职责。

综上所述,团体心理辅导领导者在团体心理辅导中的角色是多样的,团体心理辅导领导者所扮演的角色和参与者不同,他必须组织和引导团体的发展,在团体心理辅导过程中施以各种程度的影响,并为团体达成预设的发展性目标负责。

二、团体心理辅导领导者的职责

1. 适度参与并引导

团体心理辅导领导者应根据团体的实际情况,把握自己的角色,发挥领导者的作用。在团体形成初期,团体气氛尚未形成,领导者要以一个成员的身份参与活动,为其他团体成员作出榜样。当引导团体成员开始讨论共同关心的问题时,领导者应注意谈话的中心及方向,随时适当引导。对不善于表达的团体成员给予适当的鼓励,对过分活跃的团体成员适当制止,始终把握引导团体活动朝团体心理辅导目标的方向发展。

2. 调动团体成员参与的积极性

团体心理辅导领导者应当关注团体的每一位成员,认真观察他们的心态变化,激发团体成员大胆表达自己的意见、看法,鼓励团体成员相互交流,自我开发,积极讨论,引起大家对团体心理辅导活动的兴趣。

3. 创造融洽的气氛

团体心理辅导过程中,领导者主要的职责之一是创造团体的气氛,使团体成员之间相互尊重、相互关心,使团体充满温暖、理解、共情、安全的氛围。在这种气氛中,团体成员可以真实地、毫无顾忌地、坦率地开放自己,在团体成员彼此相互接纳的气氛中成长。

4. 提供恰当的解释

团体心理辅导过程中,当团体成员对某些现象难以把握或对某个问题分歧过大而影响活动顺利进行时,领导者需要提供意见、解释。解释的时机和方式因团体活动形式的不同而不同。比如,在以演讲、讨论、总结形式活动的团体内,团体心理辅导领导者可以在开始时就团体成员的共同问题进行系统讲授。在提供解释时应注意表达简洁、通俗易懂、联系实际、深入浅出，避免长篇大论，过分专业化。

三、团体心理辅导领导者的功能

团体心理辅导领导者在团体心理辅导中有两大任务：一是完成团体任务与目标，称为任务领导行为；二是要维持团体的人际关系和气氛，称为过程领导行为。

1. 团体心理辅导领导者在任务行为上的功能

在进行团体心理辅导活动的过程中，团体心理辅导领导者应适时地调节团体成员间的关系，努力营造自然、积极、开放、温馨的团体氛围，促进团体心理辅导领导者和团体成员、团体成员和团体成员之间关系的和谐与互动。组织团体成员完成团体心理辅导的任务，促使辅导目标的达成。具体说来，团体心理辅导领导者在任务行为上的功能主要体现在以下方面：

（1）为了配合团体心理辅导活动的计划、团体成员自身的需求和团体"此时此刻"的状况，团体心理辅导领导者应先启发团体展开话题讨论和团体成员间的互动。催化团体的气氛使团体成员间能够敞开心扉，积极参与发言。这就要求团体心理辅导领导者掌握"开启技巧"——运用口语、非口语行为及活动，带领团体进入相互沟通的交流情境之中，促成团体朝正向动力转化。

（2）在团体心理辅导活动进行过程中，任何一次事件、一种团体气氛，团体成员的一句话、一个动作、一个眼神，任何一种团体活动设计、一次活动、一种活动道具，都会对团体的发展产生积极或消极的影响。因此，团体心理辅导领导者必须是一位细心、用心、虚心并善于处理突发事件的经营者，注意小细节，以有效地使团体正常且正向地发展。

（3）团体心理辅导领导者带领团体的过程实际上是一个创作、制作的过程。团体心理辅导领导者对团体实施前的主题选择方案与计划设计、团体成员选择、每次团体进行后团体成员的反馈及团体活动方案执行后的总体评价等每个环节都要认真仔细地记录；然后，全面分析、评估以求不断改进工作，达到最好的团体活动效果。

2. 团体心理辅导领导者在过程领导中的功能

随时给予团体成员鼓励、赞美，对正向行为给予充分的肯定。当团体成员出现抗拒、冷漠、封闭等负向行为时应给予鼓励，特别是当团体成员分享个人内在深层感受与痛苦时，团体心理辅导领导者适时地以非口语的专注行为给予足够温暖的、尊重的支持与鼓励，这有助于增强当事人的自信和营造温馨、和谐的团体气氛。

团体议论时,常会发生两种情况:有些人很喜欢说话,开口滔滔不绝,总是占用别人的时间;而有些人即使有想法,也不多说。讨论和分享机会不均等,会影响更多团体成员的参与。团体心理辅导领导者应随机调节,鼓励没有说话的人多说。

团体并非团体心理辅导领导者一个人私有的,要靠大家共同维持其运转。但因为团体成员个性、心理需求不同且行为各异,为了保证团体的发展和团体成员需求的满足,团体心理辅导领导者应在尊重团体成员意见的前提下适时制定规范和要求。目的在于使团体中的每个人的行为有所遵循,进退有据。标准的设定应充分地征求团体成员的意见,可作为一个论题展开广泛的谈论。在讨论前可以引导团体成员建议性的团体行为,创造理想的团体活动情景,使讨论顺利进行。

在团体没有协同指导者、观察者等角色时,团体心理辅导领导者必须扮演观察者和评估者的角色,对团体的气氛、过程、领导行为和团体成员反应进行观察、记录和分析,还要学会积极地倾听、沉默等技巧,力求全面掌握团体的各种发展及制约因素,使每位团体成员、每个团体活动的过程都被关注到。例如,当团体成员沉默、思考过度依赖时,团体心理辅导领导者可以保持沉默来观察团体成员的反应。

第三节　团体心理辅导领导者的专业训练

团体心理辅导对领导者的要求较高,领导者要具备良好的人格特质、专业素养和职业道德,不合格的领导者会直接影响团体心理辅导效果,甚至会对团体成员造成伤害。所以,从业人员必须经过专业培养和专门训练才能胜任。

一、团体心理辅导领导者不适宜的角色

在团体心理辅导活动过程中,有些团体心理辅导领导者会不同程度地出现角色偏离,其言语、行为不仅不能起到促进团体发展的作用,反而会造成团体动力涣散,甚至引发团体成员排斥、抗拒或冷漠行为的出现,从而影响团体的发展。团体心理辅导领导者不恰当的指导方式往往会在不经意间担任团体破坏者的角色。具体说来,团体心理辅导领导者不适宜的指导者角色主要涉及以下几种表现。

1. 诱惑者

团体心理辅导的目的是使团体成员通过团体活动产生团体经验,从经验中

获得学习性行为,以改变原有的、不正确的认知或行为方式,从而达到治疗和调整心理的目的。

但是,若团体心理辅导领导者对团体成员进行外在的物质引诱或精神指导,使团体成员的心理和行为产生变化,干扰其学习性行为,那么团体心理辅导就失去了原有的意义。团体成员学习目的和方向产生偏差,轻则学习没有达到预期效果,重则会使团体成员走入另一种思想与行为的误区,这明显违背了团体心理辅导目标的助人宗旨。

例如,团体心理辅导领导者说:"下面一个活动是小组比赛传递橡皮筋,传递速度最快的小组成员每人可以得到一本笔记本作为奖品,希望大家努力哦!"

团体心理辅导领导者的活动指导语未把活动内容与规则作为重点来介绍,而是强调了活动的奖品,这容易使团体成员对活动结果——是否能得到奖品特别在意,从而忽视了活动过程和真正的活动目的。其实在团体心理辅导活动过程中,应该尽量避免用物质奖励和评分排名次等方法,这样不仅可以让活动在轻松的氛围中进行,而且可以引导团体成员将注意力集中于活动过程,最终更好地达到活动目的。

2. 嬉戏者

团体心理辅导往往是通过一系列的活动进行的,团体心理辅导领导者的任务不仅是组织团体成员参与活动,达到娱乐团体的效果,更重要的是让团体成员积极参与体验学习的过程。这就要求团体心理辅导领导者选择或设计的活动具有很强的针对性与目的性。团体心理辅导领导者必须具有一定的评估技巧、整合技巧,协助团体成员整理学习的收获,衡量团体的进展与方向,使团体成员的视野不仅局限于辅导活动内部,更要懂得运用到现实生活中去。

例如,团体心理辅导领导者说:"今天团体中我们进行的背靠背活动是要团体成员通过合作,体验借助他人力量成功的感觉,那么大家在活动结束之前谈谈你的收获吧。"团体心理辅导领导者在活动结束之前的总结评估,不仅将停留于嬉戏的团体成员思维加以升华,而且及时得到了活动反馈。

3. 自我告白者

团体心理辅导的另一种技能为"自我表露",即团体心理辅导领导者在适当的时候,有意义、建设性地分享个人信息和类似的经验、感受和想法,借以引导团体成员自我开放。适当的自我告白可以使团体成员与团体心理辅导领导者之间产生情感共鸣,增进信任与沟通,有利于营造和谐的民主气氛。

但如果因为满足个人的虚荣和获得成就感,团体心理辅导领导者在团体心理辅导中自我表露太多,一方面会显得"喧宾夺主",影响团体成员在活动中的发挥;另一方面,团体成员会认为团体心理辅导领导者太过做作而产生厌恶之情,影响活动效果。

因此,尺度是个关键问题。例如,团体心理辅导领导者:"是啊,小张和小李所说的考试失败的失落与沮丧我也经历过。记得那时候我……"显然,团体心理辅导领导者企图用谈自身经历的方式取得共情,但是他误解了共情的含义。指导者第一句话即达到了共情效果,以下的自我暴露太多了,使团体活动的中心产生了偏移。

4. 说教者、独裁者

团体心理辅导领导者根据个人主观特征加上团体成员的认同与专业权威,很容易对团体成员产生不信任,在团体中高度控制,对活动提较多的意见或建议,使团体成员获得很少的自由、自主的空间。团体心理辅导应以团体成员为中心,团体心理辅导领导者只是担任辅助角色,因此一旦团体心理辅导领导者以高姿态出现,那么团体内部就很难维持平衡。

例如,团体心理辅导领导者说:"刚才进行活动的过程中出现了混乱场面,其实这是可以避免的,只要每个人都按照我的指导语去做就不会出现这种情况。下面我们重做一遍。"团体心理辅导领导者将活动看作一项任务来完成,因为活动中产生了失误而对团体成员进行责备,这种言行极易伤害团体成员的情感。

再者,活动效果并不是一个硬性指标,每个人对事物的理解与体验可以有所不同,所以即便重新开始活动,效果也不一定会像预期的那样。

二、团体心理辅导领导者的有效沟通技巧

在团体心理辅导中,领导者要引导团体成员做好"心"的沟通,在团体心理辅导的不同阶段,根据需要采取不同的沟通策略。

1. 采用支持性沟通方式让成员"动心"并可以"放心"

在团体开始阶段,适合此沟通技术。团体心理辅导开始阶段一般包括相互介绍,讨论团体目标、任务、基本规则等内容。任何团体心理辅导目标的开始会面阶段通常都是最重要也是最难领导的。因为正是在开始阶段,团体成员对领导者形成印象,并评估所参加的团体是否对自己有所帮助,以此决定是否加入并全身心投入。因此,领导者必须十分关注开始阶段的热身活动,讲究启动方法。

(1)使用设定积极的基调技术。团体心理辅导目标基调的设定是指团体心理辅导领导者为所带领的团体建立的一种心情和团体氛围。Trotzer 认为,团体心理辅导领导者必须考虑为团体设定什么性质的基调,这对整个团体的气氛和态度来说是很微妙的和很重要的。如果团体心理辅导领导者很有攻击性,那么他就会造成一种阻抗和紧张的氛围;如果团体心理辅导领导者鼓励交流和关怀,

那么就会建立一种更为积极的氛围。团体心理辅导领导者应通过自身的热情、信任与投入,引导团体成员吐露真情,将大家的注意力保持在感兴趣的话题上。所以,在开始阶段,团体心理辅导领导者要完成的一项重要任务就是为团体设定一个积极的基调。

(2)提供积极的支持在团体的初期对推动团体的发展至关重要。在团体心理辅导的活动过程中,团体成员有时害怕自己会透露出一些令他们感到后悔的情况。对此,团体心理辅导领导者必须在开始阶段提供支持和关怀,帮助团体成员适应新的环境,排除与他人交流思想、表达情感所造成的焦虑感,使团体成员放心。团体心理辅导领导者可以给辅导团体说一段鼓励和支持的话,给全体成员传递一种保护信息,尤其是对胆怯并且有顾虑的团体成员,更应该给予特别的关照。

2. 采用引导性沟通方式让成员"上心"并能够"用心"

此技术适用于团体运作阶段,也就是中间阶段。

中间阶段是团体心理辅导目标最重要的阶段,也是团体心理辅导目标的核心过程。它包含了交流讨论、表达分享以及处理问题等多个环节。团体心理辅导领导者在此阶段,帮助团体成员们将注意力集中到团体目标上来,理解他们的沟通方式并进行良好的引导。一方面,团体成员彼此表达自己或他人的内心感受和成长体验,争取他人的理解和支持;另一方面,团体成员可以利用团体内部人际互动的反应,发现问题和不足并加以改正与修复。正是在这个阶段,团体成员们从团体活动的体验中受益。

在引导技术上有直接引导和巧妙引导两种方法。

直接引导方法是问团体成员是否愿意谈谈看法,或者他们对所发生的事情有何反应。例如,正在讨论"我所了解的父母"的信息时,士兵王宇平时是一个很健谈的人,但在讨论中一直没说话。团体心理辅导领导者:"王宇,我们已经讨论了许多种亲子沟通的新方法,又提出了几种想法,你有什么愿意与其他战友分享的吗?"王宇:"是的,有一个想法我认为可能会有效,它的做法是……"

巧妙引导和团体领导者的能力有关。有技巧的团体心理辅导领导者能够让每位团体成员专心投入,表达感受而没有压力。例如,团体心理辅导领导者可以用轮流的方式引发团体成员谈话,这有利于所有团体成员都能参与其中,更深地挖掘自己的思想与感受。如果讨论的是关于个人成长,大家正在彼此分享如何获得自身价值时,团体心理辅导领导者可以用下面的转换方式让每个团体成员表达。团体心理辅导领导者:"我想让大家花些时间想想,你认为什么人对你的个人成长影响最大?回答可以是父母、老师、同学或者其他人。我们将依次轮换,每个人都有机会发言。"

3. 采用鼓励性沟通方式,让成员"会心"并充满"信心"

此技术使用于团体结束阶段。结束阶段是团体心理辅导目标的最后阶段,也是辅导总结阶段。它的目的是使团体经验的影响扩展到最大效果。在这个阶段,团体成员们共同讨论他们学到了什么,发生了怎样的改变,以及计划怎样运用所得去应对未来。

尽管结束阶段的长度取决于会谈的时间和团体的类型,但一般来说,团体心理辅导领导者一般适宜采用鼓励性沟通用精练的语言,引导团体成员总结团体发展,分享体验收获,设定未来的行动期望,努力让团体成员"会心"并充满"信心",告别辅导团体。

团体心理辅导的基本目的是交流个人的成长与变化,把重要的理念、决定与团体成员在团体中体验到的改变融合在一起,引发大家互相交流,并对这一经验作出归纳与总结,这对于团体来说,影响重大而且深远。

例如,当辅导团体结业时团体成员们面临的又一个问题是如何回到以前"消极"的生活当中去,团体心理辅导领导者应当十分注意强调这个潜在的难题,并且强化他们的努力以维持积极的变化。这个目的可以通过团体成员评价他们发生哪些变化来达到。这种团体结束语,可以增强变化的持久性,鼓励团体成员实现更上一层楼的成长和发展。

引导团体成员对辅导团体的关注仅仅是第一步,进而实现对团体的投入、理解、认同,最终是要让团体成员为实践辅导团体的目标去行动,这才是关键。只要所期望的行动没有达成,团体心理辅导领导者的沟通责任就没有完结。

因此,在团体心理辅导目标结束阶段,团体心理辅导领导者要激发并强化团体成员的这种行动欲望,让他们对自己的未来有所期待。这种期盼可以是团体成员自己设定的,也可以是团体成员互相希望的,还可以是团体心理辅导领导者期待的。对于成长性团体心理辅导目标结束期,"互相提出希望"是很有效的,这种行为有助于在团体成员间建立起积极的支持性情感。

三、团体心理辅导领导者操作须知

1. 营造氛围

团体心理辅导活动成功的关键在于,营造一种真诚、和谐、宽松而不庸俗化的团体氛围。构建这种辅导氛围的技巧在于:团体心理辅导领导者精心设置活动情境,善于抓住团体成员反馈中的共性问题,以及团体心理辅导领导者准确把握团体成员的情感共鸣、心灵共振的团体互动时机。

2. 构建关系

团体心理辅导领导者要具有"积极关注"、"真诚"、"接纳"、"共情"、"尊重"

等基本态度,使团体成员感到温暖、安全,从而在团体中真正开放自己,形成相互信任、相互关怀的关系。

3. 注重互动

团体心理辅导活动的目标主要是在团体成员的互动中达成的,团体心理辅导领导者要把关注的着力点放在推动团体的互动关系上。互动的最终目的是为了达到团体成员之间的沟通、理解与互助,以促进团体成员在相互的启发下自我成长。

4. 适时引导

团体心理辅导活动应该是"非指示性"的,但这并不排斥团体心理辅导领导者必要的引导和点拨。团体心理辅导领导者引导的关键在于把握将问题引向深入的契机,或者运用"面质"技术对团体成员的认知方式及思维方法提出"挑战"与异议,或者将团体成员共同的感受或意思加以衔接、产生并联,或者把团体成员未察觉到的易混淆的问题加以澄清,从而增加团体成员的认同感,并引导他们走向改变认知和行为的积极方向。

5. 聚焦中心

团体心理辅导领导者必须明确辅导主题及其理念,在活动中将辅导的焦点集中在中心问题上,防止因界定不清、似是而非而出现辅导理念的错位或辅导主题的偏移。

6. 临场应变

团体心理辅导活动的辅导理念和辅导主题必须是明确而稳定的,但辅导活动的设计和活动素材的选择则是灵活的。团体心理辅导活动过程中最生动、最感人、最富有教育启示意义的素材往往来自于团体互助及回馈的过程。每当这种难得的辅导素材突然在团体活动中闪现时,团体心理辅导领导者必须紧紧抓住,随机应变,调整原有的活动方案。

7. 自我发展

团体心理辅导活动的最终目的是促进团体成员的自我发展与自我成长。这种成长首先来自于团体成员自身认知的改变和情感的体验,它的影响也许不会立竿见影,却可能会长期伴随团体成员的人生历程。因此,团体心理辅导领导者不要习惯于自己得出结论并对团体成员加以灌输,而应积极带领团体成员在参与活动中进行探讨、思考、反省、感悟和升华。

8. 包容歧见

团体心理辅导过程追求一种真情的流露和真我的风采,言不由衷或屈从压力不是辅导所期待的结果。因此,团体心理辅导领导者要鼓励团体成员在活动中讲真话,为团体成员创造一种各抒己见的宽松氛围,允许并尊重团体成员的不同看法,不要强制改变团体成员的原有认知或行为方式,并相信团体成员在不同见解的争议当中,终会作出适合自我发展的正确抉择。

四、团体心理辅导领导者培训的基本内容

1. 理论学习

团体心理辅导的效果在很大程度上取决于团体心理辅导领导者的水平,团体心理辅导领导者应积极学习心理学知识,掌握基本理论、咨询理论及团体过程理论。

2. 技巧学习

技巧学习包括团体心理辅导目标的各种方法与技术。以价值观为例,在团体心理辅导的过程中,团体心理辅导领导者应保持价值观相对中立,引导团体成员进行价值观讨论与审视。

开展团体心理辅导时要保持价值观相对中立,不评价、不批判,保持价值观相对中立;但尊重和接纳并不意味着完全同意团体成员的价值观,而是要先倾听,了解团体成员价值观形成的过程,理解团体成员,拉近与团体成员之间的心理距离,降低团体成员的心理防御。

团体心理辅导中,团体心理辅导领导者对团体成员价值观的干预不是以说教的方式把正确的价值观灌输给团体成员,而是针对团体成员不正确的价值观引导讨论,通过团体成员之间的讨论或者团体心理辅导领导者的分享,引导团体成员重新审视并修正自己的价值观,从而树立正确的价值观。

3. 经验团体

经验团体即作为成员完整地参加一个团体心理辅导过程,了解团体心理辅导过程中自己不同阶段的感受。团体心理辅导的运作是一个复杂的过程,团体从开始形成到最终结束,一般都要经历几个发展变化的阶段。随着不同阶段团体心理辅导活动的开展与深入,参与团体心理辅导成员的情感也在不断变化。在这样一个连续变化的过程中,团体心理辅导领导者应有针对性地进行引导。只有当团体心理辅导领导者自己作为成员完整地参加过团体心理辅导过程后,才能更好地做好这些工作。

4. 个人成长

团体心理辅导领导者个人素质及修养直接影响着团体心理辅导效果。团体心理辅导领导者个人的成长可以通过自我反省、接受反馈等方式,有条件的情况下最好能接受个别咨询,从而处理自身未完成事项,增强自觉和自信。

5. 团体实习

作为团体心理辅导领导者自己独立或与他人合作带领团体,将所学理论技

巧在实习中应用。

6. 方案设计

认真为团体心理辅导制定计划和方案非常重要。学习怎样拟订团体心理辅导前准备计划和会面计划,对团体心理辅导成功影响重大。团体心理辅导领导者应根据团体心理辅导目标及团体成员的实际情况制定团体心理辅导活动计划,计划的内容包括活动目的、对成员的要求、活动时间和地点,每次活动的内容、形式及应该达到的目标,团体活动结束后如何对团体成员进行回访等。活动计划要具体,有较强的可操作性,并且让每个团体成员都了解并认可。

7. 接受督导

团体心理辅导领导者的培训必须在有督导的条件下进行,在导师的咨询下对自己所带团体临床经验作出严谨的分析,不断改进。

8. 专业伦理

专业伦理包括团体咨询师的伦理与职业道德、专业守则。团体心理辅导作为专业助人工作,不是帮人就害人,责任重大。团体心理辅导领导者必须了解团体心理辅导领导者的道德规范,学习以团体成员的利益为重,尊重每一个团体成员,严格遵守职业道德。

实践篇

第五章　士兵团体心理辅导方案的实施与常用技术

如果你要画鸟，就必须变成一只鸟。

——胡库塞

一个分析者对其病人的帮助只能达到他自己所能达到的深度而不能再深入一步。

——荣格

第一节　士兵团体心理辅导方案的设计

在基层部队，战士多处于青春发育期，对人生充满期待与希望，渴望在社会环境中展现自我，获得他人的认可和接纳。入伍前，大多数战士对军队环境所知甚少，有少部分人从媒体、亲戚朋友等其他渠道对军营有一些间接的了解。很多人对军营生活充满向往，甚至对军营生活过度理想化。入伍后，军营生活的现实性在一定程度上击碎了部分战士的梦想，在适应环境的过程中感到挫折，产生失望的心理感受。同时，军营生活对个体的团结合作、忠诚、信任等人格特征要求较高，只有具备良好的人格特征，才能更好地适应军营生活环境，成长为一名合格的军人。

团体心理辅导可以根据战士的心理发展特点，设计适合战士心理的活动，从心理发展的各个方面对战士进行心理辅导，增强其心理承受能力和防御能力，促进战士心理成熟与发展。在心理发展良好的基础上，战士在行为上表现出适应环境、积极向上的心理状态，能够应对外界的各种生活事件，在军营群体中健康成长。

在设计团体心理辅导活动方案之前，必须要考虑一些因素，以避免辅导活动的盲目性。此外，团体心理辅导毕竟不同于一般的思想政治教育，在设计方案时，要精心准备，广泛查阅资料和文献，使设计的辅导内容精炼而具体，为实施辅导方案奠定良好的基础。

一、士兵团体心理辅导方案设计的基本要素

团体心理辅导是具有目的性的活动,它不同于一般的思想政治教育辅导课,强调战士的自主性和心理参与,是对战士的内心现实进行的工作。因此,开展战士的团体心理辅导活动需要考虑以下一些因素。

1. 团体领导者

在团体心理辅导中,团体领导者很关键。在专业要求上,团体心理辅导的领导者要由受过一定时间培训的专业人员担任,而不是随意选择。受过培训的专业人员在团体辅导中,会遵循专业设置与专业伦理,使团体中的任何一个人在谈到自身的一些情况时都不会受到二次伤害。在基层部队,心理咨询师或接受过专业培训的人员可以担任团体领导者,组织团体心理辅导活动。

2. 团体心理辅导的对象

团体心理辅导的工作内容是人的心理需求,心理需求是一个人的内在世界,和外界客观现实明显不同,心理需求具有主观性。在计划和实施团体心理辅导之前,需要考虑辅导的对象。对于战士群体而言,具有年龄相对偏低的特点,适合通俗易懂的活动内容,而且在内容上要贴近战士的心理发展特点,以避免过度抽象和晦涩,影响团体辅导的效果。

3. 团体心理辅导的内容

战士正处于青春发育期,心理发展还不完全成熟,人际关系、个性、自我意识、情绪和情感、压力等都是战士关心和感兴趣的内容。辅导内容符合战士的实际需要,是实现辅导效果的关键环节。战士只有对辅导内容感兴趣,聚焦于辅导,才会感受到辅导内容及其对自己的有效性,才会内化辅导,用心感受辅导内容并体验内心,使之成为自己人格的一部分,甚至是成为人生价值观的一部分。

二、士兵团体心理辅导方案的设计原则

由于团体领导者的个性、习惯、经验和受训背景不同,导致不同的团体领导者可以分带不同的团体,而不是一刀切或全盘囊括。这就要求团体领导者要对自我和辅导对象有清晰的认识与了解,设计适合辅导对象的活动,在实施的过程中逐渐地积累经验,进一步完善设计内容,确保团体成员的权益。

三、士兵团体心理辅导方案的设计内容

在计划开展团体心理辅导活动时,就要开始准备团体心理辅导活动的各个环节。在确定专业的团体心理辅导者后,由团体领导者撰写团体计划书和团体实施的具体措施。

1. 团体的名称

在考虑团体心理辅导之前,首先需要确定团体的性质和团体的目标。在团体的性质上,根据战士群体的心理特点,除了极其特殊的战士需要心理治疗外,大多数战士并没有症状明显的心理问题,需要的是心理发展性辅导。另外,由于部队生活的特点,确定团体性质时可以使用结构式或半结构式团体,由团体领导者讲授相关理论或设计一个活动主题,团体成员进行讨论。

和部队的生活相适应,封闭式团体很适合战士群体,在选择团体成员时可以根据辅导内容以班为单位进行团体心理辅导。团体名称要根据团体成员和团体辅导内容而定,要鲜明、有特色、吸引人、可理解,要具体到辅导的实际内容,切忌大而空,如"你说我听"、"远离焦虑"、"你我相识"。

2. 团体目标

团体心理辅导是有目的性的活动,以改变团体成员的心理内容特点为活动目标,对应不同性质的团体,团体的目标也不同。

在发展性团体中,团体辅导的目标是增进团体成员的心理健康。参加的成员都是正常的,没有表现出明显的心理疾病症状。对战士群体而言,可以在人际关系、自我意识、压力等方面设计团体心理辅导,并提出在人际关系、自我意识、压力应对等方面的具体目标,使目标具体化,可以帮助战士成员理解团体心理辅导的作用。

在治疗性团体中,团体目标倾向于缓解症状。参加治疗性团体心理辅导的成员为具有深层次的心理冲突,并表现出不同于一般行为的症状,显得异常。在战士治疗性团体中,可以将具有相同症状表现的人员组织到一个团体,进行有计划、有针对性的治疗,如和人交往比较恐惧的症状、情绪抑郁的症状。通常,这样的治疗性团体需要持续较长的时间,一般 4 次 ~5 次的辅导,才能看得出效果。

以行为训练为目标的团体心理辅导是设计具有可操作性的行为训练,通过体验式的训练改变成员的心理活动。例如,在信任之旅中,战士通过自身体验盲人和领路人的角色,自身感悟到内心对他人的信任度,从而在以后的现实生活中提高对他人的信任度,增强信任感,促进人际和谐。

在制定团体心理辅导目标时,要根据战士群体的心理特点,有针对性,避免空泛,要具体,具有一定的可实现性。

3. 团体辅导的内容

根据战士群体的心理特点和环境要求,设计可行的、有针对性的团体心理辅导内容是团体心理辅导发挥作用的一个条件。普遍上,战士群体心理辅导涉及的主要内容有自我意识、人际关系、情绪和情感、压力应对、个性等方面。这些方面都和战士的现实生活密切相关,对战士具有一定的吸引力,使战士有兴趣参加团体心理辅导。

第二节　士兵团体心理辅导方案的实施

制定团体心理辅导的方案后,就可以选择时间实施团体心理辅导。团体领导者在组织实施辅导的过程中,必须遵循心理辅导的专业原则,避免使团体心理辅导"变味",阻碍辅导目标的实现。

一、士兵团体心理辅导方案的实施原则

在实施团体心理辅导的过程中,团体领导者必须遵循一定的原则,以利于实现辅导目标。团体心理辅导不同于其他的教育活动,有特殊的专业原则。

1. 保密原则

保密原则是团体心理辅导的首要原则,也是团体心理辅导取得效果的基本条件。心理辅导是对战士内心活动进行的工作,需要战士表达内心的想法,只有通过表达,团体中的其他成员才会了解某个成员的内心活动,从而对他的心理活动进行干预。在部队环境中,虽然群体性的生活对战士心理具有一定的支持作用,战士在日常生活中能够表达自己的部分心理活动,但是毕竟每个人都有自己的隐私,对于在团体中讨论有些心理内容是需要勇气的。因此,团体领导者及其成员要对战士谈到的个人隐私情况进行保密,不能随意传播,伤害战士对团体的信任感情。

2. 尊重原则

在辅导过程中,团体领导者要尊重每一个战士成员,不能强迫战士接受自己的个人观点,在倾听战士讨论时,要耐心、细致、温和,不能对战士粗暴地发脾气,对于有些不爱发言的战士要给他一个缓冲的空间,帮助他打开心扉,增强对人际的信任感。只有遵守尊重原则,团体领导者才能够和战士建立关系,营造亲切、温馨的辅导氛围。

3. 平等原则

在部队环境中,团体心理辅导的平等原则受到极大的挑战。战士和干部之间的自然差异不是在短短的几次辅导中能够消除的。在某种程度上,需要团体领导者创造平等的气氛,使参加辅导的战士感受到被尊重、被理解,在团体中心理上感到很舒服,从而减轻和团体领导者不平等的感觉。

4. 非指导性原则

团体心理辅导的目的是启发、引导、帮助团体成员认识自身的心理特点,改变认知,适应环境,自我解决问题的能力得以提升。团体领导者在带战士团体

时,不是指导战士应该怎么样,而是帮助战士分析问题,启发战士面对和处理自身的问题,不是单纯地替代战士为战士做决定。

5. 中立原则

中立原则在部队环境中需要灵活运用。在团体辅导中,战士可能会谈到一些和价值观有关的话题,团体领导者对这样的话题要敏锐,要帮助战士分析和引导战士树立科学的革命军人核心价值观。在不涉及人生价值观的话题上,团体领导者要避免对战士谈论的想法和感受进行批评和评价,尽量和战士讨论想法的由来,以及这些想法在生活中产生的影响,帮助战士自己去体悟。

二、士兵团体心理辅导方案实施的注意事项

在基层部队,对战士来说,团体心理辅导课程很新颖,不同于以往的思想政治教育课程。在实施团体心理辅导时,需要注意以下一些方面。

1. 不成为思想政治教育课程

对战士而言,熟悉的课程方式是讲授。面对团体心理辅导,战士或许对讨论自己的内在世界有些不习惯,在表达内心上不知道如何才恰当。团体心理辅导虽然与思想政治教育的总目标是一致的,但是在表现形式上存在差别,二者在工作目标、方法手段、遵循的理论原则、专业基础上有所不同。团体心理辅导目标是针对战士的心理层面工作,帮助战士减轻或减少心理困扰,保持良好的心态,思想政治教育是引导战士树立科学的人生价值观,属于宏观教育。在方法手段上,团体心理辅导侧重于专业的心理咨询技术,如精神分析理论、家庭治疗技术,思想政治教育是通过讲授、参观等形式进行教育,偏向于说教。在理论基础上,团体心理辅导遵循的是心理学以及社会学、医学的理论,研究探讨的是关于人的学问,思想政治教育属于社会意识形态的领域和范畴,它的指导思想是马列主义、毛泽东思想、邓小平理论,以及政治学、伦理学、教育学等社会科学,与心理咨询的理论体系分属两种体系和范畴。

2. 不成为指导性课程

相对于其他课程而言,团体心理辅导重在启发战士思考内心世界,在战士了解自己内心想法的基础上,增强做出决定的能力,表现出处理和解决问题能力的提高。团体领导者不替代战士做决定和选择。团体心理辅导的目的是开发战士的心理潜能,提高战士的心智化水平,面对困难与挫折能够客观全面地分析与面对,正所谓"授人以鱼不如授人以渔"。团体心理辅导在于教给战士看待问题的一种崭新的思维方式,利用心理学的思维看待世界与现实,可以减少内心的困扰,把精力与能量更多地用在应对外界事件上,专注于做事,提高效率。

3. 不成为少部分人的辅导活动

在团体辅导中,由于不同的团体成员个性不同,因此每个人的参与度不同。有的战士可能表达非常活跃,有的战士可能非常退缩,有的战士可能非常谨慎。这时,团体领导者要注意调节个体成员的不同反应,鼓励退缩和谨慎的成员多交流、多分享,对活跃的成员不能强制性限制,而是有策略的引导,使团体中的每个成员都受到关注,感到团体的接纳与安全。这样才能达到团体心理辅导的效果,避免出现只有发言的战士成员才会得到关注,而忽略了大多数成员。

4. 不成为单纯游戏式的活动

在心理辅导中,为了活跃气氛会穿插一些具有放松效果的小游戏。在这些小游戏中,团体成员感受到心灵的放松,有助于打破人与人之间社会地位、身份的界限。但是从游戏的表面上看,给人的感觉是简单和肤浅。因此,在战士群体中,组织实施团体心理辅导要认真细致。

在团体活动开始进行之前,有的团体领导者会组织一些热身活动,这些热身活动有助于打破内心辅导可能就是讲课的旧有模式,使战士以一种全新的态度去感受和接受团体心理辅导。但是,可能有些战士仍然会认为团体心理辅导就是一种游戏,不必太认真参与,导致在随后的团体活动中进行个人分享时,不能开放内心,防御心理较强,团体领导者难以深入和战士一起工作。因此,在热身游戏开始前和团体成员讲清游戏的目的,并且团体领导者要运用得当,不能喧宾夺主,深度探索战士内心,使战士明确到团体心理辅导的目的,进而接受它。

三、团体领导者需要注意的事项

团体心理辅导不同于个体咨询,团体领导者要关注的是一个群体不是一个人。在注意分配上,每个团体成员得到的关注必然少于个体咨询中的关注。团体心理辅导不同于个体咨询的是,它更侧重于分析个体在群体中的行为反应和语言表达,从个体的社会关系中看一个人的内心世界。因此,在团体心理辅导中,领导者要具有很强的观察力和洞察力,通过悬浮式注意,理解团体互动关系。在团体心理辅导中,领导者需要注意以下事项:

1. 团体领导者的角色定位

在团体心理辅导中,领导者的角色是多样而复杂的。团体领导者既要带着战士探索自我,又要对团体的运行负有责任。要实现团体心理辅导的目的,使战士能够敞开心扉讲述自己的人生故事,首先团体要有一个温馨而安全的氛围,使战士成员之间能够互相信任。在安全的关系和氛围中,战士成员自由地表达自己,探索内心世界,思考和处理内心的冲突。在引导战士成员发言上,领导者要给战士做表率,教战士如何表达自己,同时在时间的分配上,又不能占用团体过多的时间,使战士感到时间有限而退缩回到内心。因此,团体领导者要鼓励战士成员发言,并认真聆听,给予回馈。在角色转换上要灵活,不固着在某一种角色上,既要跳进去,又要出得来。

2. 团体领导者的技术素质

团体心理辅导中的团体关系相对比较复杂。团体领导者不仅要探索战士成员和团体领导者之间的关系,而且也要探索战士成员之间的相互关系,团体关系呈现立体式。团体领导者的自身能力决定和影响团体的关系与氛围,而团体领导者的自身人格因素对能否抱持团体成员具有更加重要的意义。在抱持的环境下,团体呈现出自由、温情和安全的氛围,战士成员在这样的气氛中自由地表达自己,并积极地反馈他人。比如,在某个团体心理辅导活动中,战士张某在表达出对班内和谐关系的期待后,其他战士成员都对他在建立和谐的班内关系的努力上表达了感谢,并表示自己也要为建立和谐的班内关系做贡献。在互相沟通中,战士相互之间更加了解,关系自然更加融洽。

团体辅导并不总是顺利进行的,在有些时候,由于各种各样的原因,也许战士都不发言,保持沉默或是对其他成员的积极发言不给予反馈,令发言的战士感到尴尬。出现这样的情况时,团体领导者需要借助一定的技术与手段,启发战士发言并反馈,促进团体的互动,以免团体互动僵化。例如,在战士成员都保持沉默时,领导者可以向战士提问:"大家对没人发言有什么看法？你的沉默表达的是什么意思呢？"通过直接的提问,来引导战士思考沉默现象,打破沉默。

3. 团体领导者的核心任务

对任何一个团体领导者而言,核心任务都是建立安全、抱持与接纳的团体关系。团体心理辅导的前提是战士要发言表达自己。只有表达,才会有机会治疗自己。在建立关系上,团体领导者不能强制的要求战士发言,要耐心启发引导,如果强制战士发言,战士可能会感到和团体领导者成为上下级关系,而不是平等关系,内心的防御会增强,不自觉地自我保护。在活动进行过程中,领导者需要时刻警醒,观察团体关系,一旦发现不利因素,要果断地处理和干预,确保战士成员一直处在一种抱持与接纳的环境中。

在建立关系的过程中,团体领导者一开始就要打破上下级关系或评价机制。例如,陈述在日常生活中,有些不涉及政治问题的观念和想法没有好与坏之分,只是习惯不同而已。在行为表现上,每个人的方式也是不同的,有的人喜欢风风火火,有的人喜欢暗使劲。对于不在同样环境背景下成长起来的个体,各有各的优点与缺点,不去评价某个成员,尽可能站在对方的角度去理解他、接纳他,在团体中成长。

四、团体心理辅导的其他注意事项

团体心理辅导在其他因素如时间、场所、频率以及对象上也都有一定的科学设置,不是想当然地进行的。

1. 团体心理辅导的人数

对于战士的辅导活动,要以班为单位进行,一般控制在 20 人以内,一些具有拓展性质的活动如信任之旅,可以适当地扩大人数,但不超过 40 人。人数过多,会导致团体领导者难以关注每个团体成员,影响团体凝聚力,使团体活动流于表面,不能深入进行。团体人数太少,如四五人左右,对每个成员的压力较大,缺乏团体活力,互动晦涩。

2. 团体心理辅导的频率

在战士团体心理辅导的频率设置上,要考虑团体活动的总计划。在设计团体活动时,就预设活动的实施时间、频率以及每次的持续时间。心理的发展与变化不是一朝一夕就可以实现的,需要一个持续的过程。因此,团体心理辅导活动也需要一个持续的过程。

对战士而言,不同的活动主题可以设计不同的频率,一般来说,根据部队的实际情况,一周一次的辅导频率较佳,持续辅导 5 次~8 次。比如,人际关系主题,可以设计成一个系列,以一周一次的频率进行,持续一个月或几个月均可。对于以心理测验为主的某个主题,可以一次完成。单次的辅导时间一般是 1.5 小时~2 小时。时间过长容易产生疲倦,过短则达不到效果。

3. 团体心理辅导的场所

在场所的选择上,尽量以安静舒适的环境为主。空间不易过小,尽量不要有桌椅,以免影响相互交流。室内条件有限时,也可以在室外空旷的场地或草地上进行。在场地的布置上打破上大课的形式,领导者和团体成员一起围圈而坐,形成一个整体。

另外,在团体活动的过程中,尽量避免他人的参观见学。

第三节 士兵团体心理辅导的基本技术

团体心理辅导是一种专业的助人过程,不同于一般意义上的讲课与聊天,不管在哪种形式的辅导中都会使用一些咨询技术来帮助个体探索内心的世界。个体咨询中使用的咨询技术均可用于团体心理辅导中。此外,团体心理辅导还具有团体辅导中所特有的理论与技术。对咨询技术不能盲目崇拜,比咨询技术更重要的是团体领导者的人格。心理学临床研究显示,心理治疗师的人格是决定和影响咨询效果的重要因素。

一、倾听

在战士团体心理辅导中,团体领导者既要与团体中的个体互动,也要观察整个团体成员的关系互动,与整个团体互动。因此,个体咨询技术适用于团体心理辅导。

倾听是心理辅导最基本的技术,也是进一步谈话和探索的基础。倾听是一门技术,也是一种艺术,每个人在现实生活中都需要倾听与被倾听,在倾听他人与被他人倾听的过程中,内心得到了滋养,即使干枯的心灵也会重新焕发异彩。

在实施战士团体心理辅导时,团体领导者首先要做的就是倾听团体中成员的发言,只有得到很好的倾听,战士才会感觉团体领导者对自己是关注的、理解的,才会愿意谈论自己想说的。从某种意义上说,最好的倾听者是既不干扰战士成员的内心表达,又恰恰是在需要回应的时候给予回应,关注个体成员。

倾听是团体领导者通过听来理解团体成员,听团体成员表达了什么想法、感受和情绪,他的需要是什么。

团体领导者在倾听时,不仅仅是倾听团体成员的语言表达,而且也在倾听团体成员的非言语表达。非语言交流能够反映一个人的思想、感觉和意图。非言语行为包括面部表情、手势、身体移动、身体距离、姿势和服装,在实际交流的信息中,约有65%或更多的信息是由非言语行为传达的。由于非言语行为含有大量交流信息,因此它是团体心理辅导中很重要的一部分。团体成员在表达自己时,既有言语信息也有非言语信息。比如,有的战士在发言时,目光一直在朝向团体领导者;有的战士面部表情很刻板、隐含忧郁或手脚不自在,这些非言语信息对团体领导者理解战士内心很重要。

在团体心理辅导中,战士成员的非语言信息主要表现在以下几个方面:

(1) 躯体动作。人的身体语言很丰富,包括眼部、脸部、头、手势、姿势及动作。身体语言往往伴随言语表达。

在一定程度上,目光交流比语言能够传递更丰富的信息,对交谈起着潜移默化的作用。在团体心理辅导中,有的战士对团体领导者很畏惧,在和领导者交流时,害怕直视领导者,会将目光下移;有的战士会和团体领导者有更多的目光交流,愿意和领导者交谈。团体领导者不仅要观察战士的目光接触,也要观察战士的目光停顿。目光停顿的意义很丰富,有的战士在征询或等待团体领导者的意见时会使用目光停顿,有的战士在不知道如何继续说下去时使用。

一般而言,谈话中双方的目光交流越多,情感投入越多,越有利于关系的建立。眨眼和焦虑有关,谈话中不停地眨眼的战士,内心或许对谈话感到紧张。

面部表情是一个人情绪表达的主要方式。在团体心理辅导中，领导者要具有识别面部表情的能力，能够从战士的表情变化感受内心的起伏，捕捉战士心理的细微变化，并反馈给战士。悲伤、愤怒、尴尬、羞愧、惊喜、快乐等情绪都可以在战士的面部表达出来，有时是单一的情绪，有时是几种情绪的混合体。

姿势是另一种无声的语言。在团体心理辅导中，有的战士在倾听团体领导者时，不运用语言，而使用点头或摇头的方式表达认可或不赞许，或者是有的战士高度紧张，一直保持头是高昂的，显得僵硬。在腿脚的动作上，有的战士在发言时，腿一直哆嗦，显得紧张，手不知道放在哪好。围圈而坐时，战士如果感到现场气氛很紧张，在坐姿上会很正规，担心表现不恰当。

（2）副语言线索。副语言指超出言语交际和分析范围的各种不同性质或种类的伴随言语语言的声音，如喊叫声、语音、语调、语速、语顿、音量等。在不同的角色转换中，个体发言时在语音、语调上会有所变化。发言的主角语调会稍高，期待其他成员能够听得清。团体成员的情绪有明显变化时，声音线索会有差别。

例如，某个战士成员说话很慢，可能是他情绪低落或是不想讨论敏感的话题，音量加大及语速加快一般是愤怒或快乐的信号。此外，沉默可以表示不同的意义。有的战士在思考时，会选择沉默，有的战士在不知道说什么时会选择沉默，有的战士在紧张焦虑时会陷入沉默的状态。

（3）空间线索。空间效应关系到环境及个人空间的概念。安全感强的战士在和团体领导者交流时，也许会靠近团体领导者，对亲密关系怀有恐惧的战士在距离上会选择较远的位置，和团体领导者保持距离。人际交流的空间距离对不同的战士具有不同的意义。

在倾听后，团体领导者可以进行澄清、释义、情感反映和归纳总结四种反应。

（1）澄清。倾听是为了了解，任何对成员的反馈都是建立在对成员了解的基础上进行的回应。战士成员表达信息不明确、模糊时，团体领导者需要向战士成员进行提问，这就是澄清反应。团体成员在表达自己时，依据的轴线是自己的个人主观标准，在表达时会在有些方面模糊不清，这时团体领导者要把成员没有表达清楚、模糊的内容具体化，以对团体成员有个清晰的了解。团体领导者所得到的任何关于团体成员的信息都来自于团体成员，而不是团体领导者的主观臆断与推测。把模糊的内容具体化，对于团体成员来说已经具有一定的治疗作用。

澄清时，团体领导者要明确战士成员表达的内容是言语性的还是非言语性的。对于言语信息，团体领导者可以直接对言语内容进行澄清；对于战士成员无意识中表达出的非言语信息，团体领导者要在适宜的时机向战士面质，帮助战士接受无意识中表达出的真实内容，培养战士洞察内心的意识。在澄清语言上，可以使用疑问句。澄清贯穿谈话的始终。通过澄清,战士对内心的想法更加清晰和明白。

比如,有的战士谈到:"我感觉有时候情绪容易低落。"团体领导者可以继续询问,进行澄清,可以这样问:"或许你可以具体的谈一谈在什么样的情况下,你的情绪容易低落? 是怎么影响的? 什么样的情况下情绪不会受到影响?"

(2) 释义。在战士表达自我的过程中,团体领导者需要在必要的时候回应战士的表述。释义就是对战士表达认知内容的一种再编排。团体领导者在战士的表述内容中有选择性地把重要内容进行没有偏差的理解,以引起战士进一步讨论。战士对团体领导者的反馈进行判断,检验团体领导者是否理解了自己,如果感到被理解,战士会以言语或非言语的方式来反馈,如点头、使用"对、是的"等字眼,会有动力延续或深入地探讨一些更为重要的话题,或是对自己的一些认知更加了解和清晰。

澄清和释义的对话示例:

某战士:现在家里出了点事,妈妈打电话过来跟我说了一些情况,我也没有办法。我妈容易跟邻居闹一些小矛盾,总把自己搞得不高兴。现在,由于我自己情绪总不是很好,感觉什么也干不成,也不知道自己以后能做什么工作,所以也不愿意向连队开口。都这么大了,家里有事也帮不上忙,感觉活着也没有意思了。

团体领导者:家里妈妈和邻居闹了一些矛盾,希望你能够帮她处理和解决。而现在你感觉自己的力量很弱小,都不能自顾,更谈不上帮助妈妈了,在这双重压力下,你感到活着没有意义了。

某战士:是,一般情况下,遇到困难和麻烦时,我很少开口求人。我也不知道别人是不是愿意帮我,总是希望用自己的力量来解决,如果不能解决的话,就认了。

团体领导者:或许在遇到麻烦和困难时,你内心是希望有人能够帮助你的,但是由于对别人的态度不是很了解,不确信别人一定会帮你,所以你选择自己一个人承担,尽管有时你自己没有力量来处理和解决这些麻烦和困难。

(3) 情感反映。情感反映主要用于对战士表达信息的情感部分进行再编排。在团体心理辅导中,团体领导者根据战士的情绪和情感状态进行情感反映,对建立战士和团体领导者之间的咨询关系很有意义。

① 情感反映可以帮助战士感受到团体领导者对自己的理解,从而相信和信任团体领导者能够帮助自己并愿意和团体领导者讨论内心的想法。例如,有的战士在叙说的过程中很失落时,通过情感反馈,战士会感觉自己的失落被理解,

对团体领导者感到更亲近。

② 情感反映可以帮助战士明晰内心对某个人或事件的情感。有的战士在生活中很少表达自己的情感感受,有的战士在家庭环境的感染下习惯于压抑内心的感受,通过情感的表达,战士可以释放内心的情感能量,意识到自己对某人或事件的态度,更加清晰地了解自己内心的想法和态度,理清一些冲突性的想法,减轻心理困扰。

③ 情感反映可以帮助战士识别和控制自身的情绪。在现实生活中,受不同因素影响,不是所有的战士都能够分清内心的情绪和感受。有的战士在描述自己情绪时,只能模糊、笼统地叙说"不高兴"或"烦",不能细致地区分不同的情绪和感受。通过团体领导者的情感反映,可以教授战士如何区分不同的情绪,使战士在日常生活中慢慢地体会内心的不同情绪,加强对自我的了解,达到控制情绪的目的。

④ 情感反映可以帮助团体领导者和战士建立良好的工作关系。在团体心理辅导中,战士对团体领导者的态度是变化的、发展的。一开始,有的战士对团体领导者是不信任、不接纳的,在团体发展的过程中,战士会感到自己被团体领导者理解和接纳,从而反过来对团体领导者充满信任。在建立工作关系的过程中,战士对团体领导者的负性情绪不利于双方关系的建立。

例如,有的战士不信任心理辅导,会排斥心理辅导,一旦对团体领导者的理想化破灭后,对团体领导者会产生不满意或愤怒。团体领导者要在适当的时机和战士讨论这些负性情绪,帮助战士澄清负性情绪的来源,稳定工作关系。

情感反映的对话示例:

某战士在训练中,近段时间突然不敢跨越壕沟。

……

某战士:在跨壕沟时,内心是紧张的,脚一到边上,就不敢跑了。

团体领导者:噢,当你一跑到壕沟边上的时候,就会感到恐慌,莫名的紧张。如果你跨过去,发生危险的话,会发生什么样的危险?

某战士:我感觉就会掉下去了。

团体领导者:当你跨越壕沟时,你担心出现意外,掉进壕沟里,生命受到威胁,可能会摔伤或死亡。或许在你的印象中,曾经在你身上发生过这样的事件?

某战士:上小学时,掉进过电线杆坑。我们家那里挖电线杆,我走路时,一不小心掉进去了。后来出来了,也没摔伤。

团体领导者:虽然你掉进去后没有摔伤,但是这件事情一想起来就很害怕。现在,一看到这个壕沟,好像是只要跨越,就会掉进去,而你不想再一次掉进坑里,重复体验那种害怕的感觉。也许,当你爬上来后,没有和父母谈论这件事情,一直在你心里,成为一个秘密。当你向我求助时,你希望我有一个神奇的方法,能够让你在瞬间就能够跳过壕沟。恰恰相反,我们可能需要一个过程,把掉进电线杆坑这件事情具体地讨论。

(4)归纳总结。每个人内心都会有一个或几个核心冲突,比如有的战士总是担心别人对他不好,有的战士总是感觉自己不完美,感觉从小到大自己内心都是孤独的。在团体心理辅导中,经过一段时间的会谈,战士会逐渐领悟到自身存在的问题,团体领导者对战士的核心问题进行聚焦,澄清并给予共情,帮助战士对自身的认识更客观、理性,尽最大可能减少核心冲突对生活和训练的影响,能够对核心冲突引起的心理活动有所控制。

归纳总结是在团体领导者倾听战士表达的基础上所做的工作,目的在于帮助战士归纳总结自己陈述的内容,整理内心未分化的感受或混乱的想法,避免战士在同一个主题上不断重复。通过归纳总结,团体领导者根据战士的陈述引导战士访谈的方向与主题,并对战士对自身的理解进行总结,使得战士在内心感受或认知上更加明确。归纳总结有利于战士对团体心理辅导产生正性的评价,接纳和认可团体心理辅导。

归纳总结的对话示例:
某战士,最近和地方女友闹矛盾,感到很烦恼。
……
某战士:不和女友打电话联系,我就活不了了。不给她打电话,心里就发慌,觉得不得劲,无论如何也得打。间隔时间长了,不打就难受。我不在乎花多少电话费,只要能和她说话就行。
团体领导者:这种情况是在什么时候发生的呢?
某战士:以前不是这样的,就是最近才这样。也不知道为什么,说不清。
团体领导者:你好像也不明白自己为什么会如此恐慌和女友电话联系,反正和以前变得不一样了。
某战士:嗯(点头,表情很困惑)。
团体领导者:和女友打电话时,你希望告诉对方什么?
某战士:我打电话也就是问问她吃饭了没有、休息了没有、在干什么,要是在外边玩,就赶紧回家,等等,也没有大事。
团体领导者:如果不和女友打电话联系,你会感觉到什么?
某战士:就像天塌了,要失去她了。

团体领导者:最近在你们之间发生了什么事情?

某战士:没有什么特别的事情,就是她给我打电话的次数少了。

团体领导者:噢,和以前相比她给你打电话的次数,有所减少,你是怎么看的呢?

某战士:我怀疑她是不是又找了别人。

团体领导者:当你和女友打电话的时候,你感觉你和她的关系是继续的,如果某一刻不和她打电话了,就感觉她似乎是要抛弃你了,令你感到不安。在你内心,你对她很依恋,如果她保证时时刻刻都和你在一起,你会感到放心一些。

某战士:嗯。要是不和她打电话,就会不踏实,不知道会发生什么事情。

团体领导者:今天,你谈了一个话题,如果女友和你打电话次数少了,你就会感到不安和恐慌,感到被她抛弃。你希望时时刻刻都和她在一起。今天,我们的时间已经到了,我们下次再接着谈。好吗?

二、询问

询问分为开放式问题和封闭式问题两种主要类型。在团体心理辅导中,有时战士不会主动给团体领导者提供一些重要的信息,也有战士不知道向团体领导者提供什么样的信息。因此,询问就成为必要的一个过程,在一定程度上,它可以引导战士提供给团体领导者需要的信息与资料,以利于谈话的进行。

开放式问题是不能用几个词或一句话就可以回答的问题。开放式问题鼓励战士自由联想,表达自己的想法,给团体领导者提供大量的信息。典型的开放式询问使用"为什么"、"怎么样"、"能不能"等词语,比如,"今天,参加这样的活动,你有什么样的期待呢?""刚才你谈到了和别人要有好的关系,什么样的关系,你认为是好的关系? 什么样的关系,你认为是不好的关系?""在这个团体中,能不能和大家分享你的一些想法?"在开放式的询问中,战士会自由探索自己的内心世界,从而表达自己的思想、情感和冲突。

封闭式问题是用几个词或句子就可以回答的问题,在团体领导者需要确定一些信息时经常使用的技术。典型的封闭式询问使用"是不是"、"有没有"等词语,比如"现在你是不是有些紧张?""刚才我们谈到人际关系的话题,似乎你有些不知道说些什么,也许在这么多人面前公开的谈论你的人际关系,你有些尴尬和不好意思?"在封闭式的询问中,战士的自由联想会被限制,需要对团体领导者的提问给一个明确的答案。

对话示例:

团体领导者:刚才大家都在思考这个话题。能不能把我们心中想到的和大家分享一下？

战士 A：我感觉在和环境的关系上，就是要主动的适应环境，不能等着环境来适应我们，毕竟部队环境和地方是不一样的。跟家里的同学、朋友打电话，他们一说就是如何才能赚到大钱，怎么去玩，都是流行语，感觉和他们说不到一块了。

团体领导者：小 A 谈到在和地方的同学、朋友联系时，感到说不到一块儿，共同语言和以前相比减少了，这种现象可能在我们每个人身上都有所体现。大家可以谈一谈，对这种现象，你是怎么想的？对你的生活有什么影响？

战士 A：感觉很失落。

战士 B：可以理解，他们没有经历过部队的环境，不了解部队。

战士 C：一开始我也有这样的想法，后来，我就想，在部队每天都过得很充实，挺好的。我妈挺高兴的。

团体领导者：你觉得在部队生活很充实，可以具体的谈谈吗？在哪些方面你感觉很愉快？能举个例子吗？

战士 C：每天训练，身体好，生活有规律。有人和自己聊天，不寂寞。

战士 D：我感觉也好。家里的同学都羡慕，有时感觉也很自豪，跟他们聊聊部队的有意思的事情。

团体领导者：和同学、朋友聊天时，你会和他们分享你在部队愉快的情绪，这让你感到很骄傲。大家都谈到了自己的想法和感受。D，你一直都在沉默，你在想什么？可以谈一谈吗？

战士 D：我也不知道说什么，我没有什么想法。

团体领导者：哦，你关注的是每天的生活，或许你认为不需要花时间去思考一些事情。

战士 D：是的。

团体领导者：刚才大家都分享了自己的想法，我们会发现，每个人和每个人的想法是不一样的，不管什么想法，都和我们自己的生活和成长情况有关，从这一点上说，每个人的想法都有它的道理。

三、观察

团体领导者在组织团体辅导时，要时时刻刻观察团体内发生了什么、团体成员和领导者之间发生了什么，这些信息包括言语信息和非言语信息，这种观察能力对于团体领导者建立和团体成员之间的良好关系很重要。关于非言语信息在倾听技术中已经阐述，这里重点讨论言语信息或言语行为。

团体领导者的风格在一定程度上影响团体领导者对团体的观察。在团体心理辅导中,团体领导者的经历和受训背景决定了他如何倾听战士。战士会谈到各种各样的话题,有各种各样的想法,可能谈论团体领导者感兴趣的话题,说一些团体领导者愿意听的话。团体领导者会认为哪些问题是重要的,哪些问题是次要的,哪些话题是令人不舒服的。团体领导者的风格不同,战士谈论的内容不同。行为主义的辅导者关注的是战士的行为与具体情景,精神分析专家则对战士的深层无意识冲突感兴趣。

团体领导者要注意倾听一些核心词汇。在战士的谈论内容中,会反复出现一些特定的词汇。这些核心词汇对探究战士的情感和愿望有意义,在词汇的背后,有大量的、丰富的需要去澄清的事实与现象。这是潜在的语言。

团体领导者要注意倾听战士的核心词汇,然后针对核心词汇工作,理解战士,建立和战士的咨询关系。如果战士更多地谈到贬义词和模糊词,说明战士的自我意向不是很清晰,对自己不信任,自我评价较低,需要团体领导者帮助战士使用积极的词汇来描述自己。战士会谈到"我感觉我做不好"、"我可能就是没信心"、"我不会和人打交道",团体领导者要帮助战士把这些描述变成"我会做得很好"、"我有信心"、"我人际交往能力不错",增强战士的自信,客观评价自己,不沉溺在负性评价中。

团体领导者要聚焦某一个问题进行讨论。战士在讨论某一个问题时,可能会根据问题对他的难度而调整讨论时间,困扰时间久的问题会谈论得更多。对不熟悉团体心理辅导的战士而言,可能会在一开始的时候谈论很多问题,不聚焦在某一核心冲突上,团体领导者要帮助战士把讨论停留在某一个焦点问题上,不过分地弥散,以免整个讨论显得空洞而无效。

团体领导者在战士转换话题时,可以发表自己对战士讨论现象的观察,如"我观察到,刚才你在说人际关系的话题,现在把话题转到了自我价值上,你希望更详细地讨论哪个话题呢? 在你内心,发生了什么样的心理活动,让你转了一个话题?"

战士的谈话风格有抽象和具体之分。倾向于谈话内容具体的战士在讨论问题时,经常把事情描述得很详实,目标明确,能清晰表达自我,在某一件具体的事情中把困扰提出来。如"我看见有人玩游戏时,就感觉他们在浪费时间,怎么跟他们说,让他们别玩了,干点正事?"在这样具体的情境中,战士关注的是怎样和玩游戏的战士交流,具体的话是如何说的,如果让他讨论自己对这样现象为什么有这样的反应是则是很陌生的。使用具体情境风格的战士关注的是现实生活中的具体事情,对整个事件或是事件的意义很少思考。

使用抽象概括风格的战士在谈话中善于自我反省和理解现实环境,在讨论一些具体的细节上很困难。

对话示例：

……

某战士：我在和人打交道时显得小心翼翼，有些自我封闭。

团体领导者：能不能举个具体的例子谈一谈，你是如何自我封闭的？

某战士：看见别人都在一起说话、聊天，我感觉我插不上嘴。想和他们说，又不知道说什么。

团体领导者：在什么样的情境下会发生这样的现象？还记得具体的某一件事情吗？

某战士：我就是不会说话，打小就不会和人聊天，特别羡慕那些走到哪都能说到哪的人。我考虑事情太复杂。

……

对使用具体情境风格的战士要保持持续的倾听，并在他陈述完问题后给予适当的总结和释义，来帮助他从这些具体的事件中提炼概括性的想法，进行讨论。对那些使用抽象概括风格的战士来说，则要时刻警醒，避免被带入抽象的思想中，和现实脱离，经常要使用具体化的技术帮助他回到现实中的某个具体事件上，讨论在这个具体的事件中，产生的情感、欲望和行为。

第四节　士兵团体心理辅导不同阶段的技术

在实际操作中，对某一主题进行的持续团体心理辅导会呈现团体发展的阶段性特征。在团体发展的组成阶段、开始阶段、发展过程阶段、结束阶段，需要使用不同的技术。

一、组成技术

在实施团体辅导之前，涉及建立团体目标和挑选成员。

1. 建立团体目标的技术

目标是行为的指引。作为团体领导者，一定要清楚团体辅导的目标是什么，否则，辅导工作显得杂乱无序、不知所云，无法计划辅导的具体工作和内容。对于团体成员而言，同样要清晰地了解团体目标，知道自身参加辅导的目的是什么，成员在一起工作的目的是什么，这样有助于增强辅导效果。建立团体目标是进行团体辅导的前提。

建立团体目标涉及以下一些内容：

（1）团体要处理和解决的问题或冲突是什么,在这些问题或冲突的呈现上成员处于什么状态或困扰到什么程度。比如,在人际关系上,班内成员相互之间的人际冲突达到什么程度,以什么方式呈现这些冲突,对现实生活产生什么影响,成员自身对这些冲突有什么看法以及成员自身是如何处理和解决的,效果如何。

（2）成员和团体所承担的任务是什么。成员在团体中需要付出努力,讨论问题或冲突以及与自身的联系,能够真诚、自由地表达自己。在成员的工作基础上,团体领导者分析问题或冲突,引导成员如何从不同的视角看待问题或冲突,增强内心的弹性空间,丰富认识。

（3）如何让成员和团体一起工作。组成一个团体后,成员如何开始工作,使用什么技术有助于成员开始工作,具体如何操作。

（4）团体能够达到的目标是什么。经过辅导,成员认知或行为能够发生的改变,团体结束后,在现实生活中可能会遇到的困难是什么。

2. 挑选团体成员的技术

团体成员的构成包括成员的评估、招募成员、筛选成员、团体性质。选择什么样的成员参加辅导,人数如何;团体的性质是同质的还是异质的,是开放的还是封闭的,是志愿的还是统一活动。这些因素都会在某种程度上影响团体心理辅导的效果。

不是每个人都适合参加团体心理辅导。如果团体的目标是矫正病态人格,那么在挑选成员时就要选择那些存在人格障碍、行为异常和情绪失调的个体,需要和成员面对面地接触、访谈;如果团体的目标是讨论一些发展性的话题,那么一般人都可以参加。

对战士团体心理辅导而言,在招募和筛选成员上方式比较单一,可以以班或排为单位统一参加。对于一些特殊情况下的心理辅导,如创伤心理辅导,要以战士的需要为第一原则。

3. 决定团体的性质

在实施团体心理辅导之前要决定团体的性质,团体性质可以分为同质团体与异质团体、开放式团体与封闭式团体、发展性团体与治疗性团体。

同质团体的特点是团体成员在年龄、人格特点、受教育程度、成长背景和个人经验等方面存在相近或相似性,团体开始工作以后,能够较快地相容,相互之间交流也比较流畅。异质团体是指团体成员在背景、年龄、受教育程度等方面存在多样性,成员心理特点广泛。战士团体基本上属于同质性团体。如果战士和基层干部组成了一个辅导团体,则属于异质团体。

开放式团体在团体人数上没有限制,成员的离开与进入是自由的。这种人员的更替一方面会为团体带来新的刺激与资源,另一方面也会给团体带来冲击与不安,影响新老成员之间的认同与接纳。封闭式团体在人员的进出和人数上有限制,即使有成员退出,也不会再增加新的成员,成员之间信任感和安全感高,交流顺畅,有利于深度地探讨一些问题,同时也容易导致团体思考和讨论的僵化。

发展性团体具有预防和教育的功能,注重知识的讲授和引导。治疗性团体具有预防、发展和治疗功能,一般用来处理深层次的心理冲突。

二、开始技术

开始技术包括分组与建立团体契约技术、帮助团体成员获得成长的技术、处理团体成员负面情绪的技术。

1. 分组与建立团体契约技术

在战士团体心理辅导中,由于主要的工作是战士相互之间的分享与讨论,因此理论上常常将战士分成6人~8人的小组,保证小组讨论和分享的有效性与可行性。

在分组上,有很多种方法。随机组合是最简单的分组方法。首先要确定团体分为几个组,以两个组为例,成员可以一、二报数,根据所报的数字进行分组;也可以按照战士的编号进行分组,前五个号为一组,后五个号为另一组,或是根据战士的生日大小来排序,然后分为两个组。随机分组的优点是不管成员之间的差别有多大,都能分配到各组,且每个组都是平等的,没有地位和职务的高低之分。

同类组合也是常用的一种技术。为了某些目的,如了解单亲家庭战士的心理特点,就需要进行同类组合。将单亲家庭的战士分为一组,完整家庭的战士组成一组,成员特质相近,有利于讨论共同问题或面临的冲突。

内外圈法是将团体分为两半,一半在圈内讨论问题,另一半在圈外倾听和观察,在10分钟之后,外圈的成员到内圈继续讨论先前的问题或是另一个问题,内圈的成员到外圈倾听和观察;还可以固定内圈,变化外圈的成员,使成员有机会与更多的人讨论和交流。

对于以班、连为单位进行的团体心理辅导,团体领导者首先要根据战士相互之间的熟悉程度适当使用一些热身活动来加强成员之间的了解。建立团体契约对团体工作很重要,一旦组成了一个团体,建立团体契约和规范必不可少。团体契约和规范的内容可以由团体领导者根据专业设置而定,也可以由团体领导者和成员共同讨论决定,可以是书面形式的,也可以是口头形式的。契约和规范的内容涉及方方面面,如保密原则、遵守时间原则、在团体内不攻击他人原则等。

2. 帮助团体成员获得成长的技术

团体领导者使用一些技巧或策略,使战士成为活动的主动参与者,帮助战士最大程度地获得成长。

在捕捉到战士的情绪或内心感受时,团体领导者及时地引导战士表达内心的情绪和情感,并在团体内创造安全的氛围,以免战士感到羞耻或尴尬。同时,团体领导者也可以现身说法,自我表露,举例说明如何表达情感和感受。

引导战士倾听他人的发言或分享,避免对战士的讨论进行评价与嘲讽,这一点可以在战士发言时间较长或发言显得假、大、空时给予适当的引导。团体领导者使用分析和解释的技术帮助成员理解每个人都需要被理解、被倾听的感受,评价和嘲笑会进一步导致战士不愿意和不敢分享自己。

成员可以适时地表达负面情绪和感受,但是在表达时尽量客观陈述,不带主观色彩。对某个成员的真实如镜子般的反馈有助于他的成长,但是不要期望成员有瞬间的改变。

3. 处理团体成员负性情绪的技术

在团体心理辅导过程中,成员的正性情绪可以使成员获益;反之,负性情绪对团体辅导的效果产生较大影响。成员的负性情绪主要表现为敌意、排斥、无聊、不被关心、失望、无趣等。团体领导者察觉到成员的负性情绪后,要及时给予工作,和成员讨论这些负性情绪背后的想法和愿望,积极主动地处理,以免负性情绪阻碍团体的发展。

三、发展过程技术

发展技术是指为了促进团体的发展而使用的一些技术,这些技术与基本的技术并不冲突,基本的技术贯穿于团体辅导的始终。

1. 引导技术

引导技术是战士团体心理辅导中常用的一种技术,它强调在某个问题上按照主流价值观原则或尊重事实原则对战士进行教育和指引,近似于告诫。适当的引导可以帮助战士获得某种答案,让战士积极参与到团体工作中,避免茫然与不解。

对话示例:

团体领导者:刚才战士 A 谈到希望和每个人都能够建立和谐的人际关系,大家互相帮助,互相照顾。

某战士:那怎么才能建立和谐的人际关系呢?

团体领导者:我们每个人都在社会中生活,没有人可以逃避与人的交往。和人打交道是我们的本能需要,因为只有和周围人打交道,我们才不会孤独、才能够得到帮助,有了情感的链接,才会感到生活是有意义的。这样的话,和人打交道时,主动一些,对我们的人际关系有好处。

2. 处理冲突技术

有的战士在辅导中会呈现冲突,如何对待和处理冲突是团体领导者的一项重要工作。对于那些希望在团体中解决问题的战士来说,团体领导者能不能帮助他们处理冲突就更为重要。如何处理战士的心理冲突,要根据团体的氛围、战士的心理状态以及冲突的性质而定。

对话示例:

……

某战士:现在,训练的强度很大,感觉身体很累。天天练,没意思,只能硬撑着。

团体领导者:这个想法是什么时候出现的?

某战士:入伍两个星期吧。刚来的时候,感觉很新鲜,现在有点烦了,有点枯燥。

团体领导者:原来不烦的时候,你是怎么想的呢?

某战士:原来,毕竟是到了一个新环境,刚开始时对军营还是很向往的。只不过是现在的训练多了一些。

团体领导者:在训练问题上,想法发生了一些变化。原来接触的训练少,很新鲜,还能接受,现在熟悉训练的内容了,新鲜劲过去了,开始对训练感到厌烦,想逃离训练。训练本身并没有变化,而是我们对训练的态度和想法发生了变化。

某战士:嗯。

团体领导者:或许在我们内心还有想改变训练的愿望。训练是个客观现实,战士必然会有训练的任务。这个事实是不会更改的。现在,我们感觉训练让人烦,希望不用参加训练是我们的主观想法,正如我们盯着雪山,用意念让它融化一样。那样,我们只会产生受挫感,很无奈。

某战士:不能改变的客观现实,就只能接受了。

团体领导者:面对现实,也是一种能力。当你面对现实的时候,心也会随之坦然,不再执拗于某个想法或愿望,自然,烦恼就少了。

某战士:训练也有很多好处,可以锻炼身体。

……

3. 及时介入技术

团体领导者发现一些不利于团体发展的现象时,要及时介入,尽早澄清。

对话示例:

某战士:班里有人让我来集合,所以我就来了。

团体领导者:噢,你事先不了解这个团体的工作,有人让你来你就来了。现在,我先向你介绍一下这个团体的工作,我们今天的辅导目的是缓解大家的压力。你可以谈一谈你的压力吗?不管哪一方面的,都可以。

某战士:我不知道说些什么,一会儿结束了还要去出公差。

团体领导者:哦,在我们的团体结束后,你还有其他的任务,而且时间很紧张。那么,在你惦记着一会儿去出公差的时候,我想,你可能会听不到其他人所分享的内容。对于我们的团体,你有什么样的想法呢?

某战士:我感觉他说的问题很简单,我不存在这样的问题。

团体领导者:哦,刚才战士 A 讨论的问题在你身上是不存在的。也许我们每个人的问题都是不一样的。那么,你感觉令你烦恼的事情有哪些呢?

四、结束技术

结束有两层含义:一是每次团体辅导的结束;二是一个连续辅导过程的结束。

总结的技巧是所有的团体领导者必须具备的技能。在团体中,团体成员之间观点迥然不同,在注意倾听和讨论的同时,成员经常会忽略很多细节,团体领导者简洁的总结对增强团体成员对团体的整体感受具有很大的帮助作用。

总结可以使成员们看到讨论中某位成员所做工作的关键点,并可以作为通向团体的另外一项活动的桥梁。如果讨论很弥散或包含相互重叠的想法时,总结就显得特别重要了。一个好的总结可以将主要几点集中在一起,并可以深化主题或使之更加分明。

团体领导者:到目前为止,我们已经讨论了希望在军营中获得的成就。小张和小李都谈到想要和大家建立好的关系,小吴说想通过部队的锻炼,增强生存的能力,能够在退伍后有自己的事业。有的战士谈到在部队好好表现,有个强健的身体,退伍后能够找到一份稳定的工作。还有的战士谈到没有很多的想法,只是要把现在的任务完成好,走一步说一步。因为我们每个人都是不一样的,所以我们会有不同的想法。现在请大家来思考,如果要在部队实现我们的目标,需要付出怎样的努力？在付出努力的同时，可能丢弃的东西是什么？

　　在这个例子中，总结使每个成员目标被大家清楚地看到，并且为团体领导者深化这个主题铺平了道路。

　　总结贯穿于团体心理辅导的始终。如果前一次辅导有遗留问题，或是团体成员对某个话题有强烈的兴趣，并希望继续讨论这个话题时，总结是特别有帮助的。然而，一般情况下，总结的作用应当是让团体成员的注意力集中在此刻的会谈上，尽量不鼓励他们重复前面的会谈。

　　应用总结的另一个好时机是在会谈的结束阶段。因为在会谈中，团体成员讨论了很多的观点或现象，因此富于技巧性的总结会很有帮助。

　　针对每次团体辅导和整个辅导的结束，团体成员对团体结束有不同的反应。有的成员在团体还没有结束的时候已经感到焦虑，处于哀伤的情绪状态中；有的成员对结束没有反应，表现得很冷漠；有的成员对团体结束感到愤怒。

　　每次团体辅导，团体领导者都要留出至少 10 分钟的时间用来处理分离焦虑。在技术与方法上，可以让成员谈谈对本次活动的看法和自己的感受、团体领导者总结、对下次辅导时间与内容的预告等。

　　对话示例：
　　团体领导者：还有几分钟我们的团体就结束了。我们每个人可以谈谈自己现在的想法和感受。
　　团体领导者：现在，大家每人说几句话，来结束我们今天的活动。
　　团体领导者：在今天的活动中，也许我们心理产生很多的想法和感受还没有来得及表达和分享，或是也许我们不知道如何表达自己的想法和感受。在最后这几分钟里，我们可以尝试表达心中的感觉，让别人了解我们的想法和感受。

　　连续辅导的结束比较复杂，一般在结束前五次时就要开始讨论，并不是所有的成员都会有意识地讨论结束，因此，团体领导者要主动谈起结束的话题，帮助成员处理分离焦虑。

　　对话示例：
　　团体领导者：我们的团体即将结束。大家对团体的结束有什么想法，都可以谈一谈。
　　某战士：我已经开始规划结束后的活动了。我感觉结束没有什么。
　　团体领导者：也许你认为团体的结束对你而言没有任何影响。或许在你心里你感觉团体结束后,失去了支持,开始寻找下一个支撑点。

战士 A:嗯。

战士 B:我感觉有的问题还没有解决,每天都很焦虑,害怕没有成就。

战士 C:只要做你想做的事情就好,不用管那么多。我的经验是只要我做了,就行了,看重过程。

团体领导者:C 开始给 B 出主意,分享经验,似乎是即使团体结束了,但是你的力量还在,不至于因为团体的结束而毁灭。

第六章　士兵个性的团体心理辅导

我的人生历程是一个无意识的自我实现的历程。

——荣格

精神分析是有关人的科学的旭日,将散发理解的温暖以及阐释的光明。

——科胡特

第一节　个性心理

每个人都是社会大家庭中的一员,每个人的精神面貌和成长经历都各有其特点。个性,也可称为人格,指的是构成一个人思想、情感及行为的特有模式,这个独特模式包含了一个人区别于他人的稳定而统一的心理品质。虽然军队环境和任务的特点对战士之间的共性有更多要求,但是在平时的生活和工作中,战士也有展现自身个性的需要,简单地说,就是在共性的基础上以自身的个性展现自我的存在。从这一点上看,共性与个性互相联系,不可分割。对个性或人格而言,包含的内容非常丰富。

无论是在理论研究、临床实践还是现实生活中,个性或人格均呈现出丰富多彩的维度,在相同或相似的环境中,不同的个体表现出的反应也是千差万别。比如,在生活中,有的战士惯用沉默的方式来表达自己的观点,有的战士使用主动接触的行为来和他人建立关系,有的战士尊崇理性、面对现实。

从人格的定义上看:

(1) 人格具有独特性。正是由于人格的独特性,才能够区分自我与他人。面对同样的一个任务,战士想到的方式和方法有所不同,面临同样的一个困难,战士的反应和应对方式也不同。不可否认的是,在具有独特性的同时,每个人身上都有人类共性的表现,都渴望自我价值的实现。

(2) 人格是稳定的。个体在不同时间和不同情境中表现出的思想、情感和行为模式没有显著性的差异。在训练、操作中反应灵活的战士,可以预期他在抢答题上相对来说也是反应快的。在强调人格具有稳定性的同时,人格也具有相对的可变性。一个活泼开朗的战士,大多数时间都很愉快,但是在遇到一个难以克服的困难时可能也会表现出垂头丧气、失去希望。

(3)人格的特征是在个体与他人的人际互动中表征出来的。人是社会的人,每个人都不是独自存在的,必定会在与他人的关系中寻找意义、体现价值。在人际互动中,个体表现出自己独特的思想、情感和行为的方式,标上个人所特有的色彩。

一、精神分析的人格理论

精神分析是现代西方心理学的一个流派,是由弗洛伊德于19世纪末在奥地利创立的。精神分析探讨的是个体的无意识,涉及的内容有梦、过失、焦虑、冲突、病态人格等。

1. 弗洛伊德的人格理论

弗洛伊德在临床实践中发现和提出了精神分析理论,他的理论对文化、宗教、艺术、人类学都产生了广泛而深远的影响。

(1)无意识是弗洛伊德理论的核心观点。弗洛伊德认为,人类的精神世界由意识、潜意识和前意识构成。潜意识是指人的本能冲动、被压抑的欲望和本能冲动的替代物,如梦。他认为,潜意识中的欲望是非理性的,具有原始的冲动性,在意识里很难被接受,一旦进入意识层次,就会引起极大的焦虑。通过压抑的作用,这些不符合逻辑、社会规范、道德标准的欲望就被压抑在潜意识中,不允许它们进入意识层次。虽然被压抑在潜意识,但是这些欲望追求本能需要的满足,遵循"快乐原则"行事,一遇到机会,就会闯入意识中。为了避免这些潜意识中的欲望进入意识,自我要消耗大量的能量进行防御,一旦自我弱化,被压抑的欲望或冲动就会以症状的形式表现出来。从这个角度上看,症状是一种语言,表达的是潜意识的欲望或愿望。

前意识是指无意识中可召回的部分,人们能够回忆起来的经验。它是潜意识和意识之间的中介环节和过渡领域。前意识是"稽查员",时刻警惕着并防止潜意识中的本能和欲望进入意识。但是,当潜意识中的欲望或愿望伪装或变形时,前意识就会失去辨别能力,使得这些欲望或愿望进入意识,表现为行动。

意识是指心理的表层部分,是同外界接触直接感知到的心理现象。弗洛伊德认为,"所有知觉,不论从外部(感官知觉)还是内部——我们称之为感觉和感情——接受的知觉,一开始都是意识。"①由此可见,弗洛伊德认为意识就是知觉。

潜意识是否存在? 潜意识对人的行为产生什么样的影响? 实际上,不仅是症状,人的大部分行为都会受到潜意识的影响。弗洛伊德认为,失误、梦和诙谐等可以证明潜意识的存在。在精神分析心理治疗中,治疗的目标就是化解在潜意识中的心理冲突,使潜意识中的欲望、愿望意识化。

自由联想可以将潜意识的冲突带回到意识中,实现处理冲突的目的。自由联想是精神分析治疗的一个技术。弗洛伊德在年轻时曾经使用过催眠技术,但是他发现并不是所有的病人都能进入催眠状态,于是他努力寻找其他的治疗技术。在某一次治疗中,病人抱怨弗洛伊德的提问总是打断她的思考,弗洛伊德因此发明了自由联想技术,他鼓励病人躺在沙发上将想说的都说出来,不给予任何思路的指引。他认为,病人说出自由联想的内容,进而探索病人的无意识,使无意识内容意识化,能够达到化解冲突、消除症状的目的。

分析师在来访者视线之外,并努力成为自己意识流的被动观察者。弗洛伊德指出,自由联想并不自由,来访者即使不被指定联想的主题,也会不可避免地受到分析情境的影响。与分析情境有关的事情,会在患者心中出现。在治疗中,当来访者的联想接近潜意识时,他可能就联想不下去了,说明在此处有被压抑的欲望或愿望。

对话示例:

团体领导者:听起来,你对现在的自己是不满意的。那么,在你心里,你希望自己是一个什么样的人呢?

某战士:有管理才能,外向、活泼、开朗、幽默,能把别人逗笑,尤其是年轻的女性,我感觉能够让她们高兴,她们就会喜欢和我来往。

团体领导者:噢,在你的观念中,能够让年轻的女性高兴,对你而言是一件很重要的事情。如果你很活泼开朗的话,女性会更愿意和你打交道。或许,在你的生命中,你经常感受到的是周围的女性是不喜欢和你打交道的,作为一个男性,或许你会感到没有自尊和面子,因此为了维护男性的自尊,你尽量提高自己的能力,以便在和女性打交道的过程中感到愉快而不是压力。

某战士:倒也不是。我和异性就没有怎么交往过。

团体领导者:你认为在和异性交往的过程中,最大的阻碍是什么呢?

某战士:……(沉默)

---

① 弗洛伊德.弗洛伊德后期著作选〔M〕.林尘,等译.上海:上海译文出版社,1986.

来访者的自由联想在和女性打交道这个点上中断了,和女性之间的关系是他的一个核心情结①。在和女性的关系上,来访者的核心信念是一般情况下女性不喜欢和他打交道,他需要使用各种方法去取悦女性,或许在来访者和生命中第一个女性——妈妈的关系中也是以这种模式互动的,而这一点被压抑在潜意识中。

(2)弗洛伊德提出了人格结构理论。早在《意识和潜意识》一文中,弗洛伊德阐述了自我的概念。他认为,每个人都有一个心理过程的连贯组织,称为自我,自我和本我并没有截然分开,功能弱的部分和本我合并在一起。自我是指人格中的意识结构部分,是来自本我经外部世界影响而形成的知觉系统。它代表理智与常识,处于本我与超我之间,按照现实原则,充当仲裁者,监督本我,适当满足。它的大部分精力消耗在对本我的非理性冲动的控制和压抑上。

弗洛伊德认为,个体出生时只有本我。本我是最原始的、潜意识的心理结构,它充满着本能和欲望的强烈冲动,如生存欲、攻击欲、性欲、依赖欲等,受着"快乐原则"的支配,一味追求满足,不受社会的约束。例如,一名战士经常有轻微感冒的症状,其他战士也会和他一样有类似的症状。其他战士在表现出类似的症状时,能够坚持参加训练,不吃药,过几天症状自然消失。在面对同样非常轻的感冒症状时,这名战士频繁地去门诊看病,不参加训练,就被"快乐原则"所支配。当然,人追求"快乐原则"是人的本能,并非是只要追求"快乐原则",就显得很"坏"或很"恶"。

本我是个体能量的来源。本我过分受到压抑时,人就会显得没有生机和活力。抑郁情绪与压抑本我的攻击性有关。在抑郁情绪下,个体失去理想和目标,整个人没有生气,很衰弱。本我可以帮助个体实现奋斗目标,追求生存与安全。例如,某战士,家里经济非常拮据,生病时也不能得到很好的照顾,能够生存下去成为他的唯一目标。生存本能的驱力使他遇到威胁到生存的事情时都要努力消除,这样才能保证能够生存的可能。

超我是人格中高级的、道德的心理结构,它以良心、自我理想等"至善原则"来规范自我。超我对本我进行限制,不允许做出违反道德规范的事情。超我包括良心和自我理想。超我的发展和父母的教育方式有关。个体在被养育的过程中,如果得到了很多的共情,内心的权威影像会温和一些。如果父母的教养方式过于严厉和苛责,孩子内心的超我也会发展得很苛刻,会时刻对孩子的一言一行

---

① "情结"(Complex)是精神分析学派的一个主要概念,由荣格最早使用。荣格在研究各种联想现象时,认为在以感受为基础的内容周围存在着某些心理要素的组合,他把这些心理要素的组合叫做"情结"。——作者注

进行批判和指责,孩子内心会体验到负罪感,容易形成忧郁的人格。在一个咨询案例中,某战士从小在父母过分的指责中长大,背负着整个家庭的重任,对父母为自己的发展而做出的牺牲和奉献感到很内疚,因为感到无力承担重任,就躲在一个人的角落里,不和外界打交道,精神疲劳到了极点。

（3）弗洛伊德认为,人格的发展要经历一个过程。一个人的性格需要经过口欲期、肛欲期、性蕾期、潜伏期和青少年期五个阶段的发展,幼年时的错误经验可能会形成缺陷性格。

① 口欲时期（从出生到1.5岁）。出生后的孩子结束了在母体内安定而舒适的生活,和外界环境有了真实的互动。在这一时期,婴儿的全部注意力都集中在嘴里,主要靠口腔部位的吸吮、咀嚼、吞咽等活动获得满足。通过吸吮乳汁,腹部的饥饿感得到满足,生理上的不适感得以消除,情绪获得稳定。口唇至少有摄入、含住、撕咬、吐出和紧闭五种模式,每一种活动方式都将成为某种人格特征的原始模式。

口欲期人格是指心理发展固着在口欲期,口欲期的欲望受到抑制或是过度满足,在行为上表现出过度依赖、悲观,在生活习惯上的特征是酗酒、贪吃、好吸烟或耽于幻想。

② 肛欲期（1.5岁到3岁）。运动肌肉和神经的发育,幼儿的快感区由口腔移到肛门。在这个时期,母亲和幼儿的关系通过大小便的训练而连接在一起。幼儿在排泄的过程中感到紧张消除而体验快感。由于人可以从排泄中体验到减轻紧张的快乐,他可能运用这一活动方式来解除身体其他部位的紧张,如火冒三丈、情绪爆发以及其他原始发泄性反应的原型,都可以归于这种排泄活动。

排便训练往往是幼儿与外部权威和纪律的第一次重要接触,它反映了本能发泄和外部阻碍之间的冲突。这一冲突的结果必然要给人格结构留下不可磨灭的痕迹。在父母训练幼儿大小便时,如果态度极其严厉,过于刻板,幼儿会有反抗和保护的反应,形成强迫型人格。一种是孩子选择服从,惧怕父母,发展成为过度注意清洁、完美的人格,一种是过度邋遢、固执的人格。

③ 性蕾期（4岁到6岁）。在这个时期,幼儿的人际交往范围逐渐扩大,不再局限于母亲,对父亲和外界他人的兴趣逐渐增大,在多维度的人际交往中会经历更多、更复杂的情感,如嫉妒、恐惧、愤怒、害羞等,探索世界的欲望增强,并且强调自主性。尤其是幼儿开始认识到性别的差异,并对自身的性别进行认同。

弗洛伊德将父亲、母亲和孩子之间的三角关系称为“俄狄浦斯冲突”,表现为孩子对异性父母产生爱恋,对同性父母嫉妒并有竞争和憎恨心理。

“俄狄浦斯冲突”来源于一个古老的希腊传说:底比斯国王的儿子出生后,

神谕这个孩子会杀父娶母,国王震惊万分,于是下令把婴儿丢弃在山上,想让他饿死。但是有个流浪牧人发现了他。把他送给邻国的国王和王后当儿子。俄狄浦斯就在邻国长大,并不知道自己真正的父母是谁。长大以后,他创下许多英雄事迹,娶了底比斯国的王后。不久,有场可怕的瘟疫降临底比斯,在向天祈祷后他才知道自己曾经杀死自己的父亲——那是很久以前死在他手下的一个旅行者。他也发现原来他娶的是他的亲生母亲。预言——实现了。俄狄浦斯王羞怒不已,他弄瞎了双眼,离开底比斯,独自流浪去了。弗洛伊德认为,"俄狄浦斯冲突"是各种心理症状的基本故事,每一个来到尘世的孩子都面临着战胜俄狄浦斯情结的重任,谁若不能战胜它,便注定要成为神经症者。随着精神分析研究的进展,俄狄浦斯情结的重要性会日趋明朗。对它的认识便构成了精神分析与其他观点的区别。

在男孩身上,"俄狄浦斯冲突"表现为爱恋自己的母亲,妒忌父亲,希望能够独自占有母亲,对父亲怀有敌意。但是同时对父亲感到恐惧,担心由于自己迷恋母亲而被父亲割掉性器,受到惩罚,这种恐惧就是阉割焦虑。在阉割焦虑的恐惧下,男孩认为父亲是强大不可战胜的,自己没有力量和父亲抗衡,转而听从父亲的教导,向父亲认同,变得像个男子汉,超我得以形成,"俄狄浦斯冲突"逐渐消失。

并不是每个孩子的"俄狄浦斯冲突"都会顺利的得到处理。如果父母不在、父母是人格障碍患者或是孩子带着口期和肛期没有解决的冲突,那么,孩子无法恰当地处理"俄狄浦斯冲突"。对男孩而言,如果在家庭中没有良好的父亲形象进行认同,男孩的性别身份不能得到很好的发展,会导致成年后出现性心理异常,称为同性恋等性倒错的症状,或是表现出神经症的症状。

某战士,父亲是个很软弱的人,没有男子汉的气质,家里大事小事都要母亲去操持,母亲成为一家人的主心骨。在他和父亲的关系互动中,父亲很少能够支持他,不能给他提供一个男子汉的形象去认同,因此,在认同父亲失败后,转向了认同母亲,乱伦焦虑使他不能允许自己的男性性别,因而认同了女性性别,表现出同性恋的症状。

在女孩那里,女孩最初的爱恋对象和男孩一样是自己的母亲,当女孩发现自己并不具有外显的男性性器时,她感到自己已被阉割过,因此怪罪母亲,再加上母亲在其他方面会使她失望,比如感到母亲的爱不够、自己不能独享母爱,转而向父亲认同。但是父亲具有女孩没有的性器,因此女孩在认同父亲的同时产生自卑感,怨恨母亲没有给予自己性器,并憎恨母亲,由于渴望获得性器,对父亲怀有妒忌,这就是"阴茎妒忌"。女孩的阉割情结处理不当,会导致很多"假小子"的出现。

④ 潜伏期(7 岁到 12 岁)。在这个阶段,孩子对性不感兴趣,呈现出潜伏状态。相比于以前,他们更加认同同性父母,行为举止更像个男人或女人,对接受了教育,形成了自己的理想。

⑤ 青少年期(13 岁到 22 岁)。这段时期是儿童期转入成年期的过渡时期。在青少年中,异性之间开始相互吸引。青少年期的特点是向外选择能量投注的对象,而不是自恋,个体开始走向社会化。

(4) 本能是弗洛伊德理论的重要内容。弗洛伊德认为,在本我的需要所引起的紧张背后存在着的力就是本能,本能体现着作用于心灵的肉体欲求,本能具有守恒性。从大量的本能中可以追溯爱欲本能(性本能)和破坏本能(死本能)两种基本的本能。爱欲本能的目标是统合自我保存本能和种族保存本能、自我爱和对象爱。破坏本能的目标是取消联结,带来毁灭,把勃勃生机变成无机状态。

两类本能可以相互融合和解离。本能解离和死亡本能的明显出现,是许多严重的神经症最值得注意的表现。两类本能是对立的。爱欲本能有很多的代表,比如爱,恨是破坏本能的代表。临场观察表明,爱往往伴随着恨,恨中有爱的情感,经常发生爱变成恨、恨变成爱的情况。

2. 荣格的人格理论

在弗洛伊德提出精神分析理论之后,一大批对人类心灵感兴趣、热爱精神分析的人开始沿着弗洛伊德的理论继续探索人类的心理世界,陆陆续续地涌现出了一些代表人物。这些代表人物在弗洛伊德的理论基础上,逐渐地形成了自己对人格本质的看法。由于和弗洛伊德的看法不同,弗洛伊德将任何不同于他的看法的理论与观点都看作是对他的背叛,慢慢的,很多追随者脱离了古典精神分析学派,形成自己的团体与学派。荣格创立了分析心理学。弗洛伊德的精神分析理论是建立在临床病人研究的基础上,荣格的心理学则是以人们自身的经验为基础,这些人不仅包括精神疾病和心理疾病患者,也包括正常人。

(1) 人格结构理论。在人格结构理论上,荣格分析心理学以心灵代表整个人格,包括一切思想、情感和行为,既有意识到的,也有无意识的。荣格认为人格具有先天的整体性,个体需要做的就是维护人格的整体性,避免分裂。在心灵中,有意识层、个体无意识层以及集体无意识层三种层次。

意识是能够被个体感知的部分,有思维、感觉、情感和直觉四种心理机能,是人生下来就具有的先天倾向。自我(Ego)是意识的中心,具有独立性、连续性和统合性,一个自我发展正常的人,也就是人格健康的人。

荣格认为,自我不喜欢或社会不接受的东西就被遗忘或被排斥。另外,许多感官感受只部分地得到满足,荣格把这些阈下知觉以及被压抑或被遗忘的记忆称作个体的无意识,它延伸在自我与无意识之间。个体的无意识只从属于个人,它由各种冲动、一些被拒斥的儿童欲望、阈下知觉以及无数被遗忘的经验所构成。个体无意识处于潜意识的浅层,因此来自个体无意识的偶发事件随时都有可能进入意识层面。在个体无意识中,主要的内容是情结。情结对个体的生活产生重要的影响。

此外,还有一些无意识内容是先天遗传得来的。本能就属于这样的性质。在没有自觉动机的情况下,作为一种冲动而去执行某些必要行动的本能,就属于这种性质。本能本质上是一种集体现象,也就是说,是一种普遍的、反复发生的现象,它与个人独特性没有任何关系。荣格认为,在这"更深"的层面上,存在一些先天固有的"直觉"形式,即知觉和领悟的原型,而原型是典型的领悟模式,无论什么时候,只要遇见普遍一致和反复发生的领悟模式,就是在与原型打交道,而不管它是否具有容易辨认的神话性质和特征。这些本能和原型共同构成了"集体无意识"。"集体无意识"是普遍的、反复发生的心理内容,与个人的无意识不同,不具有独特性。

(2)原型是荣格理论的一个重要概念。在集体无意识中,几种主要的原型有:

① 人格面具(Persona)。人格面具是一种集体现象。人在社会生活中,期望表现自身良好的形象,以获得社会的认可,或许个体的表现,并非是他的真实本性。人格面具在一定程度上具有适应的意义,协调了人格面具前与人格面具后之间的冲突,是个体在社会环境中正常生活。每个人都有很多的人格面具来适应不同的环境。如果个体的人格面具发展过度膨胀,或许会对个体带来损害,远离内心真实的自我,陷入心理困扰的情境。心理治疗的目的之一就是帮助个体调整人格面具与其他人格方面的平衡,找回自我。

② 阴影(Shadow)。在个体的无意识中,还有我们自身的另一面,即阴影面。阴影是一些野蛮的欲望,与我们的理想、社会常规和个性不相容的情绪和激动,是各种使我们感到羞耻,而我们宁愿否认存在我们身上的东西。荣格认为,没有太阳就没有阴影,同理,没有意识的光明也就没有(与个人的无意识相联系的)阴影。在事物的本性当中就有着光明与黑暗,阳光和阴影。阴影是不可避免的,而且,没有它,人就不完全。

荣格作为一名医生,照料过深受精神错乱折磨之苦的人们,在实践中他体会到,否认阴影和试图将它完全压抑同样徒劳无益。在荣格看来,人应该找到一种携带着他的阴影面生活的妥善办法。如果我们采取一种建设性的态度,足以将阴影破坏性的原始力量变为创造之源。

(3)阿尼玛(Anima)和阿尼姆斯(Animus)的概念。阿尼玛是在男人身上的女性特质,是男人在漫长的岁月中与女人交往时所获得的经验积累,借此男人得以了解女人。在男人的无意识中,通过遗传的方式留存的女人集体形象,是他得以体会女性的本质。

然而,由这种方式,男人只能作为一般现象来体会女人,因为,表象是一个原型,是男人对女人的古老经验的再现;尽管有许多女人,至少从外表上看,很象这个原始模型,这个模型却不以任何方式再现一个特指的女人。

在一个男人的生活当中,只有通过与女人的实际接触,表象才能够变成有意识的及有表现性的。对女人的最初经验始终是最重要的,这就是他对自己母亲的经验;是她把他养育成人,并对他有最显著影响,即某些男人一辈子不能成功地摆脱母亲的吸引力。可是孩子的经验有一种明显的主观性特点,这不仅仅是母亲的行为方式强加给他的,也是孩子所感觉到的。在每个孩子心目中形成的母亲形象并不是一个真实模特儿的精确复制;这个形象是由产生一个女性形象——阿尼玛的天赋能力构成和渲染的。

在这之后,男人把阿尼玛原型投射到吸引他的不同的女性身上。这就导致了永久的误解,因为大部分男人并没有意识到他把自己内心的女人形象投射到了一个并不相象的人身上;大部分难以解释的恋爱关系和失败的婚姻都是由这种原因产生出来的。不幸的是,这种投射不能通过理性手段加以控制。这个女人的形象,作为集体的无意识的一个原始模型所具备的属性,在男人们描述他们眼中有价值的女人的每个年龄阶段都表现及再现出来。在各个时期,这个形象会有轻微的改动和变化,但是,某些特点似乎保持恒定;女性侧面有一种超越时间的性质——年轻、智慧、美貌。

与男人身上的阿尼玛相对称的是女人身上的阿尼姆斯,它也像阿尼玛一样,似乎有三个根源:一是女人由遗传获得的关于男人的集体的形象;二是女人在生活中与男人们接触交往,本人获得的对异性的经验;三是自己身上潜在的男性本源。阿尼玛和阿尼姆斯通常都是停留在无意识之中。

女人身上的阿尼姆斯在非常局势下,如战争年代,会有积极的表现,妇女们会理所当然地代替男子承担起大部分预先保留给男子的职能。在家庭环境中,女人的这种活动表现得更加完美。对人与人之间的关系,女人能够建立起广泛的意识,她们所把握到的人际关系当中细致微妙的差别一般来说是男人把握不到的。

对女孩子来说,父亲是阿尼姆斯形象的化身,而这种联想好像对她的精神产生了深刻而持久的诱惑,她在思考和行动的时候,会不断引用父亲的话,并照他的方式来行动,有时候一直持续到了成熟年龄。

在正常的发育过程当中,阿尼姆斯被投射到几个男性形象上面,而这种投射一旦实现,一个女人便把某人看作确实是她所认为的那样一个人,即使这个人不是她预期的样子。阿尼姆斯能够被人格化为各种男性形象,从最低级的一直到最有才智的,这要取决于女人自己的进化程度。阿尼姆斯甚至还会作为一个小男孩出现在梦中,有时候人们会听见它,就仿佛简单地听见一个声音。

阿尼姆斯的积极作用表现在,它给予女人勇气和有时必须要有的好斗性。事实上,阿尼姆斯能促进女人对知识及真理的追求,并把她领向自觉自愿的活动,不过她必须学会认识阿尼姆斯,并把它控制在适当位置上面。

阿尼玛和阿尼姆斯的影响要比人格面具或阴影的影响难于把握得多。不过,学会了区分阿尼玛或阿尼姆斯的人,就能更好地认识自己,更好地认识作用在他人身上的那些力;他会对集体的无意识的深度有所揭示,然而,却远没有穷尽这个深海大洋——诚如我们所知道的,它就是无限。

智慧老人(Wise Old Man)。荣格用智慧老人来形容我们内在所具有的有关意义与智慧的原型意象。智慧老人具有非凡的洞察力、无限的知识和智慧。当人们遇到难以处理的冲突或陷入道德困境时,智慧老人就会以象征的形式来启示和引导。

智慧老人同时代表了对人格的一种严重威胁,因为在其活跃起来的时候,一个人会轻易地自以为拥有"玛拉"这种表现得不可思议的超自然力,并具有无限智慧。不过,这种潜能有可能是破坏性的,它会把这个人推向超出他的力量和才智的行动,他并不真正拥有智慧。事实上,这智慧是无意识的一阵呼声,面对存在,而服从于有意识的批评与判断,以此获得其真正的价值。如果一个人相信自己陈述的是他本人的思想,表现的是他自己的能力,这个人便面临着魔中邪及患夸大狂的危险。但是如果他能够心平气和地"倾听"无意识的声音,并且懂得潜能是通过他而作用的——他是身不由主的——这时候,他便走在名符其实的人格发育的路子上了。

智慧老人有智慧和谦卑两个主要特点。

(4)荣格从能量的观点提出了人格动力理论。荣格把使人格的活动得以进行的能量称为心灵能(Psychoenergy)。荣格并不像弗洛伊德那样,将力比多[①]只限于性的能量。事实上,这一点正是他们理论之间的本质性差别之一。按照荣格的解释,天然状态的力比多是种种欲望——饥、渴、性,以及各种情绪的欲望,是一种普通的生命力,是人格的动力。在意识之中,力比多显现为奋斗、渴望以

① 弗洛伊德认为,在生物学上通常用"性本能"表达存在于人类及动物身上的性需要,并将它比喻为营养寻求本能,相当于饥饿感。由于在日常用语中找不到在性方面与"饥饿"相对应的词,因而科学使用"力比多"一词。——作者注

及意愿。心灵能起源于人所经历的生活经验。

荣格最为重要的动力学概念之一就是心灵值(Value)的概念。值是衡量投入具体心灵组元之中能的数量的尺度。当人将一种观点或者情感赋予强值时,那就意味着,这种观点或者情感在影响和指导人的行为中将产生巨大的力量。强值赋予美的人,将会花费大量的精力去寻找美。投入一个心灵组元的心灵能绝对值不能被测定,然而,它与其他相关的值则能够测定。可以通过相互对照的方式,衡量和比较心灵值并确定出它们的力度。

心灵作为动态系统,时时都在进行其赋值活动。也就是说,心灵始终不停地从事将量值分配给心理的活动。心灵分配给心理活动的量值时时在变化。

心理动力学是研究能量在整个心灵结构中的分布情况,能量从一种结构向另一种结构转移问题的学问。荣格的心理动力学应用等量原理(Principle of Equivalence)和熵的原理(Principle of Entropy)两种基本原理,它们皆源自于物理学。等量原理指出,如果寄存于指定的心灵组元的一定量的能减少或者消逝,那么这部分量的能将会出现在另一种心灵的组元之中。也就是说,没有任何量的能从心灵中失去,能仅仅只是被从一种位置转移到了另一种位置。

然而,有些时刻,心灵能的总量仿佛全都消逝了,而不是被转移了。在这种情况下,心灵能量则是被从意识自我那里转移到个体无意识或集体无意识那里。为了进行其活动,构成这两种无意识层的结构需要能量,而且常常需要大量的能量。正如人们所说的一样,无意识的活动不能被直接观察到,只能够从人的行为中推断出来。

荣格还指出,在能量从一个结构向另一个结构转移的过程中,这个结构的某些特征也被转移给了另一结构。荣格用来描述人格动力学的熵的原理指出,心灵内部能量的分布寻求一种心灵所有结构之间的均衡或者平衡。

在一种更大的规模上,熵的原理控制着整个人格内部的能量交换,其目标在于获得一种完全平衡的系统。自然这种目标从未实现过,而且应该指出,假如这种目标完全实现,那么就不会再有能量交换,心灵的机能也会因此而终止。心灵将会被冻结,犹如一旦完全地发生,物质世界将会被冻结一样,万物皆会消亡寂灭。

心理动力学中另外两个重要概念是精神能量的前行和退行。

力比多的自然运动由向前和向后两个部分组成。前行涉及对环境的主动适应,是指那些能够使一些个人的心理适应能力得到发展的日常经验。退行涉及与内在需要的适应。

3. 梅兰妮·克莱因的人格理论

梅兰妮·克莱因是继弗洛伊德之后对当代精神分析最有影响力的精神分析

著述者。克莱因以儿童为工作和研究对象，尤其是那些相当混乱和恐惧的儿童。在对儿童的分析工作中，克莱因发现人类的心灵充满幻想与恐惧，每个人都在和深深的恐惧、抑郁作斗争。

克莱因认为，内在现实与外在现实相互影响形成经验。在对儿童的观察中，她发现比起努力地去控制原欲冲动，儿童花费更多的时间用于建构人际世界，从而提出儿童的心理容易受到生活中重要他人的影响，这些重要他人在儿童内心形成内在表象，因此儿童的内在客体世界是一个人际关系的世界。在所有的人际关系中，克莱因对母婴关系最感兴趣，她认为母婴关系是婴儿所有人际关系的原型。母亲在婴儿出生之前已经为婴儿存在，与生俱来的母亲决定了婴儿与外界的关系互动。

克莱茵用"位态"一词用来描述孩童的爱（保护）和恨（破坏）两种感情的冲突，认为婴儿的客体关系发展包括两个基本的位态，偏执——分裂位和抑郁位。

婴儿在子宫内处于一种完美状态，当他出生那一刻起就经历着第一次创伤。生与死相互斗争，生命是被"创造与毁灭之间强大而神秘的内在斗争"所控制着。

婴儿前三个月是以偏执—分裂位为主。在对死亡本能的看法上，克莱因认为如果不对死亡本能进行约束，将会导致自体毁灭。婴儿将世界分为好和坏两部分，将死亡与毁灭的力量投射到外部的坏客体上，同时创造一些好的客体，再被依次内射，产生具有好和坏两种成分的内在表象世界。儿童持续地投射，内摄厌恶的感受，试图处理与生俱来的毁灭冲动。儿童的基本冲突是既想保护与自己亲密的人，又想摧毁他们，对亲密者爱恨交织。

婴儿出生后，离开安全的子宫，感到被迫害与被攻击，开始与第一个部分客体——乳房接触。"好乳房"和"坏乳房"是部分客体的原型，是婴儿心智生命一开始的聚焦点。婴儿与乳房的互动构成最初的客体关系。克莱因在描写婴儿对乳房的攻击性时，写到"像吸血鬼般的吸吮"、"掏空乳房"、"在他（婴儿）毁灭性的幻想中，他撕咬乳房，吞噬它，消灭它，而且他会觉得乳房以同样的方式来攻击他"。虽然婴儿也会对他唯一赖以生存的来源产生正性的情感，但是他所产生的负性情感的确令人畏惧。

在偏执—分裂位中，没有中间地带，只有好与坏。不在、后悔和失落的经验也被感受为某种坏的，缓解则被感受为好的。

乳房的意义不只是实际的乳房，还象征喂养角色的母亲。儿童在遇到困难和挫折时，内心冲突无法处理，可能会退行到和部分客体的关系上。对成人而言，部分客体的关联会使有些人感到由于金钱、信息或欲望的原因，自己被他人剥削，而不被当作人来对待。

投射和内射来源于和分裂相同的容纳能力。在投射中,婴儿将内在无法承受的冲动分裂掉,把恨和坏投射到他人身上,避开自己本身的坏。但是好的也被投射出去了,这样的话,可以供应一些好用来依赖和关联,使内在的好得以安全,和坏分开。内射用来加强把经验分割为"好"与"坏"。如果过度或破坏性地使用投射和内射,就难以建立一个安全的、连贯的自我和对他人合理可靠的意识感。

投射性认同包含非口语沟通。如果婴儿的焦虑特别强烈,他可能投射到他人身上的,不只是冲动,而是整个自我。通过排除觉得痛苦的部分自我婴儿的焦虑得以减轻,并产生可对他人加以控制的错觉。

拒认是婴儿对抗焦虑的另一种方法。使用幻想的需要满足来替代挫败的被迫害经验,想象与真实之间并没有差别。婴儿在没有喂食的情况下,有吸吮的动作,避开焦虑。克莱因谈到贪婪是死亡本能的一种表现,焦虑和挫败都会加强贪婪心理。婴儿渴望好乳房和好母乳,而坏的剥削的乳房会随时迸出来,这令婴儿感到焦虑。

嫉妒是克莱因提出来的另一个概念。她认为嫉妒是一种破坏性冲动,是生命早期在对抗好乳房的想法中产生的,目的在于破坏"好"。乳房的好提醒了分离和相对性的剥夺。克莱因认为,在出生之前,我们既不知道需求,也不知道害怕,只是因为我们的需求,使得乳房成为好的。乳房是出生后生命的象征,是我们想要破坏的。嫉妒的破坏性在于它要破坏"好",而不是要破坏"坏"。嫉妒使得它不可能从"好"中得到好处,只会带领我们扬弃或破坏协助与滋养的可能性。受到嫉妒的威胁,我们对好与坏做了原初的分裂。在被迫害焦虑的支配下,我们不怎么关注什么是真的,也没有个人的责任意识感,所有坏的,都是别人的错误。

抑郁位在 6 个月到 1 岁之间进入相对的支配地位,偏执—分裂位的要素仍然存在,特别是在压力的状态下,可以退行到偏执—分裂位。处于抑郁位的婴儿能经验到内在与外在现实。婴儿会认识到由分裂而有的各部分客体——好的和坏的母亲、好的和坏的父亲、好的和坏的自我等都是复杂而完整的人。在抑郁位的早期阶段,婴儿产生特殊的焦虑:当内在和外在客体越来越整合时,婴儿会把缺席体验为失去好的,而不只是由于某些坏所做的某种剥夺性攻击。他的反应不是愤怒,而是哀伤。婴儿在大约 3 个月大时,开始会哭泣掉泪,或许这是他们对伤心具有较大容纳能力的一种表达。

当分裂逐渐减弱,不同经验就更能够整合,坏的不再那么坏,好的也不是那么好。当婴儿认识到他竭尽所能要加以毁坏的坏人其实是他最爱和最需要的人,这样,他对自己的愤怒感到害怕,担心失去好的客体,自身变得无价值和坏,这就是抑郁位的主要恐惧来源。

婴儿对自身愤怒的恐惧是形成超我、愧疚和悔恨的主要部分。婴儿害怕把愤怒导向外部,转而向内,斥责自己的自私与坏。这是抑郁的核心。我们可以在婴儿将近1岁时看到悲伤的表情,以及偶尔的退缩,表明婴儿可以承受内在冲突、低自我价值感、忧伤和愧疚。愧疚带来的痛苦产生了对修复的容纳能力。婴儿认识到爱可以修复因愤怒带来的伤害。对修复的信念可以让我们免于掉入忧伤的困境中。而这对于那些不相信修复或不能发现修复的人而言,或许认为愤怒太高涨、破坏性太强,是很危险的。

4. 玛格丽特·马勒的心理发展阶段理论

客体关系理论学家马勒认为,人产生心理问题或心理疾病是由于人们在正常的发展中由于诸多原因而使得自我发生了扭曲,特别是早期的母婴关系发生了扭曲。马勒认为,刚出生的婴儿处于未分化的状态,没有能力把自己和环境区分开,后来,婴儿才在与照顾者(父母)的关系里逐渐地认识了自己。婴儿认为自己和照顾者是一体的、不分开的,由于害怕孤单和渺小,婴儿必须得从照顾者的爱和养育里获得勇气。婴儿为了保护自己和父母的关系,就把遇到的困难和挫折都归因于自己和父母关系之外。一直等到后来长大了,拥有了足够的关怀以后,婴儿才有足够的强大、自信来接受自己的软弱,接受"成为自己"的渴望,并且能够去照顾别人。从生命早期到整个成人期,这个过程都一直持续着。

为了研究婴儿心理的发展,马勒和她的同事对38个正常孩童和他们的22个母亲进行了一系列的观察,主要是观察孩童独处时和与母亲互动时的行为表现与情感表现,以分析婴儿心理是如何发展的。最开始观察和研究时这些孩童只有几个月大,观察一直持续到孩童3岁。观察与研究的结果是马勒提出了人的心理发展的阶段理论:

(1) 自闭阶段(从出生到2个月)。在婴儿的关系能力出现之前,有一个自闭的阶段。在这个阶段里,婴儿建立了一个多少封闭的心理体系,掩盖在一个似睡状态的幻想曲中,婴儿通常意识不到其他人,只是通过乳房来维持生计。有证据显示,婴儿对光线、颜色、移动和声音有反应,对味道、气味和触摸也有反应,然而婴儿无法分辨人与非人的刺激。此外,在婴儿眼中,他们自己的身体和床、母亲一样,婴儿还无法区分自己和外界,还没有对母亲或其他任何一个人表现出特别的兴趣。婴儿生活在一个光线和颜色、温暖和寒冷、痛苦和舒适、静止和移动的世界中,几乎意识不到有另外一个人对他是负责的,主要关心的是自己紧张程度的降低。

(2) 共生阶段(2个月到6个月)。婴儿的微笑反应预告了共生关系的来临。移动的脸庞或玩具都可以引起婴孩微笑的反应和追寻的目光。这个社交性微笑是真正关系最先出现的征兆之一。

在共生阶段,婴儿和母亲是一个二元整体,婴儿会产生饥饿或饱食、被抱着或被放着,还有看着、听着或闻着妈妈和自己身体的经验,与外在客体有关系的自体感正在增强,孩童此时从自闭一个人的单元关系转变成共生的自体他体系统。不过,分化的程度还是不足以容许一个真正的双人关系建立起来。在共生阶段,婴儿逐渐地察觉到外在存在着某些东西,察觉到有某个人在抱着他、抚弄着他、喂他,也会感觉到他自己在抚弄自己,在咬自己的手指。同时,婴儿轻易地以为每次只要他移动眼睛找妈妈,妈妈就会神奇的出现,当他移向她的乳房,乳房便自动移向他。当共生的母亲足够地存在着,婴儿可以将他的需要、他的愿望、他的饥饿感与母亲的出现连结在一起,就好像愿望和满足是同一件事一般。全能感充斥着婴儿的共生世界。当他移动时,世界移动了;当他感觉时,世界也感觉着;当他呼吸时,世界也呼吸。

对父母来说,共生阶段使他们充满欢乐,母亲、父亲在和婴儿的温暖亲密中都会感到幸福和快乐。但是对有的父母来说,一天24小时都必须守在孩子身边是一种折磨,他们认为和婴儿的亲密关系威胁了他们行为的自主性,因此有时会强制婴儿接受规律的喂食和睡眠。然而,一般情况下,父母都可以享受与孩子逐渐增加的联结。

婴儿与爱着他们的父母的关系促进了婴儿自我功能的发展。如果孩童没有体验过这样的关系,或者是母亲没有充分注意到孩童的各种需要,并给予回应,孩童生理基因中原本设定好的自我功能程式便没有办法建立起来。最极端的例子就是孤儿院的弃婴,他们可能会退回一个没有关系的自闭阶段。如果这些失去母亲的孩童,被放在婴儿床中以固定的瓶子喂食,没有被拥抱、被摇动或被温柔地抚摸,在缺乏母婴互动的情形下,他们开始躺着不动,毫不在意周围的环境,无法发展与他人的正常关系,陷入心理疾病的状态;相反,那些拥有适当互动的孩童,其能力开始逐渐增加,对刺激会产生反应,会有记忆。

因此,母婴关系以及婴儿自我功能的成熟之间有一个极为重要的循环互动。总之,婴儿在共生依附中越能得到安全,未来面对陌生人的时候越有较少的焦虑和较多的兴趣反应。

(3)分离—个体化阶段(6个月到24个月)。小孩约5个月大时,发展出了一种有"机灵、坚持和目的性"的神色,比如,被抱着的时候,似乎拼命要从母亲身上挣脱开,能够更好地看清母亲,这就和先前妈妈怀中的婴儿形成一个鲜明的对比。婴儿开始从一个玩具或是其他柔软的东西那里得到更多的愉悦。

(4)次阶段,次阶段又分为如下三个阶段:

① 孵化(6个月到10个月)。孵化期的小孩对父母以外的人表现出更多的兴趣,要把每一个出现的人和心中的母亲进行比较。

大多数父母会对他们小孩的开始分化感到非常愉快。然而,改变总是会带来新的问题。即使是正常的婴儿,也会不时以侵扰性的探索和要求去打扰他们好的母亲。除了有一点被激怒外,这时候母亲也会因为共生的消失而感到一些难过。对有的父母来说,在不健康的关系里,她们可能会变得相当的寂寞和贫乏,没法承受孩子为分化而进行的努力。她们可能会一会给小孩令人窒息的爱,一会却又拒绝她们。不过,大多数情况下,孵化的过程通常是在父母和小孩互相满足的形式下进行的。

② 实践(10 个月到 16 个月)。实践阶段在分化过程中逐渐地浮现出来。马勒之所以将其称为实践,是因为 10 个月到 16 个月的小孩似乎很乐意于一遍又一遍地操作自主型自我功能,好像在实践种种新的技能一般,比如不断地玩玩具、把玩具放在嘴里,任何一个小的玩具都变得很重要。在游戏中,小孩一遍又一遍地把自己的眼睛捂起来,妈妈就不见了,眼睛一张开妈妈又出现了,体验着全能般的让母亲消失而后再出现的快乐。马勒建议,摇摆学步中的孩子已经有能力离开,父母对此的适当反应该是温柔而仍保有情感接触地推他一把。如此父母就提供了一个可以信赖的期待,期待孩子能在这个逐渐扩大世界里驾驭自己的新技巧。

③ 复合(16 个月到 24 个月)。当小孩的运动功能在发展的时候,其认知能力同时也在增长。摇摆学步的孩童似乎越来越能够包容领会自己的分离性。可能是觉察到增长中的孤独而使得对母爱的需求增加。这个时期的孩子会如影随形地跟在母亲后面,亲密与疏离变得相互冲突,孩子显得依赖同时又需要独立。孩子会用语言和表情来"粘"着母亲,担心会失去母亲的恐惧越来越明显。无论是男孩还是女孩,在这时都变得过度依赖,出现自信力量和依赖的奇怪结合,孩子强迫母亲提供帮助但拒绝母亲的主动帮忙。

慢慢的,孩子能够觉察到自己能力有限,全能感逐渐丧失,越来越把母亲当成另外一个人,而不是一个专门为他的需求而设计的一个东西或物品,母亲的行为并非是他在神奇地控制着。相应的,孩童由于无能而会产生愤怒发作和无助感。他可能会在遭受挫折时大发脾气。母亲和其他人可能会被交替地视为全好或全坏。谁是好的、谁是坏的,常常随着孩童的情绪和当时的情境而转换。

在复合阶段,对于父母尤其是母亲来说,体验的挫折可能更多。她被要求能随时有空,而且不能太过操纵,她必须约束小孩,不要让小孩有真正危险的动作,但又不能太过于干涉,她必须鼓励分离而又不能是一种拒绝。很少有母亲真的这么稳定,也很少有母亲能在亲密和距离上保持得这么理想而又不感到挫折,尤其是当小孩给了她互不相容的要求时,即使是很小的要求——比方说要求一点也不费力地穿上他的鞋子,但又要求母亲能够允许自己穿。

在这个阶段,有的母亲会遭遇到最大的麻烦。在共生阶段,由于分离焦虑,她可能会和共生期的孩子相处很好,满足自己的亲密需求。在实践阶段中,她也可以自恋地享受着孩子的自大。然而,在复合次阶段中,她却可能会在孩子分化的过程中感到焦虑。当孩子表现出一点轻微的分离冲动时,她可能就会去"粘"着孩子,或是在自己需要的时候抱起孩子,却不一定是孩子需要的时候。对孩子分离的行为,有一些母亲会用遗弃来惩罚小孩。也就是说,如果小孩表现出一点点独立的需要,这种母亲就会威胁要离开;反之,当小孩顺从这种母亲时,她就会把他抱在温暖的怀里。不过,并不是所有的遗弃威胁都会造成心理上的问题。

(5)客体恒久性阶段。个体性一定会伴随一种逐渐增强、在任何处境与情绪下都很稳定的"自己是谁"的意识。客体恒久性的意思是维持客体稳定形象的能力,特别是维持母亲的稳定形象,不论她在或不在,是满足的角色或是剥夺的角色。甚至可以说,客体恒久性和个体性的发展贯穿整个人生。这个阶段其实是没有终点的。

个体化形成和形成恒定客体影像的能力是同时发展的。因为孩子知道自己是谁、自己要什么,所以即使受到小的挫折,也可以继续做他正在做的事情。而且,孩子在遇到挫折时仍能记得美好的事物,时间感以及延迟满足的能力逐渐地成熟。孩子会说,妈妈下班后就可以见到妈妈了,如果他想要或是需要时,母亲会为了她而出现。父母的重要性开始逐渐减少。孩子可以安心地去上幼儿园,而不会担心失去母亲。

客体恒久性和个体化发展的整个过程并没有在生命的早期里结束。如果幸运的话,人们会花上一辈子的时间去发展一个逐渐复杂而统合的观念去看待自己与他人的关系。

二、人本主义心理学的人格理论

人本主义心理学重视人的动机、经验,关心人的本性、价值和尊严,研究健康人格和自我实现,强调现象学、人的整体性以及潜能。人本主义假设人应该对自己的行为负主要责任。虽然人们有时会对环境中的某些事件自动地做出反应、有时会受无意识冲动的驱使,但是有能力决定自己的命运和行动方向,因为人们有自由意志。

1. 罗杰斯的人格理论

自我概念是罗杰斯人格理论中的一个核心概念。他认为,自我可分为主体自我和客体自我两类。主体自我是指人的行为和经验的主体,是行动者和观察者。客体自我是指人对自己本身的看法和态度。自我是被动者和被观察者。自我是人格形成、发展和改变的基础,是人格能否正常发展的重要标志。

个体自我概念的发展主要包括自我评定、自我评价和自我理想三个部分。自我评定是个体能够认定自我的存在,自我评价即个体对自己价值有一个判断,自我理想即个体对未来自我的期望。

婴儿把自己的经验作为现实来感知,他的经验就是现实。在与现实的互动中,婴儿的目的是在感知到的现实中满足他能够体验到的实现需要。婴儿使用机体评价机制,把需要的实现趋向于看作一个用来评价经验的参考标准,那些被感知为维持和发展机体的经验就获得积极评价;相反,那些没有维持和发展机体的经验获得消极评价。由此,婴儿的行为趋近那些被积极评价的经验,而回避被消极评价的经验。

随着分化趋向的发展,在一种存在意识和功能意识中,个体的部分经验分化出来并被符号化,这种意识可以称为自我经验。通过与环境的互动,尤其是与包括重要他人的环境的互动,个体存在和功能意识中的表征变得越来越精细,并形成一个自我概念,一个其经验场中的知觉客体。

随着自我意识的萌芽,个体也出现了一种积极关注的需要。这是人类的普遍需要,无处不在并历时持久。除了对外界积极关注的需要外,儿童也需要自己对自己的积极关注,这样,个体就可以不受任何社会他人的影响而体验到积极关注或失去积极关注。在某种意义上,他成为了自己的重要社会他人。

当个体的自我经验被他的重要他人区分为值得给予更多或更少的积极关注时,并且个体仅仅因为值得给予更多或更少的自我关注而避免(或寻求)某种自我经验时,可以说个体获得了一种价值条件。

如果个体只应体验到无条件积极关注,那么就不会形成价值条件,自我关注就会是无条件的,积极关注和自我关注的需要也就不会与机体评价不一致,个体将一直都处在心理调适的状态下,并且会完全发挥其功能。这一连串事情都是假设为可能的,所以在理论上非常重要,尽管在现实中它不会发生。

在临床实践中,罗杰斯关心的不是客观现实的概念本身,而在于来访者认知当下情况的方法。简单地说,想要了解一个人的行为最可靠的方法,就是由来访者就内心世界的真实感受做出完整的自我描述。经过不断的临床经验与研究,罗杰斯首创治疗关系的理论,强调治疗中"真诚一致"、"接纳"和"同理心"。

2. 罗洛·梅的人格理论

罗洛·梅认为,每个人都不是生活在真空中,总是在世界中存在,并希望成为自主而独特的存在体。人在世界中有三种存在:

(1)周围世界:是指组成生物与物理环境的内部和外部世界。除了有关的自然环境以外,还包括生理的内在环境,如生理需要、本能和驱力。人们进入这个世界,只能接受和适应自然规律的支配。

（2）人际世界：是指由人或他人构成的世界。与人之间建立关系是这个世界的核心特征。人际世界是双向的、互动的意义结构。

（3）自我的内在世界：是指人类独有的自我意识世界。人们清晰地了解自己在做什么、厌恶什么、需要什么。

只有在自我认识的基础上，才能揭示人的内心世界，才能理解周围世界对自己的意义。没有自我世界，人际世界也就毫无意义。这三个世界息息相关，同时存在。

罗洛·梅认为，人格不是固定不变的，而是不断发展变化的。人格的发展是内在的，是一种力图达到平衡状态的持续过程，目的在于适应新的环境，人格是一个创造性的、自由的、内在的过程。生理和心理的依赖关系、自我意识、独立性影响人格的发展，能否顺利地解决依赖与独立的问题，在很大程度上决定着人们是否会趋向人格成熟与健康发展。

罗洛·梅根据自我意识的发展，将人格划分为四个阶段：

（1）人格发展的天真无知阶段。这时，婴儿还没有形成自我意识，人格处于朦胧阶段。

（2）寻求内在力量的反抗阶段。它发生在 2 岁到 3 岁和青少年期。反抗是他们获得独立性、发展自我意识的一个必要步骤。反抗和自由不是一个概念。反抗是对父母或社会规则的轻蔑、否定和拒绝，它属于自发的、激烈的和反射性的行为，真正的自由是一种开放性、成长的准备状态，自由表现为灵活性，随时准备为了获得更大的人生价值而进行改变。

（3）日常自我意识的发展阶段。这个阶段大体上从儿童期到青少年前后。人们能够理解自身的某些不足，认识到某些偏见，能够从失误中学到一些东西，并为自己的行动负责任。如果在这一阶段出现问题，会导致人格障碍或心理异常。

（4）自我的创造意识阶段。在这个阶段，人格真正成熟，人们能够毫无歪曲地看到真理，产生顿悟，这一阶段是人格发展的最高阶段。

3. 布根塔尔的人格理论

布根塔尔从存在主义出发，在罗洛·梅的存在心理学的基础上，通过剖析人的境况和存在给予性，建构了以探讨人的存在方式、特征、价值、功能及其相互关系为内容的存在分析心理学。

布根塔尔认为，人的存在给予性有四个特征：

（1）有限性：是指人的主观存在是有限的、特定的和不完整的。人的意识总是觉知世界的那一部分。

（2）行动潜力：人的存在具有改变世界的行动潜力。人存在的有限性不是固定地、僵化地、被动地取决于外部世界，他可以采取行动影响、改变人的主观存在。

（3）选择：人的存在具有自主选择性。人从自身的有限性出发，面对无限的未知世界，总是按照自己的价值取向，利用行动的潜力，力图建立与保持自己存在的同一性与主体地位。人必然要通过自主选择而决定自己的行为。

（4）疏离：人在与他人的相互联系中日益具有很大的疏离感。布根塔尔认为，不同的主观存在之间有联系，可以相互沟通，但两个个体的主观存在之间不完全相同，表现出与他人相分离。

三、特质理论

一般情况下，人们往往使用一些词语对自己或他人进行概括性的描述，如友好的、热情的、谨慎的、争强好胜的、嫉妒的等，这些描述人格特点的词称为特质。特质描述了人的功能上的广泛的规律性或一致性。人格心理学家的任务就是要发现人格的基本特质，设计出测定它们的方法，探索特质的形成过程，确定特质概念是否能对多种多样的情境下出现的个体差异给予令人满意的解释。

特质流派一般不关心对一个人的认识，而更注重于了解处于特质分布曲线某一点上的人的行为如何。特质研究者对预测某人在特定情境下的行为不感兴趣，相反，他们注重描述那些得分处在特质连续体上某一点的人一般会表现出什么行为，因此，一个典型的研究会把在社会焦虑量表上得分较高的人同得分较低的人作比较。研究者也许会发现，平均来说，高社会焦虑的人比低社会焦虑的人在群体情境中谈话较少。但是，特质研究者并不去预测某个人的行为。

1. 奥尔波特的特质理论

奥尔波特把特质视为人格的基本结构元素，为一个特质就是以某种特别方式作出的一种反应倾向。因为特质使许多刺激在"机能上等值"，并把许多适应性和表现性的行为形式聚合在一起，所以一种特质导致反应上的一致性。例如，爱交际的人是友善的、爽快的，这些个体往往认为情境是与人建立关系的机会，而他们很看重自身的人际关系状况。

奥尔波特认为，特质有不同的分类。根据特质的功用，特质是用来描述普遍的人群还是只描述单个的人，可以将特质划分为共同特质和个人特质。在个人特质上，根据关于某特质的描述的广泛性将个人特质划分为首要特质、中心特质和次要倾向。

首要特质表现了一个人生活中无时不在的倾向，他的每个行为事实上都会受到首要特质的影响。比如有的人具有权威性人格，看待问题总是很分明。一般说来,人们这样的首要特质为数不多。中心特质在有限的情境中表现得更为明显,仍然代表了行为上广泛的一致性。次要倾向表示最不明显的最少普遍性和一致性的倾向。

2. 卡特尔的特质理论

由于对日常语言中所用的特质词的分析感到不满意,卡特尔开始考察同组特质词(因素)是否可用问卷来获得。他编制了数千个问卷项目,对大量被试进行了施测,并使用因素分析来确定哪些问卷项目可归在一起。通过对这些数据的分析,卡特尔确定了 16 个因素或 16 组项目,在此基础上发展了"人格 16 因素(16PF)问卷"(Sixteen Personality Factor Questionnaire),用以测量相关特质维度上的个体差异。

卡特尔认为,遗传和环境因素影响特质的形成。在比例分配上,环境作用占了 2/3,遗传占 1/3。他还考察了特质在时间上的发展情况,发现随着个体年龄的增大,特质有相当大的稳定性。

3. 艾森克的特质理论

艾森克和卡特尔一样采用因素分析法来研究特质,但是他比卡特尔强调的特质维度要少,有精神质、内外倾和神经质三个维度,而且艾森克对特质的个体差异与生物机能上的差异进行了大量的相关研究。特质代表的是一个有高低两极的维度,人们可能会处于两极之间的某个位置上。

内外倾维度与社会性和冲动性有关。典型的外倾者好社交,喜欢聚会,有很多朋友,好热闹,凭冲动办事。内倾的人则较安静,好反省,谨慎,熟虑,不作冲动的决策,喜好有规律的生活,不喜欢充满偶然性和冒险性的生活。内倾和外倾的人在机能上也有根本的差异。内倾的人容易受外界影响,对痛疼敏感,较易疲倦,容易接受社会禁忌。在性生活的频率上不如外倾者那样活跃。在学习上,内倾的人更多地受惩罚的影响,而外倾的人更多地受表扬的影响。

对神经质而言,高神经质者倾向于情绪易变并且经常抱怨说很苦恼、很焦虑,身体也常感不适(如头痛、胃痛、头昏)。众所周知,精神质维度的确切性质还不太清楚,但很大程度上与好攻击、冷漠、自我中心、非人化、非社会化、不入俗等倾向有关。虽然这一特质有使人患精神病的可能性,但这与精神病的临床症状是不一样的,往往与创造性有联系。

第二节　士兵个性倾向性的团体心理辅导方案

个性倾向性是指决定一个人的态度、行为和积极性的选择性的动力系统,主要包括需要、动机、兴趣、理想、信念与世界观等心理成分。需要是个性倾向性的基础,也是动机和价值观的基础。需要是普遍的、跨文化的,不同需要具有不同的力量,产生的动力也不同。人们都需要尽其所能,完成自身角色的任务,如军人必须保卫国家、诗人必须写诗、画家就要绘画。

价值观是个性倾向性的最高层次,调节和制约人的需要、动机等个性倾向性成分。每个人都需要一个价值体系,没有价值体系的人往往容易冲动,生活是无意义的。人本主义心理学家马斯洛认为,整个人类有共同的价值观和道德准则,而且这些准则是可以用科学来证实的。"似乎有一个人类的终极价值,一个全人类努力争取的远大目标。不同的作者给它取了不同的名字,如自我实现、自我完善、整合、精神健康、个性化、自主性、创造性、生产性,但他们都一致同意这些都意味着充分实现一个人的所有潜力,也就是说他能彻底成为一个真正的人,充分实现他的一切可能性。"①

每个人必然会寻找自身的自性之光,走向自性之路。

活动　人生价值观大讨论

> **活动目的**

每个人都在追求成为自己的目标,这一点毋容置疑。但是,不同的文化背景下,人们看待世界、人生的观点有了差异,产生了不同的人生价值观。有人以成为伟人作为自己的人生目标,有人则把金钱作为自己的终生奋斗目标。虽然存在一些人类共同的终极价值观,但是普遍上价值观的差异是随处可见的。对战士群体来说,他们正处在人生价值观形成的关键年龄段。在军事化的环境中,战士对"八荣八耻"等带有思想政治教育色彩的人生价值观很熟悉,并以之为最高行为准则。但是,从人的角度分析,战士也会对自身的生活进行思考,并产生自己的观点。

本活动的目的在于帮助战士澄清人生价值观,对个人的生活有更为丰富的思考,并探索人与人之间的价值差异,促进其心理成熟。

> **活动要求**

场地要求:室外较宽敞的场地或空间较大的室内场地。

人数要求:10人以内,适合以班为单位进行。

教具:黑板、纸、笔。

> **时间安排**

120分钟。

---

① 弗兰克·G·戈布尔.第三思潮——马斯洛心理学〔M〕.吕明,陈红雯,译.上海:上海译文出版社,2006.

> ➤ **活动内容**

团体领导者发纸和笔,指导成员写下团体成员的名单①。

根据每个人的感觉,按照成员在团体中的自信程度,排出每位成员的顺序。第一个姓名是在团体中感觉最自信的人,最后一个姓名是最自卑的人。每个成员各自进行评量,避免互相交换意见。

所有成员都完成评量后,成员相互之间互相反馈。

团体领导者发给每个人一张价值工作单,团体成员认真地填写工作单。

成员填写完价值工作单后,将每个成员的自信程度进行综合评量,按照顺序,把成员分为三个小组(最前面的 3 个人,中间的 4 个人,后面的 3 个人)。

要求每个小组探索他们填写价值工作单的结果,分析哪些是被共同接受的,哪些是被共同排斥的;然后,进行讨论,并分享这些价值对自身生活产生的影响。

小组讨论完后,重新聚合为一个大团体,每个小组派代表报告讨论的情况。团体领导者记录每个小组最常接受和排斥的价值,带领整个团体讨论这些价值与自信程度之间的关系。鼓励成员实践新的行为模式,追求个人目标的实现。

> ➤ **团体领导者就本次活动进行归纳和总结②**

团体领导者进行总结,注意指出本次活动中的人生价值观是指偏向于生活方面的人生价值观,而不是政治性的人生价值观,引导成员认识人生价值观的多维与丰富性。由于外界环境不同,个体的人生价值观必然会存在差异,在现实的人际互动中,需要用一种开放的态度去容纳那些与自己的人生价值观不同的个体。

> ➤ **团体价值工作单**

指导语:在那些与自己价值一致的选项前打(√),在那些被自己排斥的选项前打(×)。然后,按照1、2、3的顺序标出自己最能接受和最为排斥的价值。

如果我是＿＿＿,则我是很有价值的。

□主动的	□敏感的	□野心的	□仁慈的	□自发的
□助人的	□服务的	□奉献的	□成就的	□快乐的
□富有的	□有权的	□友善的	□漂亮的	□洒脱的
□健康的	□愉快的	□有识的	□聪明的	□诚实的
□温暖的	□冒险的	□创意的	□支持的	□竞争的

---

① 如果团体成员相互之间不熟悉,团体领导者在一开始就要拿出 10 分钟的时间设计一些热身活动,帮助成员之间相互熟悉,增进情感,以促进团体的发展。——作者注

② 由于战士群体生活与管理的特殊性,大多数团体心理辅导活动是一次性的,对于某些需要重点辅导的问题或对象可连续工作,总体上长程的辅导工作较少见。——作者注

☐高明的　　☐开放的　　☐正直的　　☐优越的　　☐自觉的

☐体谅的　　☐独特的　　☐批评的　　☐谨慎的　　☐深思的

第三节　士兵个性心理特征的团体心理辅导方案

个性心理特征是人的多种心理特征的一种独特组合,它集中反映一个人的精神风貌的稳定差异,在能力、气质与性格方面表现出来。个体能够清晰地认识自身的能力,发挥气质上的优势,克服缺陷,对完善性格具有重要作用。

活动一　我的形容词

➢ 活动目的

每个人都是独特的,有自身行为和心理的特点。另外,每个人都可能会在某一点上表现得和他人不同,有相对典型的行为表现。奥尔波特认为,个体的个人特质可以分为首要特质、核心特质和次要特质。设计一个讨论活动,在团体中帮助战士认识自身的人格特质,对于战士更好地了解自我具有促进作用。

本活动的目的在于以游戏的方式帮助战士认识自己和他人,增进彼此的了解,完善人格。

➢ 活动要求

场地要求:室外较宽敞的场地或空间较大的室内场地。

人数要求:20 人以内,本活动适合以班为单位进行。

教具:黑板、笔、纸。

➢ 时间安排

120 分钟。

➢ 活动内容

团体成员以班为单位分组。团体领导者首先讲解活动的目的,对特质理论进行大概的介绍。

指导语:在生活中,人们难免会评价自己和他人。在评价时,人们经常使用一些形容词,如热情的、好客的、自私的、真诚的等。对一个人,人们往往不会使用过多的形容词,似乎个体只在某个方面会给人留下深刻的印象。把这些描述一个人性格特点的词称为特质。在奥尔波特的特质理论中,一个人身上的特质有首要特质、核心特质和次要特质之分。首要特质是描述个体典型的、经常性的行为,如一谈到诸葛亮,人们就会想到足智多谋,足智多谋就是诸葛亮的首要特质。核心特质是描述一个人经常性的行为方式,如诸葛亮除了足智多谋以外,还有知识、爱才、有谋略,这些就是他的核心特质。在某些特别的情境下,诸葛亮可能还会胆小,胆小就是他的次要特质。

在大家的生活中,当你一想到自己的时候,在你的大脑中立刻会浮现出来的形容词是哪些呢?除了这些立刻浮现出来的,还有哪些你认为也是自己的特点?在那些极其特殊的场合下,你又有什么样的特点?请大家在纸上写下自己的首要特质、核心特质和次要特质。一般情况下,首要特质往往只有 2 项~3 项,核心特质有 4 项~5 项,次要特质只有一两项。

团体成员完成任务后,团体领导者带领战士分享每个人的特点并请班里的其他战士对某一战士的分享进行反馈,并要求在反馈的过程中,一定要真诚和真实,不进行评价,只是客观描述。在战士分享时,团体领导者要认真倾听,对需要支持的战士给予即时的鼓励,如某战士谈到在班里有时不敢表达自己的想法和意见,是因为自己感觉如果自己表达了,不会有人认真听,这时,团体领导者要把战士的特点和班里的情况相联结,探索班里其他人的想法,邀请其他人对该战士给予支持和鼓励,打破内心的幻想,增强该战士的自信心和现实感。

团体领导者结合战士的个人描述和其他人的反馈,对战士的盲点或是需要提醒的方面进行适当的点评或分析,帮助战士接受真实的自我,获得成长。

团体领导者在一个班的战士分享完成后,结合这个班战士的分享,分析班内成员之间的关系互动,并对战士个体的心理如何与影响班内人员之间的互动作一简短分析。

最后,团体领导者统计每个班里能够客观认识自我的战士人数,并对整个班的气氛进行分析与点评,使战士能够站在更高的角度上看整个班内的人际互动,并思考自己在班里人际互动中呈现出的特点及所做的贡献。

活动二 假如我要改变自己

> **活动目的**

人是复杂的。个体对自己的性格有接受的一方面,也有不满意的一方面,他人对自己的评价也是如此。每个人自我接受和自我接纳的程度不同。对于大多数人而言,都尽量追求自身的完美。

本活动的目的在于接纳自我,了解个体的自我期望程度。

> **活动要求**

场地要求:室外较宽敞的场地或空间较大的室内场地。

人数要求:20 人以内。

教具:黑板、笔、纸。

> **时间安排**

120 分钟。

➢ **活动内容**

团体成员围圈而坐。

团体领导者指导语：我们今天要探讨的是比较个人的问题。我们的主题是"假如我要改变我自己"。我们都知道，每个人都有他的优点和缺点，都想保留优点，剔除缺点。然而，世界上没有一个完美的人，只有基于自我实现的需要，让自己比原来更好一点罢了。我们把自己最想改变的那个方面坦诚地表达出来，听听别人的想法。下面，请大家沉默 5 分钟，想一想：假如我能随意改变自己，最希望改变的是什么？为什么？我最希望保留的是什么？为什么？改变的把握有多少？

团体成员轮流陈述。在一个成员陈述完后，其他成员给予反馈。在反馈中，团体领导者要引导成员反馈要客观、中立，不带有评价性质，尊重成员。对一些自我接纳程度较低的成员，团体领导者要引导成员在适当的时候给予鼓励和支持。

团体领导者总结，针对成员的具体情况进行适度的分析。

活动三　优点与缺点

➢ **活动目的**

每个人都有自己的优势与劣势，犹如太阳也有黑子一样。性格的优点和缺点同时存在于个体的内在。有些个体常常忧患于自己的缺点，受困于缺点，希望自身完美，有些个体常常看不到自身的缺点，只能欣赏自我的光环。能够客观看待自己，扬长避短，是心理健康的一条标准。认识自我，就要了解自我。

本活动的目的在于帮助战士了解自身的优点与缺点并理解其来源，不骄不躁。

➢ **活动要求**

场地要求：室外较宽敞的场地或空间较大的室内场地。

人数要求：20 人以内。

教具：纸、笔。

➢ **时间安排**

120 分钟。

➢ **活动内容**

大家围圈而坐，团体领导者介绍本次活动的目的和意义，指出个体在生活中经常会自觉反思，评价自身的行为，并期望自己在任何事情上都做得完美。因为缺陷，所以追求完美。团体领导者引导成员要客观对待优、缺点，尤其是了解缺点，接纳缺点。

团体领导者要求成员在纸上写下父母的优点和缺点,再写下自己的优点与缺点;然后思考自己的优点、缺点与父母优、缺点之间的内在联系。

成员分享。

团体领导者以某成员为例,解释父母的性格与教养方式如何影响子女的成长。如某成员感到自己有爱心,但是有时过度善良,不敢和人讨论或发表自己的意见与见解,认为如果发表了不同于他人的意见,可能就会导致争吵。在父母的优、缺点上发现母亲的优点是善良,生活中不与人争论,尽量以和睦为主。母亲经常教育该成员(男性)要与人为善,不和人争吵,能忍则忍,能让则让,使得该成员产生一个信念,就是不能和人有冲突,哪怕是言语上的观点不一致。但是在该成员内心,隐藏着大量的不满和愤怒,甚至是委屈,由于真我和假我之间的矛盾,内心的冲突无法处理,使该成员在现实与人交往中,经常是压抑自己的愤怒与人和善来往,久而久之,对自己越来越不满意,对他人也越来越不满意。

团体领导者设定团体规则,如有成员在分享时,一定要认真倾听,不能取笑或嘲笑他人,不要评价他人的发言内容。

在成员分享后,团体领导者总结。阐述家庭,尤其是父母对自己性格的影响。留下家庭作业,请成员在与父母沟通时,和父母讨论在教育子女的过程中,父母的想法与愿望,进一步帮助成员理解自己眼中父母的优、缺点,最终促进成员与父母之间关系的发展。

活动四　我的人格类型

➤ 活动目的

个体之间必定会存在差异,每个人都是独特的。按照"九型人格论"的观点,世界上60多亿人,尽管他们的国籍、种族、职业、地位各不相同,但人格只有9种类型,分别是完美型、助人型、成就型、自我型、理智型、忠诚型、活跃型、领袖型与和平型。无论哪种类型的人格,都没有好坏之分。哪种人格类型的人都有可能成功和失败,关键在于如何对自己进行把握。

本活动的目的在于帮助战士了解自己的人格类型,并掌握如何发扬优点和克服缺点的办法,学习如何与其他类型的人相处,创造成功的机会与条件。

➤ 活动要求

场地要求:室外较宽敞的场地或空间较大的室内场地。

人数要求:20人以内。

教具:纸、笔、九型人格测试问卷。

➤ 时间安排

120分钟。

> **活动内容**

大家围圈而坐,团体领导者介绍本次活动的目的和意义,介绍九型人格的特点。每人一份九型人格测试问卷①,要求成员在 20 分钟之内完成。根据测试结果,成员依次分享人格类型。在成员分享中,团体领导者结合成员具体情况进行分析和指导。

团体领导者总结。人都有了解自我的渴望,都有基本欲望和基本恐惧。不同性格的人看待世界的方式不同,使用不同的方式进行自我保护。了解自己和他人的人格类型,可以有效地了解人际关系冲突的来源,促进团队管理。

第四节　士兵自我意识的团体心理辅导方案

认识自我,揭开自我之谜是特尔菲神殿上的古训。自知是智慧的开始,离开自知,学习只能导向无知、争斗和悲伤。对个体而言,世界分为内部世界和外部世界。在某种意义上,内部世界比外部客观现实更重要。认识自我是返回个体内在现实的过程。在某种意义上,心理辅导或心理治疗就是帮助那些寻求帮助的个体找回自我的过程。

活动一　我的自画像

> **活动目的**

认识自我是一个人的终身课题。在现实生活中,不是每个人都能够清晰地了解、认识自己,每个人对自己的认识必然会存在盲区。在心理健康领域,了解自我是心理健康的一条标准。战士的生活具有群体性的特点,相互之间交往密切,人际关系既简单又复杂。

本活动的目的在于帮助战士认识自己、了解自己、接纳自己,完善人格,从而更好地开发自身的潜能,在军营建功立业。

> **活动要求**

场地要求:室外较宽敞的场地或空间较大的室内场地。

人数要求:20 人以内。

教具:纸、油画棒或水彩笔。

> **时间安排**

120 分钟。

---

①　九型人格测试问卷由 144 个题目组成,此处问卷具体内容略。——作者注

112

➢ **活动内容**

　　大家围圈而坐,团体领导者介绍本次活动的目的。首先提出自我认识的问题,讲解认识自我,了解自我的重要性,通过故事"斯芬克斯之谜"来说明,以故事开场吸引团体成员的注意力和兴趣。随后,请每位成员介绍自己的名字、兴趣爱好和描述自己性格的一个形容词。

　　以班为单位进行分组,大致的划定每个组的活动区域。

　　指导语:今天,我们在一起做一个活动,要求大家在 30 分钟之内在白纸上画出你的自画像。也许有人会困惑,我不会画画,担心画得不好。没有关系,我们不是画家,不是在评比谁画得好,谁画得差,只要你认真地画就可以。大家画完后,每个组的成员分别向本组其他成员介绍自己的自画像,分享在画的过程中自己内心的感受和想法。

　　团体领导者讲评与分析。每个成员的画代表了绘画者对自己的看法和认识。每个人画的画像都是不一样的,有的写实,有的抽象。画中形象的大小、比例、色彩、位置以及整体感觉都不同程度地揭示了绘画人的潜在的人格信息。根据相应的指标,如画像的大小、位置等,把成员的自画像大致归类。

　　在分析和讨论中,团体领导者需要注意的是在团体中对单个成员的分析不宜太深入,点到即止,对于在绘画中发现的比较严重的问题可以在事后找当事人进行了解和讨论,做个别辅导。

活动二　我是谁

➢ **活动目的**

　　在现实生活中,人们往往忽略了自己内心的愿望与真实的想法,内心的声音被具体而纷繁的事件所淹没。在每个人内心,都会存在一个核心自我,这个核心自我也许是清晰的,也许是模糊的。通过认识自我,澄清自己的内在核心,可以帮助个体更加了解自己,明确生活目标,实现梦想与愿望。

　　本活动的目的在于帮助战士澄清内心的想法与感受,减少防御,促进其心理健康。

➢ **活动要求**

　　场地要求:室外较宽敞的场地或空间较大的室内场地。

　　教具要求:纸、笔。

　　人数要求:20 人以内。

➢ **时间安排**

　　120 分钟。

➢ **活动过程**

　　团体领导者首先给参加人员讲解认识自我的重要性,激发每个人认识自我的好奇心,可以使用心理咨询案例分析的方式说明认识自我对个人发展和成长的重要影响。

按班分组,每个班为一组。给每个组布置任务,要求在30分钟内依次完成,任务内容:在纸上写出我是谁的答案,至少写出8个角色,以及我想干什么、我能干什么、我想要干什么、我喜欢什么、我最感兴趣的是什么,完成什么样的工作,让我最有成就感、我最不能放弃的是什么。写完后,每个班进行分享,结合现实生活实际,班里的其他成员可以对某一个人分享的内容进行反馈,帮助个体成长。在活动过程中要求每组成员独立完成,不能和其他成员商量,在分享时要求成员注意倾听他人,并对敢于分享的成员进行鼓励。

团体领导者进行讲评与分析。结合每个班的具体情况,团体领导者根据实例,进行分析,讨论个体内心的自我形象与现实生活的联系,启发个体如何在现实生活中调整自我观念,积极进取,适应环境。引导成员发现内心的真实自我意象,并结合部队生活实际,进行适当的调整,使理想和目标成为可能。此外,对发现需要重点帮助的战士进行深度的接触与疏导。

请成员分享自己在活动中的感受与体会,强调在战士发言时不允许评价和使用带有攻击性的语言反馈。

工作填写单:

1. 我是谁＿＿＿＿＿＿＿＿＿＿＿＿。
2. 在部队,我想干什么＿＿＿＿＿＿＿＿＿。
3. 在部队,我能干什么＿＿＿＿＿＿＿＿＿。
4. 在部队,我要干什么＿＿＿＿＿＿＿＿＿。
5. 在部队,我喜欢什么＿＿＿＿＿＿＿＿＿。
6. 在部队,我最感兴趣的是什么＿＿＿＿＿＿＿＿。
7. 在部队,完成什么样的工作,让我最有成就感＿＿＿＿＿＿＿＿。
8. 在部队,我最不能放弃的是什么＿＿＿＿＿＿＿＿。
9. 在部队,什么因素对我影响最大＿＿＿＿＿＿＿＿。
10. 在部队,哪个人对我影响最大＿＿＿＿＿＿＿＿。

活动三 理想我与现实我

➤ 活动目的

在现实生活中,人们往往对自己有个理想的想象,经常会幻想未来的自己能够做些什么样的事情。在专注于幻想的同时,会忽略现在的自己、真实的自己。一般情况下,每个人的理想我与现实我之间必定会存在差距,如果过度地把这种差距夸大化,个体会感到理想我遥不可及而悲观失望,否定自我。

因此,本活动的目的在于帮助战士正确认识现实我与理想我之间的差距,理性地接受现实我,提高战士的心理健康水平,使战士能够脚踏实地地工作和学习。

➢ **活动要求**

场地要求:室外较宽敞的场地或空间较大的室内场地。

教具要求:纸、笔。

人数要求:20人以内。

➢ **时间安排**

90分钟。

➢ **活动过程**

团体领导者讲解理想我和现实我的概念,分析理想与现实的关系,让参加者领悟到并不是所有的理想都可以百分百地实现,在理想与现实之间差距必定会存在。理想与理想我、现实与现实我是相互关联的。

每个人都希望理想的自己是完美无缺的,能够掌控一切,而实际上,每个人都有渺小的一面,都有缺陷和不如意的一面,接受自己就是要接受自己的缺陷和渺小,接受理想我与现实我之间的差距。

按照班进行分组,每个班为一组。每个班的成员在白纸上分别写下自己的理想中的自己和现实中的自己,然后结合现实的学习和训练任务,分享自己在部队生活中的具体状况,理想我在不同的内容上的要求和现实我的实际情况,找出二者之间的差距,探讨调整的方法与技术,尽力朝向理想我努力,使自己更喜欢和接纳自己,让自己有成就感,增强自信心,保持愉快的心情。

团体领导者进行讲评与分析。结合每个班的具体情况,团体领导者根据实例,进行分析和讨论,帮助每个成员正确理解理想我与现实我之间的差距,个体内心的自我形象与现实生活的联系,在生活中主动发现对自我的理想化的部分,追求的目标内容以及与现实的差距。引导成员不慌乱、不焦虑,稳中求进。

请每个成员分享自己在活动中的感受与体会。

工作表:

对自己现实自我的认识与评价

外貌		
能力		
成就		
性格		
其他		

对自己理想自我的认识与评价

外貌		
能力		
成就		
性格		
其他		

活动四　小小动物园

➤ **活动目的**

　　虽然大多数人都渴望对自己有个完整的了解,但是这不是一个简单的课题。由于各种各样的原因,人们经常使用压抑、逃避、合理化的方法来逃避痛苦,戴上多种面具,表现出"假我"。戴的面具越多,他人对我们越不了解,我们对自己也会越来越迷茫。

　　本活动的目的在于帮助战士认识了解自己,以及促进相互之间的了解。

➤ **活动要求**

　　场地要求:室外较宽敞的场地或空间较大的室内场地。

　　教具要求:纸、笔。

　　人数要求:20人以内。

➤ **时间安排**

　　120分钟。

➤ **活动过程**

　　团体领导者发给每人一张白纸和一盒彩笔,请大家在上面画一种自己认为和自己最像的动物,根据每个人所画的动物,重新组合小组。

　　在每个组内,成员相互认识。

　　团体领导者邀请成员思考自己为什么像自己所画的动物? 它的什么优秀品质是自己所拥有的? 在日常生活中,发现这些品质对自己渡过难关有什么帮助?

　　团体领导者总结。

第七章　士兵情绪和情感的团体心理辅导

如果你憎恨某人,你必定憎恨他身上属于你自己的部分。与我们自身无关的部分不会烦扰我们。

——赫尔曼·黑塞

爱是一门艺术吗?如果爱是一门艺术,那就要求想掌握这门艺术的人有这方面的知识并付出努力。

——艾·弗洛姆

第一节　情绪和情感

俗话说,人非草木,孰能无情。情绪情感是人的本能,具有生物性和生存价值,因而在进化过程中得以保持。对于本能,荣格认为"本能是典型的行为模式,任何时候,当我们面对普遍一致、反复发生的行为和反应模式时,我们就是在与本能打交道,而无论它是否与自觉的动机联系在一起。"①情绪与人类生活深层地联系着,精神力量只有适当地唤醒情绪才具有意义。情感是人精神生活的重要组成部分。

情绪和情感带有个人的主观色彩,和理性相区别,而且情绪情感和感受、欲望、需要之间密切相关,有时很难进行严格的区分。情绪是人类生活的主题,通过情绪,感受和分享共同的人性。

与心理学教学相比,心理治疗更关注人的痛苦,并对痛苦进行理论上的研究与临床上的治疗。在心理治疗室中,往往弥漫着痛苦的味道,害怕亲密、失望、绝望无助、嫉妒、不信任与悲伤。这些情绪与情感体验都是个体生活中的重要内容,并且对个体行为产生重要的影响。处理和修复个体的这些负性情绪是心理治疗工作的重要内容之一。

---

① 冯川.荣格文集—让我们重返精神的家园〔M〕.冯川,苏克,译.北京:改革出版社,1997.

一、情绪和情感的功能

情绪和情感是人类适应生存和生活的精神支柱,是心理活动的重要组成部分,对每个人的现实生活和精神生活都起着重要作用。

1. 适应功能

无论是从种族发展还是个体发展的角度上看,情绪都具有适应的特点。

从种族发展的角度来看,情绪是在进化过程中逐渐产生和发展起来的。在适应环境的过程中,高等动物的表情和情绪得以逐渐发展。喜、怒、哀、惧是四种基本情绪,都与高等动物的生存需要相联系。在生存需要得到满足时,它们会咧嘴笑,产生愉快的情绪,当处于危险情境时,会恐慌、发怒或悲伤。

从个体发展的角度看,婴儿在饥饿、身体不舒适时用哭来表达愤怒和不满,希望得到照顾,这是最具特征的适应方式,随后逐渐发展微笑等社会性情绪。长大后,个体学会了主动地调节情绪以适应社会环境。

2. 动机作用

动机是促使行为发生的因素。情绪和需要密切相关,需要不被满足时,就会成为激发个体行为的动机。随着动机与需要的满足与否,产生不同的情绪,如被满足则快乐,不满足则痛苦,甚至在寻求过程中因遭遇阻碍打击,更可能产生恐惧、沮丧等复杂情绪。情绪本身也具有动机功能。比如,恐惧可以是动机,引发个体的逃跑或攻击行为,也可以是面对危险情境产生的情绪。

3. 组织作用

情绪和情感这种由需要的满足情况引起的特殊心理活动,对其他的心理过程有影响。感知、记忆和思维等认识过程是主体对事物本身的反映,而情绪和情感是对此反映的一种监测系统,具有调节、组织的作用。

在知觉方面,会促进知觉的选择。知觉是有选择性的,而情绪的偏好是影响这种知觉选择性的因素之一。例如,婴儿大都喜欢红色,红色物品最能引起他们的注意而成为知觉对象。在监视信息移动方面,情绪状态好的时候,对事物注意的就多,且坚持时间长;反之,则会视而不见,无精打采,难以保持长久注意。在工作效率方面,一般地说,对喜欢的事物,容易印象深刻而记忆效果好;而对不喜欢的东西,记忆起来就十分困难,往往效果就差。

4. 信号作用

情绪和情感是人际交流的重要手段,是影响人际关系的一个重要因素,在人际交往中起着信号作用。通过个体表现和表达出的情绪情感,尤其是外部表情,人们会获得关于个体的一些信息,从而判断他的爱好、兴趣与态度,选择恰当的方式与其交往,建立一种和谐的人际关系。

二、情绪成熟的路程

达尔文认为,情绪语言对人类福祉至关重要。情绪表征了人类的生活,又构成了人类的生活。然而,并不是每个人先天地具有调整情绪的能力。朗恩和爱瑞斯提出,在临床上情绪的成熟要经历不成熟的自我、互动的自我和超越的自我三个阶段。

1. 不成熟的自我

每个人的童年都充满了不成熟的自我。对婴儿来说,出生后的环境是陌生的,自我失去了掌控感。在这个阶段,婴儿会产生爱与恨的情绪,婴儿对父母的敌意或拒绝会以分裂的方式去处理。如果婴儿的需要没有被满足,或被无情地推入到不能满足他的世界,婴儿可能会体验到被剥夺,或对他人感到不满意、不宽容①。当个体面临新的开始或退缩时,也会体验到"不成熟的自我"。在某种情绪的搅动下,个体内心感到痛苦,渴望消除这些痛苦。

虽然我们了解情绪产生于神经系统,但是在心理治疗中,产生情绪的动机和需要、创伤与分离是关注的焦点。在初始访谈中,来访者可能会感到害羞、尴尬等羞耻性体验。因此,治疗师共情的失败可以导致来访者的焦虑和引起创伤反应。

共情是自我与他人中的自我之间的共振。在心理治疗中,意识层面的对话是浅层的,在深层次上的情感交流,需要通过语言和非语言的信息逐步地建立情绪的同步性,从而可以实现共情。治疗师的包容与抱持可以修复来访者内心分裂的体验。温尼科特认为,治疗师创造了"抱持性环境",代表了母婴之间的关系。

2. 互动的自我

情绪与需要是治疗师与来访者之间治疗关系的核心。在互动的自我阶段,来访者最先出现的情绪是伤害、愤怒、喜爱、感激和嫉妒。个体能够表达的情绪是社会文化所接纳的情绪,有些情绪在社会中比较难于表达。

在治疗中,来访者的情绪不断地从无意识中涌出,需要不断地分化,假性自体开始逐渐分解,来访者开始培养体验式的爱,情感不稳定。在与社会的联系中,还将产生更为复杂的情绪,如耻感、幽默与兴奋。对于一些个体难以忍受的情绪,如遗弃恐惧、焦虑,个体本能地进行防御。心理治疗的任务就是要个体找回这些被冻结的情绪和需要,使个体能够找到真实的自体,减少假性自体的影

---

① Dawn Freshwater・Chris Robertson. 情绪与需要〔M〕. 潘成英,译. 北京:北京大学医学出版社,2008.

响,去除不必要的人格面具。假性自体的分解象征着自我的死亡。

在婴儿的心理发展上,如果婴儿的需要没有被满足,则会产生强烈的受挫感,在后来给予满足时,婴儿不会把对需要的唤醒作为一种快乐体验的来源。在治疗过程中,来访者叙述的故事必定会包括所有的情绪体验。

在互动阶段,来访者能够找到与外界现实联系的通道,并且体验到内心不被社会接纳的情绪和需要,与外界现实越来越接近。

3. 超越的自我

随着治疗的进展,来访者的情绪逐渐地从深层中脱离,接近来访者自己的感受,如内疚、空虚、欢喜和成熟的爱。不同的治疗学派对情绪有不同的处理方式。精神分析学派强调个体与母亲的分离而产生的强烈"挫败感",个体因分离会产生悲伤、愤怒和焦虑。客体关系学派强调个体与他人之间的联结,关注孤独、空虚和渴望。

悲痛和渴望是一种辩证的关系,个体失去理想化的双亲影像,产生强烈的悲痛,从而渴望能够主宰自己的生命。自我分解后,开始重新建构,用一种崭新的观点来恢复自己的行为模式。这样的过程是反复循环的,情绪在升华和过渡中得以完成分解与更新。

在这个阶段,个体会面临分离,发展联系。当个体不能忍受分离,产生强烈的焦虑情绪,分裂就进入这个阶段。

三、几种主要的情绪情感

1. 焦虑与恐惧

焦虑是精神分析理论中最重要的概念之一,是理解人的心理活动的一把钥匙。人们所要关注的是焦虑的意图和目标,焦虑对交感和副交感神经的影响并不十分关心。

焦虑通常是指有机体在当前遇到一些危险时所产生的一种特殊的、不愉快的紧张状态。最严重的焦虑反应是惊恐攻击,这些攻击包括强烈的忧虑、恐惧或恐怖的突然发作,有时还会体验到死亡的逼近。弗洛伊德认为,在压抑中,本能的代表是被歪曲的、被移置的,等等,而属于本能冲动的力比多则被转换成焦虑。

每个人都会不时地体验到焦虑状态,并且能够意识到自己处于焦虑状态。焦虑都是有意识的,没有无意识的焦虑。弗洛伊德将焦虑分为现实性焦虑(或客观性焦虑)、神经性焦虑和道德性焦虑。这三种焦虑没有性质上的不同,本性上都是令人不快。在产生的根源上,三种焦虑各有根源。现实焦虑是对外部危险的知觉反应,即一种预料到的或可预见到的伤害,危险的根源在于外界,如人们害怕毒蛇、猛兽。神经性焦虑是人们害怕自己被不可控制的冲动或念头支配,这些冲动或念头来自于本我中的本能内容，由于不符合社会伦理规范而担心对自己不利。在道德性焦虑中，焦虑的来源是超我系统中的良心。人们担心自己的行为或思想不符合自己的道德标准而受到良心的谴责与惩罚。

在焦虑状态，个体一般都会产生身体上的反应，如心跳加快、呼吸局促、口干舌燥、手心出汗、失眠等，在心理上感到紧张不安、不快乐、心神不宁，无法专注地做一件事情，有莫名的恐慌感。个体不一定都能够意识到具体的令他感到焦虑的事物。比如，一个害怕看别人眼睛的人，认为自卑而不敢看别人的眼睛，实质上真正恐惧的是担心在看别人的眼睛时内心产生报复、伤害他人的想法，而个体被自己的这种想法所震惊，由于害怕而把它压抑到无意识中。一种焦虑状态可能有不止一个根源，可能是神经性焦虑和现实性焦虑的混合，或是道德性焦虑和现实性焦虑的混合，或是神经性焦虑和道德性焦虑的混合，还可能是所有三种焦虑的混合状态。

鲍尔比认为，病理性焦虑往往是由早年创伤的唤起导致的。这些创伤和依恋感密切相关，在早年母婴关系中，婴儿与母亲依恋的中断或丧失对婴儿来说是个创伤，而一旦在成年生活中唤起这些创伤体验，成年人会体验到焦虑。

克莱因则认为，婴儿出生是一种创伤，婴儿出生后会产生强烈的受迫害焦虑，这是焦虑的第一个形式。婴儿出生前(胎儿)处在一种安全的状态，母婴是一体的。母亲的心理和身体状况会对婴儿的安全状态产生影响，虽然有些因素可能还没有被探讨。胎儿由于感受到受迫害焦虑，导致不愉快的情绪体验，同时在子宫中产生不同的感觉，出生后把母亲划分为好的和坏的乳房，形成爱恨交织的双重关系。

面对焦虑，个体一般会采取下面的应对方式：

（1）把焦虑合理化。其实质是把焦虑转变为一种合理化的恐惧，并不能从根本上消除焦虑。一个对死亡感到恐惧的人如果把焦虑合理化，会认为只不过是过度关心自己的健康而已，在内心不愿意意识到焦虑的实质内容，幻想不需要改变自己的态度，同时又要设法得到只能由这种改变得到的好处。

（2）否认焦虑。它根本否认焦虑的存在，把焦虑完全排除在意识之外。否认焦虑并不能真正摆脱焦虑。伴随焦虑，个体会表现出生理现象，如颤抖、流汗、心跳加快等，并且通常没有任何生理上的原因。在心理方面，则表现为烦躁不安、容易冲动。人们在生活中也会不自觉地否认焦虑，有意识地战胜焦虑。对于神经症患者而言，也同样会不自觉地战胜焦虑，而且会对焦虑表现出不顾一切的控制。他们对感受到的攻击有夸大的倾向，从而渴望克服内在的胆怯。

（3）麻醉自己。一些个体在面对焦虑时，有意识地采用酒精、药物等来麻醉自己，暂时地逃避焦虑。同样，虽然性行为成瘾、过度工作和过度睡眠不能帮助个体改变真实的处境,但是,对于一些人而言,使用这些方法可以暂时地缓解焦虑,降低压力感,甚至是有些个体沉溺于这些方式中不能自拔。

(4)避免一切可能导致焦虑的情境、思想和感受。个体对焦虑的觉察并不在一个层面上,有的完全能够意识到焦虑的存在,并极力地去控制它,有的仅仅是模糊地感受到焦虑和应对焦虑的方式,有的对焦虑没有意识,也体验不到缓解焦虑的方式,完全是在无意识中进行。

和焦虑一样,恐惧也是内心的一部分。恐惧与焦虑之间密切联系,恐惧与焦虑都是对危险的一种情感上的反应,这种反应是恰当的,一般会伴随生理感觉,如颤抖、心跳加快,在某些情境下,突然的、巨大的恐惧感可能会致人死亡。

恐惧和焦虑也有不同之处。恐惧是一个人对自己不得不面对的危险做出恰如其分的反应,而焦虑则是对危险的不相称反应,或甚至是对想象中的危险进行的反应。但在恐惧的情况下,危险是显而易见的和客观外在的;而在焦虑的情况下,危险则是隐而不露和主观内在的。这就是说,焦虑的强度和情境对人的意义呈正相关。因此,对于处理焦虑情绪而言,单纯的劝说是无效的,因为产生焦虑的根源在于个体的内在世界,而不是现实生活中的危险情境。

人类一直在寻找各种各样的方法同恐惧做斗争,如宗教、科学、巫术等。人们尝试培养能够和恐惧抗衡的所有力量:勇气、知识、信任、爱。对个体而言,每个人都有自己独特的恐惧,有的人害怕地下室,有的人在空旷的广场中会极度恐惧,还有的人一想到要到室外去就会感到心悸恐慌,以至于不能出门。恐惧既和人们的成长经历密切相连,也与人们先天的气质有关。

弗里兹·李曼认为,恐惧有四种原型:

(1)害怕失去自我,避免与人来往。具有分裂人格特征的个体常常会体验到这种害怕失去自我的恐惧,他们不依赖任何人,不需要任何人,也不信任任何人,害怕与人亲近,害怕付出。内心的恐惧足以令他们逃离一切情境。

(2)害怕成为独立的自我,害怕被抛弃。对分离的恐惧使得他们害怕表现自己内心的真实想法,设身处地为他人着想,对他人乐于奉献自己。害怕孤单与寂寞,爱人胜过爱自己。由于恐惧,他们很难拒绝他人,过度依赖他人,失去了相对的自我价值。

(3)害怕改变,墨守陈规。他们追求永恒与安全,依赖于熟悉的东西,害怕新鲜的事物,害怕改变和消逝。由于极度害怕,他们甚至会"存货",一旦失去或改变,就会极度恐慌,消失会使他们想到死亡。

(4)害怕既定的规律,专断自为。他们害怕既定的人、事、物,害怕束缚,喜欢自由,渴望追求满足,难以忍受等待。对于新鲜的事物,他们极力追求,并且远离规则。对待未来持开放的态度,似乎一直要摆脱既定的规范。

2. 抑郁与哀伤

早在公元前4世纪,希波克拉底就对抑郁有过详细的描述。

在抑郁状态中,个体的动机、思维以及身体机能都会发生很大的变化。抑郁的个体自我感觉完全被剥夺、自我完全缺乏,甚至是将自己描述得一无是处,渺小而无能甚至可鄙。他们自责自怨,并且觉得自己应该受到惩罚。在众人面前他们常将自己贬到最低,为自己的卑微感到抱歉。他们不仅不对其所受到的不公正的待遇产生异议,而且还将对自己的批判思维延伸到过去,并悲哀地认为自己再也不可能获得更好的结局。

弗洛伊德将抑郁和哀伤进行了区分与联系。他认为,抑郁和哀伤都是以发生某个生活事件为前提。丧失某个亲密的人、失去自由和理想等会导致哀伤的反应。抑郁是以严重创伤后的精神表现为特征,对外界的兴趣减弱、爱的能力丧失及所有能力受限及自我价值的丧失,伴随着自责和自怨,甚至出现带有妄想性的惩罚期待。

在哀伤状态下,现实检验表明了爱的客体不再存在,需要将以往所有的相关力比多从中拔出,而这时会出现严重的混乱。观察表明,多数人在此时很难离开原来的力比多位置,以至于替代性客体转换出现困难,严重的对现实的偏离及对客体的执着可导致妄想性的欲望精神病。

在亲密客体丧失后也会出现抑郁的反应。但是这种丧失是一种想象性的丧失,比如作为爱的客体,它并没有真的丧失,而是不复存在了(如离异)。在另一些情况下,人们会感到某些东西不在了,却无法说清楚是什么,或是在某个客体消失之后产生抑郁,然而当事人却不清楚,自己在这个丧失的客体身上失去了什么。

弗洛伊德认为,抑郁症的临床表现首先应该理解为自我在道德上沦陷的结果:躯体不适、仇恨、虚弱和社会自卑感等为自我评价降低时躲在疾病背后的表现,恐惧和生病为主要表现。抑郁个体对自己的指责实际上是关于他所爱的客体的,而这又以指向自我的形式呈现出来。

抑郁个体一方面存在着对所爱客体的固着,而另一方面又有试图摆脱对客体投注的矛盾。由于曾经发生过客体选择,但是在与客体的关系中对客体产生一些蔑视和失望,使得个体与该客体的关系受损。然而个体并没有将力比多从该客体中撤回并移至新的客体之上,而是转向了自我。且这部分力比多并未以通常的方式被使用,而是被个体的自我用于建立对丧失客体的认同。这样,客体的丧失就变成了自我的丧失。同时,自我与被爱客体之间的冲突就转化为自我批判结构与自我认同客体的部分(即被投影部分的自我)之间的冲突。

在有些情况下,抑郁会突然转变到躁狂状态,或是抑郁与躁狂交替发生。躁狂是与抑郁完全相反的状态。个体在躁狂状态下,自我战胜客体的丧失,脱离了让他痛苦的客体,他极度地想要找个新客体来投注自己的能量。

因此,弗洛伊德认为,抑郁有三个前提,即客体的丧失、矛盾和力比多退行到自我,通常在死亡事件后的强迫自责中很容易发现前二者。

亚伯拉罕是弗洛伊德的学生,也对抑郁进行了研究。亚伯拉罕认为,在母子关系中,核心概念是"坏"妈妈。在抑郁的病理学起因上,他认为,婴儿在内心渴望有个"好"妈妈,但是现实中,婴儿经验到的是个"坏"妈妈,因此,指向母亲的无意识中的恨是导致婴儿抑郁的核心因素。这一观点在弗洛伊德的《哀伤与抑郁》出版之前就已经在他对画家 Giovanni Segantini 的研究中描述过了。

3. 愤怒与暴怒

愤怒与暴怒具有较大的伤害性,往往产生破坏性的结果。

阿德勒认为,在追求权力和优势的人身上很容易看到愤怒。个体在感受到一点点地被贬低时,就会发怒,并且相信通过愤怒可以制服或控制对方。愤怒的产生和个体的文化知识水平没有必然的联系,偶尔的发怒和建立权威地位有一定的关系。

在某些情境下,愤怒是合情合理的。对于有些个体来说,愤怒是一种习惯性反应,他们只能采用愤怒的方式来处理和解决问题。他们通常是一些高傲、敏感的人,不能忍受与人平等和低人一等,他们必须要使自己高人一等,才会感到愉快和安全。他们时刻保持警惕,防止别人靠近,同时对他人的评价比较敏感。对他们来说,要去信任一个人是非常困难的。易怒的人担心自己在工作中不能完美表现,因此不敢尝试很多事情,被周围环境所拒绝,他只知道使用比如摔东西这样的方式,因为摔东西会让周围的环境感到痛苦与无奈。在他们内心具有要伤害环境的欲望,摔东西的行为总是不可控制地发生,让人相信这是有计划的,不是偶然发生的。

愤怒的个体对外界的敌意态度非常明显,几乎完全忽视和否定了社会感。情绪和情感是性格的分析表。性情暴躁的、愤怒而尖刻的个体既是社会的敌人也是生活的敌人,而且对权力的追求是建立在自卑感的基础上的。在勃然大怒中,彰显了强烈的自卑感和优越感。

科胡特则从自体心理学的角度对暴怒进行了分析与论述。科胡特写到:"被自恋暴怒所困的人显示出……想去掩盖这无法修正的攻击期望……以对抗夸大自体及当失去对镜映自体客体的控制,或者当全能自体客体无法获得时所引发之无可饶恕的愤怒。"[1]

---

[1]　Marjorie Taggart White, Marcella Bakur Weiner. 自体心理学理论与实务〔M〕. 林明雄, 林秀慧, 译. 台北: 心理出版社股份有限公司, 2002.

科胡特认为,夸大自体是孩童企图重新获得失去的幸福状态的方式之一。全能、夸大和表现癖是夸大自体的特征。自恋暴怒,不管它以何种形式发生,都表现为去报复或触怒他人的冲动和想要去达成这些目标的驱策力。引发自恋暴怒的通常只是一些微小的刺激。自恋暴怒是一自体客体失败后的结果,它包括了复仇的需求或再装借以对抗自恋侮辱。它不像一般正常的愤怒和攻击,侮辱结束的时候它也不会满意,会不顾对自己或他人的危害去寻求摧毁挫折的源头。由于它的不计后果性,这种状态也被视为盲目的怨恨。盲目的怨恨是以一种复仇的敌意和人身或语言暴力的爆发反应来面对某类的侮辱。

科胡特认为,某些自我残害与自杀都可看作转而对抗因为不完美而羞愧的自体所导致的自恋暴怒。在自残中,身体——自体不被接纳的部分被经验为一种折磨人的负担,而且必须去除。由于不能忍受折磨人的空虚感与死寂感,或是深沉的羞耻感而自杀。

4. 嫉羡与感恩

在精神分析理论中,克莱因对嫉羡与感恩进行了详细的阐述。克莱因对嫉羡与感恩的最早来源很感兴趣,认为其来源于心理发展早期,在《嫉羡与感恩》中分析了嫉羡与感恩的产生。她认为,在婴儿对乳房的初始关系中,外在的环境起着不可或缺的作用。如果婴儿出生时遭遇困难,如缺氧,婴儿与乳房的关系就会在不利的情况下开始,无法充分内化一个好的客体,导致婴儿适应外界环境的困扰。同时,即使是快乐的喂养情境,也无法完全取代婴儿在产前和母亲一体的感觉。不可避免的委屈伴随着快乐的经验,增强爱与恨之间与生俱来的冲突。

嫉羡是对另一个人拥有、享受某些欲求的东西感到愤怒,嫉羡的目的就是要去夺走它或毁坏它,甚至是指只介于主体和某人之间的关系,并且是返回最早与母亲的排他关系。嫉妒基于嫉羡,至少有两个人参与了嫉妒的关系,嫉妒关心的是主体感觉应该是自己应得的爱,却被对手从自己身上夺走,或是陷入被抢走的危险中。

贪婪是一种贪得无厌的强烈渴求,远超过主体的需要和客体所能够和愿意给的。在潜意识层次,贪婪的目标在于完全掏空、吸干、吃光乳房,是破坏的内摄。嫉羡不只是寻求这种方式的掠夺,也把坏东西放入母亲体内,比如坏的自体,尤其是放入母亲的乳房,以便毁坏、摧毁它,摧毁它的创造力。二者的差异主要在于嫉羡和投射有关,贪婪和内摄联结在一起。由于嫉羡的目的在于寻找一个可以聚焦的客体,因此容易嫉羡的人是永远不能被满足的,是贪得无厌的。

嫉羡毁坏了原初好客体,并更加推动对乳房的施虐攻击。受到攻击的乳房开始变"坏"。嫉羡会毁坏享受能力,这在某种程度上解释了为何嫉羡如此持久,因为正是所产生的享受和感恩缓和了破坏冲动、嫉羡和贪婪。嫉羡摧毁了原初客体的感觉,减少了个体对后来关系的真诚信任,怀疑自己是否具备爱和美好的能力。因此,嫉羡是最坏的罪。

爱的能力的一个重要衍生物是感恩的感觉。在与好客体建立关系的过程中,感恩是基本的,感恩之下是对他人和自己的美好感到欣赏与感激。只有当爱的能力被充分发展,婴儿才能经验到完整的享受,正是享受奠定了感恩的基础。婴儿在哺乳期间,被哺乳的经验是所有幸福快乐的基础,个体与他人成为一体的感觉成为可能。

在婴儿喂食过程中,如果婴儿经常不被干扰地喂养,享受吸食乳汁的过程,对"好"乳房的内摄会伴随着相当的安全感。婴儿认为,对乳房全然满足是爱的客体送给自己的一份独特礼物,而他想保留这份礼物,这就是感恩的基础。感恩和对好形象的信任密切相连。

感恩和慷慨大方相联系。个体内化好的客体,可以和他人分享礼物,从而内摄一个更加友好的世界,随之产生一种丰富的感觉。婴儿对乳房的强烈嫉羡,妨碍了享受的能力,因此阻碍了感恩的发展。

每个人在一生中都会经验嫉羡和怨恨的情绪,并且这些情绪的强度和个体适应的方式存在较大差异。

爱的能力推动了整合倾向。具有较强爱的能力的婴儿比较不需要理想化,过度的理想化象征着迫害焦虑,是主要的驱动力量。理想化是对抗被迫害焦虑的防御。当人们带着安全感和好客体建立关系时,即使好客体也有缺点,但仍然能够留下对它的爱。对一些安全感较少的人,理想化是他们爱的关系和友谊的特征。

5. 爱与恨

爱与被爱既是一种能力,也是人的本能需求。每个人都希望被人爱,它给人们以极大的幸福感。同时,人们渴望能够向他人表达爱,有爱的客体。

在对爱的理解上,弗洛姆强调爱是给予,而不是得。对此,马克思的论述是:"我们现在假定人就是人,而人同世界的关系是一种人的关系,那么你就只能用爱来交换爱,只能用信任来交换信任,等等。如果你想得到艺术的享受,那你就必须是一个有艺术修养的人。如果你想感化别人,那你就必须是一个实际上能鼓舞和推动别人前进的人。你同人和自然界的一切关系,都必须是你的现实的个人生活的、与你的意志的对象相符合的特定表现。如果你在恋爱,但没有引起对方的反应,也就是说,如果你的爱作为爱没有引起对方的爱,如果你作为恋爱者通过你的生命表现没有使你成为被爱的人,那么你的爱就是无力的,就是不幸。"①关心、责任、认识与尊重在爱的关系中同样重要。

---

① 马克思.1844年经济学哲学手稿〔M〕.北京:人民出版社,1985.

然而,并不是所有人都能够健康地表达与接受爱。对于一些具有神经质倾向的个体来说,他们在人际互动中,表现出更多的被爱、被尊重、被认识、被帮助、被劝告、被支持的神经质需求,并且对这些需求是否能够得到满足很敏感,一旦不能被满足,就会产生强烈的受挫感。

霍妮认为,正常的爱与病态的爱之间有区别。正常的爱是指在社会文化中表现出与爱有关的通常现象。病态的爱是指个体对爱的需求被无限夸大,比如,一个陌生的路边人没有友好地对待他,他就会感到不被尊重,极度地受伤,情绪反应很强烈。对一个健康的人来说,对爱的对象是有选择的,而且能够被爱的对象所尊重和依靠很重要,关系互动协调而平衡。病态的爱带有强迫的色彩,而且对爱的对象没有清晰和明确的选择。比如,对于有些神经质女性,过度重视爱与被爱,只要没有人献身于她们、爱她们或以某种方式照顾她们,她们就感到不高兴、不安全、沮丧。

病态的爱具有如下特征:

(1)无法满足,表现为极端的妒忌。这一现象在恋爱、婚姻和友谊中很常见,客体必须只爱他,而且永远没有满足感,对客体爱的需求是无止境的。满足在安全感和快乐两个方面表现出来,是一种紧张感的释放与缓解。

(2)无条件的爱的需求,必须接纳与包容他。不管个体的表现如何,客体必须要无条件的接纳,排斥一切要求与规则。比如,有的来访者在刚开始接受治疗时,不接受治疗设置,试图打破设置,并仍然要求治疗师接纳他。

(3)对拒绝极端敏感,不能忍受任何的忽略与忽视。他们往往把任何事情都与爱的情感相联系,一旦产生被拒绝感,就会迁怒于人或物。比如,有的个体如果感到没有被回应,就会认为自己被拒绝,而怨恨对方。

以上特征表明,神经质的个体没有爱的能力,在客体关系中呈现出非理性的想法,而且本人不能意识到这一点。在与他人的关系中,由于潜意识中担心被别人拒绝,无法靠近别人,时刻处于一种恐惧之中。

自恋是另一个问题。自恋来源于古希腊神话中的纳西斯[①],他迷恋上了自己倒映在水塘中的影子。当我们说某人有自恋倾向时,我们就是指他过分热衷于孤芳自赏。

如果一个人太过于自恋,他只能选择与自己相象的人作为爱的对象,从而得到满足。个体在选择恋爱对象时,都会在某种程度上受到自恋的影响。我们总

---

① 纳西斯是希腊神话里的一位美少年,因为他只爱自己在水中的倒影,拒绝了其他女神的追求。最后他为了拥抱自己的形象,溺水而死,还有一种说法是纳西斯憔悴而死。就在他死后的湖边,生出了一丛白色的花,后来人们称为水仙花。——作者注

是喜欢那些和我们很相像的个体,厌恶那些和我们迥然不同的个体。居于同一社会阶层并有着相同兴趣爱好的人,就常常容易产生爱情。

或许这一点可以解释有些人总是选择同性作为依恋的对象,而不是社会文化普遍认同的异性。人都爱自己的影像。在选择恋爱对象时,有的男性总是希望迎娶英勇如男儿的女性,而有些女性也总是愿意嫁给那些柔弱如女子的男性。

在友谊的发展方面,自恋性求同作用促成了同一团体中成员之间的紧密联系。只要人们之间有共同之处,大家就可能相互看成是等同一致的。这些共同之处可以是一种兴趣或价值观念,可以是生理上或心理上的特征,也可以是拥有共同的东西等。

恨是一种强烈的冲动,和爱一样,也是人性的基本组成部分。恨与贪婪、攻击密切相连。弗洛伊德声称:"仇恨植根于人与人之间的一切友爱关系之中,对对象的恨比爱要古老。"[1]

临床上,在边缘型病例身上,会明显地看到因为使用分裂机制而产生的爱与恨的情感。

当他们把家人、朋友等看成美好的、善良的人时,就产生爱的情感;当他们认为这些人可恶时,则产生恨的情感。他们对自己也是如此,有时感觉自己太棒了而洋洋得意,有时又觉得自己一无是处而没有希望,以非黑即白或全或无的方式看待整个世界。

精神分析学理论倾向于把爱与恨的起源定位在生命的头一年。在弗洛伊德死本能理论的基础上,梅兰妮·克莱因提出,嫉羡与攻击是人的本性。

克莱因认为,在婴儿的心理发展中,婴儿最初爱与恨的客体是母亲,在母亲那里婴儿强烈地感受到爱与恨的情感。当婴儿感到饥饿,母亲给予哺乳时,母亲满足了婴儿对营养的需求,解除了饥饿感,并且由于吸吮母亲的乳房而感到愉悦,这时,婴儿是爱母亲的。不过,当婴儿饥饿、欲望不被满足时或是身体感觉不舒服时,产生恨与攻击的感觉,试图破坏性的摧毁母亲。恨与攻击的感受使婴儿感到痛苦,被婴儿感受为对身体具有破坏性。于是,爱与恨在婴儿心理对抗着,并且这种对抗会一直存在于个体的整个生命历程中。

伴随着对客体的爱与恨,不安与罪疚感就产生了。罪疚感会给个体带来痛苦,成为阻碍人际交往的一个因素。自卑情结就来源于潜意识深处的罪疚感。正如有些人需要证明自己是可爱的、值得被爱的,因此渴望被别人赞美、认可。其原因是个体无法真正地爱他人,害怕自己对他人的攻击,一旦对他人有攻击行

---

① 弗兰克·G·戈布尔.第三思潮—马斯洛心理学〔M〕.吕明,陈红雯,译.上海:上海译文出版社,2006.

为,自己对他人来说就是危险的。

在对婴儿内心世界的描述上,亚伯拉罕描述的观点与克莱因的相似,与弗洛伊德的观点明显不同。婴儿的内心世界一方面充满恨、报复、毁灭欲望和内疚感,另一方面也存在稳定与平和。

第二节　士兵情绪的团体心理辅导方案

情绪有积极和消极之分。积极的情绪总能够给人更多的力量,它可以让一个意志消沉的人瞬间变得精神焕发,爆发引人的魅力。消极的情绪则经常使人精神低迷,无心做事甚至是丧失斗志。虽然时刻保持积极的情绪状态有些困难,但是每当个体产生消极情绪时,认真地对待它、倾听它,可能会发现一些原来不曾发现的东西,进而使意识层面的内容更加丰富有趣。

活动一　识别消极情绪

➤ 活动目的
情绪是人心理状态的阴晴表。强烈的消极情绪是痛苦的,如果妨碍了患者清晰地思考和解决问题、有效地活动或获得满足,这种情绪就是有碍功能的。青年战士年龄大多在 18 岁至 25 岁之间,心理发展相对不成熟,看待事物难免有偏差,情绪不稳定。通过活动帮助战士识别生活中的消极情绪,认识到消极情绪对生活的负面影响,树立调节不良情绪的意识,从而以积极的心态面对生活。本活动目的在于通过成员的个人亲身体会,学会如何使用不同的方法调整不良情绪,成为情绪的主人。

➤ 活动要求
场地要求:室外较宽敞的场地或空间较大的室内场地。

人数要求:20 人以内。

教具:纸、笔。

➤ 时间安排
120 分钟。

➤ 活动内容
大家围圈而坐,团体领导者介绍本次活动的目的和意义,通过不良情绪引发事故的案例导入,引导成员关注生活中常见的消极情绪,认识到长期处于消极情绪状态中会对个人的心理造成损害,产生不良后果。

团体领导者带领成员按照消极情绪表识别和分析消极情绪,要求成员使用不同颜色的彩笔画出对某种情绪的感受,讨论针对这种消极情绪的应对方法,在应对方法上引导成员使用认知、宣泄、转移注意力、升华等方法,并且引导成员打破思维定势,学会从多个角度去看问题、分析问题。

在活动中,对悲伤、焦虑、愤怒、恐惧、羞辱这几项消极情绪进行重点分析,在讨论应对这些情绪的方法时,重点讨论这些情绪产生的心理原因,使成员能够从根本上认识消极情绪,真正具有控制消极情绪的能力。

在讨论中,团体领导者要注意观察成员的不同反应,结合部分成员的具体案例帮助成员命名存在的主要消极情绪,识别在应对核心消极情绪时使用的主要方法,并讨论现有方法的优劣,如果现有方法不利于产生积极的心态,则发现更为积极有效的方法。

团体领导者在总结时归纳应对消极情绪的心理分析方法以及常用的方法,帮助成员认识到消极情绪是可以调节和处理的,树立积极调节消极情绪的意识。

消极情绪命名表

悲伤、压抑、孤独、不悦、焦虑 担心、害怕、恐惧、紧张、愤怒 恼火、生气、烦恼、害臊、尴尬 羞辱、失望、嫉妒、羡慕、愧疚 伤害、疑虑

活动二　我的情绪我做主

➤ 活动目的

情绪是指人们对环境中某个客观事物的特种感触所持的态度的身心体验。根据美国临床心理学家埃利斯的 ABC 理论,个体最终形成的情绪障碍并不是由某一外在诱发性事件所引起的,而是由经历了该事件的个体对该事件的解释和评价引起的。情绪是一种非智力因素,对生活影响很大。正情绪发挥积极作用,负情绪起消极作用。

战士已经具有丰富的情绪体验,体验到高兴、愤怒、内疚等,而且也能够分辨自己的情绪,对导致情绪的事件或原因有清晰的认知。但是,由于自我控制能力有差异,有的战士会由于一些小事忧愁不安、紧张或焦虑,或者是莫名地体验到负性情绪,不知道如何调整自己的状态。

本活动的目的在于帮助战士调节消极情绪,保持平和的心态。

➤ 活动要求

场地要求:室外较宽敞的场地或空间较大的室内场地。

人数要求:20 人以内。

教具：纸、笔。

> **时间安排**

120分钟。

> **活动内容**

全体成员围圈而坐，团体领导者发给每人一张纸和笔，成员轮流介绍自己的名字、兴趣、出生年月等个人资料。每个人都关注其他成员的资料。

请团体成员在纸上写出加入团体的期待。团体领导者说明团体的功能和团体的内容与目标，以澄清成员对团体的期望。请团体成员讨论希望的团体是什么样的。

举例说明ABC理论，尝试对以往情绪体验赋予新的解释与意义。

列举一些不合理的信念，和战士一起讨论：

（1）任何问题都有正确或完整的答案，若找不到这些答案，结果是不好的。很多人相信每个问题都有一个完美的答案，渴望世界是完美的。实际上，世界上没有完美的事情，理性的人在寻找答案时会抱着开放的态度去发现各种可能的答案，接受其中较好的一个。

（2）过去的历史是现在的主宰，过去的影响是无法消除的。过去的经验确实会使一个人觉得做某些改变很困难，但是改变并不是完全不可能。有些人以不能改变为借口拒绝发生改变，这是不能承担责任的现象。这些人将责任推给过去，不愿意面对现实，或者是不敢对现在负责，也不做任何的努力，很容易导致情绪的困扰。

（3）人应当依赖他人，并且依赖强者。长久的依赖会使个体失去独立性，失去自我成长的机会。一个习惯于依赖的个体，在失去依赖时，极易产生焦虑，甚至是崩溃感。有理性的人能够独立自主，对自己负责任，然而当他需要帮助时，并不拒绝别人的帮助。

（4）不幸福是由外界引起的，无法控制。很多人相信外界的人或事使他们不快乐，并且认为外界的人或事是无法改变的。实际上，别人的指责并不会伤害到你，而是你自己对这些指责所持有的态度和想法会让你受伤。如果了解自己的想法、愿望、评价是自身情绪的组成部分，要调节情绪就变得很容易。

（5）事情不如人意，实在太可怕。每个人对自己和他人都有理想化。遇到挫折时，会感到极度的苦恼和痛苦。并不是所有的事情都会让人产生愉快的情绪，当事情有所改善时，努力地去改善，当事情不能改善时，尝试接受事实。

（6）一个人应该是全能的，应该去实践理想自我。这种想法似乎是把一个人的价值完全放在能力与成就的天平上。可是，没有任何人能够在能力表现上是全能的，能够胜任任何事情。即使是在某一领域，大多数都是平凡、普通的。

个体追求成功与价值没有过错,但是如果幻想在任何方面都比别人优秀,不成功就无法忍受失败则是焦虑产生的来源。

在讨论中,团体领导者要引导战士分享自己的想法,学会从不同的角度看问题、看人生。

团体领导者总结。

第三节 士兵情感的团体心理辅导方案

在人类的情感中,爱是核心内容。爱是人类的本能,爱自己和他人,是人生中重要的事情。在生活中,有些人能够经常感受到爱与被爱的情感,有些人则很难感受。经常能感受和表达爱与被爱情感的人也会经常体验到幸福感,恰恰是幸福感让人们体会到生活的美好,经验丰富多彩的人生。没有爱,人们就无法成长,没有爱,人们心中必定会充满仇恨与虚伪。一个内心缺乏爱的情感的人,很难和他人建立和谐的人际关系。爱是一门艺术,需要人们去学习。

活动一 瞎子引路

➤ **活动目的**

在任何一个团体或群体中,人与人之间的信任关系会给个体带来很大的支持与鼓励。通常情况下,人们会倾向于选择信任的人谈心,远离不信任的人。由于不同的成长经历或是曾经的创伤经验,并不是每个人都具有信任他人的能力。信任感可以在生活中逐渐建立起来,随着信任感的增强,在人际互动中,个体的人际交往空间也会逐渐增大。

本活动的目的在于通过创造一个特殊的环境,让战士体验被领导的感觉,增强敏感度,促进战士相互之间的互动和了解。

➤ **活动要求**

场地要求:室外较宽敞的场地或空间较大的室内场地。

环境要求:安静舒适。

人数要求:20人。

教具:眼罩。

➤ **时间安排**

120分钟。

➤ **活动过程**

团体领导者首先讲解活动的目的,说明这个活动是让成员经验领导者和被领导者,活动中有一半的人戴上眼罩,另一半的人任选一个成员作为同伴,站到他的旁边,领着他按照事先规定的路线行走一圈。在整个领路过程中,任何人都不可以说话,不让戴眼罩的同伴知道领路人是谁。

在走完路线后,戴眼罩的成员摘下眼罩给另一半人,另一半人在戴上眼罩后,不戴眼罩的成员任选一名戴眼罩的成员,引领成员走完路线。

团体领导者带领整个团体成员分享,讨论整个过程。可以讨论的问题如下:

(1) 作为领导者和领路人,你用什么样的方式带领同伴走完规定的路线,让他体验周遭的世界? 你感觉怎么样?

(2) 在领路中,作为同伴的眼睛,你如何扩充他的世界?

(3) 在领路中,你感觉你是保护的态度还是不能太多照顾的态度,还是其他的态度?

(4) 对你而言,带领一个盲人走路,你有什么想法?

(5) 作为领路者,你是如何评价自己的领路任务的?

(6) 作为被领导者,你如何看待领路人的角色? 对领路人的期待是什么?

(7) 作为被领导者,你认为领路人的任务完成得怎么样? 有没有失望和沮丧?

(8) 在整个活动中,内心有什么感受?

团体领导者总结。

活动二　我说你听

➢ **活动目的**

在任何一个团体或群体中,人际交往是不可回避的。人与人之间的相互信任对人际交往产生重要的影响。由于每个人的成长经历和教育环境不同,个体在与他人互动中内心产生不同程度的信任感受。在现实环境中,通过设计适当的活动,信任感是可以逐渐培养的。

本活动的目的在于增强人际之间的信任情感,获得人际支持。

➢ **活动要求**

场地要求:室外较宽敞的场地或空间较大的室内场地。

环境要求:安静舒适。

人数要求:20 人。

教具:眼罩。

➢ **时间安排**

120 分钟。

➢ **活动过程**

团体领导者说明活动的目的与要求。成员围成半圆形,领导者发给每人一张白纸,让每个成员在纸上写下目前所遭遇的三件不如意事情,并写出愿意和他倾诉的对象。倾诉的对象要在团体成员中选择。请自愿倾诉的一名成员站在团体中间,并告诉团体他愿意倾诉的对象是哪一个。愿意倾诉的成员从三件不如意事情中选择一件事情进行倾诉,倾听者认真地倾听,并扮演自己的角色。成员轮流倾诉。

团体领导者在活动过程中要注意在倾诉者诉说自己的苦恼时,不能随意评判,只是陪伴,感受倾诉者的心声。团体领导者要注意观察成员的反应。

团体领导者总结。

第八章　士兵压力和适应的团体心理辅导

我不理解自己的行为。

——圣·保罗

人类不是希望被爱的友好的动物；相反，他们具有很强的攻击本能。

——西格蒙特·弗洛伊德

第一节　压力

在生活中，每个人都会经历压力事件，亲人的去世、连续的加班、失业、丧偶、车祸、考试失败、被羞辱等。当人感到压力时，会谈到自己正处于生理或心理崩溃的边缘，或是谈到需要休息。"我想放弃""我再也受不了了""太累了，要去休假，放松放松"，这些都是人们在应对压力的过程中常有的感受。

对于压力可以这样理解：

（1）压力是指那些使人感到紧张的事件或环境，如高强度的工作环境、繁重的任务、不能与亲人团聚。在部队环境中，一切以国家利益为重，有时需要牺牲和奉献个人利益，当个人利益与国家利益产生冲突时，很容易产生压力。在军事化的管理中，个人感受到的是绝对服从，一旦个人感觉不能有效地应对，压力便随之产生。

（2）压力是指一种主观的反应。压力对不同的人具有不同意义，每个人对压力具有不同的解释。一个事件对某一个人来说可能具有压力，而对另一个人而言可能不具有压力。对同一事件的不同认知，导致不同人对同一事件具有不同感受。比如对考试失败来说，有的个体认为感到羞耻，说明自己没有能力，有的个体则认为由于心理懈怠，导致失败，需要激发力量，重新开始。另外，个体在不同的场合，面对同样的事件，产生的压力感受也不同。也许在不同的场合，心理状态和动机不同，导致对事件的认识不同。

（3）面对压力，个体可能会产生生理、心理和行为上的反应，每个人都经验

135

过压力的身心反应。在有压力的情况下,生理上往往会感到全身发冷,手心甚至脚心会出汗、脸发热、双手颤抖等,心理上会感觉惊慌、害怕、紧张,行为上往往表现为效率不高、注意力不集中、惊慌失措。过大的压力对人的危害是巨大的,过小的压力不容易激发人的应激状态,不利于集中能量应对压力事件,而中等程度的压力有助于提高工作效率。

在巨大的压力面前,个体一般采取以下几种态度:

(1)采取不健康的方式应对压力。例如,大量饮酒、过量吸烟、暴饮暴食、吸毒等,这些应对方式可以暂时缓解压力,但是不能从根本上处理压力事件。这样消极的应对方式不仅会损害个体的健康,而且会对个体的生活造成危害。

(2)转移压力。不是每个人都能够面对和处理压力事件。在压力面前,个体情绪低落,失去耐心,可能会为了一些小事斤斤计较。尤其是工作上的压力,很多人无力及时地处理,潜意识地将工作压力带回家,或是转移到其他人身上。

(3)压抑。压抑是消极解决问题的方式,暂时缓解了压力。在中国文化中,社会对男性的要求较高,"男儿有泪不轻弹"。男性在面对压力时,不能轻易地找人倾诉,压抑在内心,当积累到一定程度的时候,心理可能会崩溃。

一、人际压力

每个人都在寻求与他人的关系,人们在与他人的关系中得以创造性地过着自己的生活。生命中,那些最快乐的事情往往是与别人的关系有关。也许在生命的某个阶段,人们认为物质条件和社会地位最重要,但是在静下心来仔细思考时,尤其是面对极端事件时,经常会蓦然发现原来自己最爱的人是最重要的。与他人建立亲密而深厚的关系是人的终生任务,然而,在与他人建立关系的过程中,有些人经常会体验到痛苦,受到挫折。

必然,每个人会遇到人际上的压力。人际压力涉及人与人之间的复杂情感,如爱与恨、嫉妒与悲伤、孤独与无助等。在人际交往中,主体必定会和客体产生人际互动,这种互动既有心理上的也有现实层面的。从心理学的视角分析人际互动,讨论侧重于心理层面。这里的客体主要是指重要他人和个体早期的照顾者。

在一次团体心理辅导中,一个成员谈到:"虽然我和各种各样的人打交道,每天都很繁忙,表面上很充实、很有意义,但是在我的内心深处,我感到极其的孤独。没有可以说心里话的人,没有人真正地理解我,只有在夜深人静的时候,我才会清晰地体验到自己的内心世界,与自己对话。"人处在外界的环境中,与人互动,构成一个真实的外在接触,与之相伴的还有一个内在现实。从心理的主观性上看,内在现实比外在现实更重要。如一个人在与他人打交道的过程中,总是和和气气,其他人认为他和别人的关系很和睦。但是,也许在他内心,他认为其他人都是不好接触的,自己很害怕和他人打交道。对他而言,他的内心现实要比他人看到的他更有意义。

1. 自我与他人

客体是指一个被投注情感能量的人物(地方、东西、想法、幻想或记忆),被投注的情感能量可以是爱、恨或是爱恨复杂的交织。客体包括外在客体和内在客体。内在客体指的是一个心理表象,一个和他人有关的影像、想法、幻想、感觉或记忆。外在客体是指真正的人,这个人被投注了情感能量。

自体是指一个人和这个人所有的一切,指的总是一个内在影像,包括意识和潜意识的心理表象。外在观察者所看到的某个人并不是自体,而只是一个人。自体具有私密性。

客体关系是指人际关系以及塑造个体当前人际互动特征的既往人际关系在其内心世界的残迹。

在自我与他人之间存在四种主要的投射性认同:

(1) 依赖的投射性认同。个体相信,在生活中要与他人建立良好的人际关系,与自己具有亲密关系的人和睦相处,重要的是让对方相信没有对方自己无法生存下去。在极端情况下,一旦失去依赖关系,个体会抑郁、焦虑、沮丧,威胁自杀或尝试自杀。由于被过度索取和依赖,被依赖者往往会产生被剥削的感受,人际关系难以维系。

(2) 权力的投射性认同。在人际互动中,个体通过在他人身上诱导出软弱和无能感,让对方感到"你要完全照我说的去做""就这样做""没有我,你不能成功",使对方处于被控制的地位。

(3) 情欲的投射性认同。个体通过情欲的方式与他人建立关系。在人际互动中,个体常常带入一些情欲成分,通过衣着、语言或姿势表达情欲信息。

(4) 迎合的投射性认同。个体通过自我牺牲、自我奉献来和他人建立与维持人际关系。通过自我牺牲,诱导他人感激自己所做的事情以及所做出的牺牲,使他人感到内疚,认为自己亏欠了对方。本质上,个体的牺牲行为并不是建立在关心的基础之上,而是为了确保自己是被感激的。

2. 关系的维度

寻求与他人的关系具有本能的意义。从与母体分离的那一刻起,在身体空间上就成为孤立的一个人,无法再与另一个人在身体上连接。与他人的关系可以克服我们与他人在心理和身上的距离,使人感到不再孤单。心理和身体的距离往往是连接在一起的,没有截然分开。与他人的肢体接触,会使人感到心理很亲近,通过眼睛可以进行深刻而亲密的接触,感受到他人的情绪,似乎在那一刻我们成为了他人,不分你我。

(1) 抱持。抱持代表了安全与信任,代表了被容纳。在婴儿时期,母亲和重要他人有力的臂膀使婴儿感到安全、自由与温暖。在成长中,虽然会遇到挫折和磨难,婴儿的心理越来越成熟,能够应对外界多变的环境,承受痛苦,但是仍然需要被抱持,获得源源不尽的力量。在抱持的环境中,个体体验到自身无好坏之分,体验到无条件的接纳,心理寻求得到满足,而这些体验成为个体人格的一部分。

(2) 真诚。最先,从母亲的眼中,婴儿看到自己的样子,这些构成婴儿自体的核心内容。眼睛是个体与外界接触的一个重要渠道。从他人的眼中看到自己,同时和他人建立连接。出生一开始,婴儿不知道自己和母亲是两个人,以为自己创造了整个世界,自己和母亲是一体的。随着心理的发展,婴儿逐渐意识到母亲和自己是两个人,自己不是全能的,在母亲的眼中,婴儿知道了自己的行为方式。长大后,我们仍然从他人的眼中去认识自己,了解自己。

(3) 理想化。了解了自己与他人的区别后,开始认识到总有一些人比我们有力量,比我们更强大,我们需要英雄,并与英雄进行连接。我们理想化客体,并认同这样的客体,希望接近他们,缩小距离,或是成为他们那样的人,以便在当我们感到弱小与无助时,总会得到理想化客体的帮助,摆脱痛苦,重新获得快乐。一生中,我们每时每刻都在无意识地寻找理想化客体,一旦某个理想化客体失去全能的光环后,一般情况下,会寻找新的客体,以满足自己全能的需要。

(4) 友谊。走过童年期后,个体心理逐渐成熟,使用更多的注意力去关注周围的人,建立友谊。在建立友谊时,个体意识到自己和他人有可能连接在一起,在两个人的空间中创造一个"连接整体",每个人有自己的位置与角色,并且感到很舒适。对于"连接整体",会让每个人产生一种归属感,体验到他人力量对个体的支持,克服孤单感。

(5) 照顾。在与他人的关系中,我们感受到自我的存在,走出自我中心。个体在照顾他人、满足他人时,通过照料的行为和他人建立了连接。他人的回应反过来也会影响个体的照顾行为。通常,积极的回应会促进个体的进一步照顾行为,消极的回应会阻碍个体的照顾行为。

在关系模式中,这五种维度可能同时存在,也可能有一种或几种核心的维度。一些人终生目标就是为了成为他们崇拜的那些人,一些人则是时时刻刻表达自己的抱持,给他人以安全与温暖。

3. 人际相互作用

社会交往的单位称为相互影响。当两个或两个以上的人相互交往时,必然会使用语言表达自己,给予刺激,另外的人会说话进行反应或是做一些事情与之进行联系,这就是相互作用反应。

当一个人在与他人谈话时,他的面部表情、姿势、语调、措辞不是固定不变的,而是随时可能发生改变。那么,是什么使这些变化发生了呢? 在他的内心世界,发生了怎样的一个变化过程? 人是如何和他人交往的?

比如,一个人和他人交谈,谈到:"这些日子,我每天都在加班,感到非常疲劳,很发愁。工作一定要干好,可是,有时我也会感到很无奈,你有什么放松的好办法?"在他的言谈举止间,显得很无助,就像一个小孩。他可能还会谈到:"不管怎样,我一定要努力工作,取得成绩。"这时,他就明显地像个成人,很理性。或者,他会说:"不加班怎么行? 要取得成就,就要付出时间与精力。"这样的方式似乎是在教育和指导别人如何工作,象征权威与父母。我们假设在每个人内心层面都有这三种人格,即小孩、父母与成人。这三种人格是心理现实,不是现实中的角色。

与人自由地交往是每个人内心的渴望。在与人交往中,这三种人格或意识不是独立的,而是同时呈现在一个人的外在表现中。清晰地了解父母意识、儿童意识和成人意识,可以使个体在与他人交往中能够自由地选择,不再拘泥于某一种方式或模式,增加人际交往的弹性,减少偏执,扩大人际交往的心理空间。

如何发现自己的父母意识、成人意识和儿童意识,以明白行为的意义? 观察是发现个体这三种意识的唯一途径。

在儿童早期,父母在与孩子的关系互动中,通过各种方式影响孩子的超我和价值体系,使得孩子内在世界对某些事物持有偏见,如社会地位高的人更高尚、拥有财富才是成功、对人不满也不能直接对人表达。在人际互动中,如果在同样的事物上,个体持有不同的见解或偏见,就难以进行深入的沟通。

父母意识、成人意识和儿童意识对我们每个人的思维和行为产生重要的影响,当处于不同状态时,有时感觉良好,有时感觉很糟糕。

在人际相互作用中,刺激和反应平行时,这种相互影响是互补式的,并且能够无限制地进行下去。换句话说,在关系互动时,我们处于哪种状态,会影响与他人的交往和关系的建立。

父母意识与父母意识的对话。

刺激:你不采取我的建议,走弯路了吧。

反应:我比较偏执,容易走弯路。

刺激:他做事不主动,能有成绩吗?

反应:看他就不是干大事的人!

刺激:他爱撒谎,显得不诚实。
反应:没人喜欢这样的人。

成人意识与成人意识的对话。
刺激:部队和地方是有差别的,不能一概而论。
反应:毕竟环境是不一样的。

刺激:最近一段时间工作太紧张了,事情又多又杂。
反应:咱们的工作性质就是这样的。

刺激:不管怎样,我相信一切都会好起来的。
反应:是啊,生活有甜有苦,人生有起有伏。

儿童意识与儿童意识的对话。
刺激:这只猫真可爱,玩得多高兴,我要他和我做伴。
反应:我也要找只猫和我玩耍。

在父母意识—儿童意识、儿童意识—父母意识和成人意识—父母意识的相互作用中,关系的互动也会很流畅。

父母意识与儿童意识的对话。
刺激:我努力和他人维持好的关系,可能还是感觉不如意。每个人都有可能抛弃你,都有可能在最关键的时候离开你,人怎么能这样呢? 太不值得交往了!
反应:是的。

儿童意识与父母意识的对话。
刺激:无论我怎么努力,看来我都不能成功了。
反应:只要坚持,你会成功的。

成人意识与父母意识的对话。
刺激:我为工作付出了太多的精力,我感到很有意义。
反应:那你就继续付出,争取更大的成就。

不管是哪一种平行相互作用,成人意识发挥着重要作用。没有成人意识的参与,谈话难以继续。

在人际相互作用中,在父母、成人、儿童相互作用中,刺激和反应交叉时,交流就会停止。

学生(成人意识):这次考试有个题马虎了。
教师(父母意识):你总是做不好自己的事情。

母亲(父母意识):做事情要考虑清楚,不能冲动。
女儿(父母意识):你总是指责我,我已经很烦了!

医生(成人意识):回去后要按时服药,病才会好得快!
病人(儿童意识):我最怕吃药了!

4. 依恋

"依恋"一词最早由 John Bowlby 提出,他认为儿童寻求并企图保持与另一个人亲密的身体联系的倾向就是依恋,依恋是婴儿与主要抚养者之间最初的社会性联结。

早在第二次世界大战中,英国政府为了避免儿童遭受空袭的威胁,就将他们疏散到安全的地方。当时,有的父母不愿意和孩子分离,将孩子带在身边,一同躲避空袭。战后,有学者对这些孩子的心理和行为进行研究,发现与父母分离的孩子表现出的行为问题明显多于没有与父母分离的孩子,说明与父母的分离对孩子的心理造成了很大的伤害。

婴儿与父母的依恋关系是逐渐发展的。在婴儿出生后 2 个月之内,婴儿不能和父母(主要是母亲)建立依恋关系,他对外部世界还不能形成自己的初步印象,无法区分父母(主要是母亲)和自己。2 个月到 7 个月之间,婴儿渐渐地发展了区分自己与他人的能力,能够在与父母(主要是母亲)的关系互动中感受父母(主要是母亲)。而一旦父母(主要是母亲)离开,婴儿会表现出焦虑和担心,并且害怕陌生人。在 7 个月到 24 个月,婴儿明确地表现出对父母(主要是母亲)的依恋,将自己和父母(主要是母亲)连接在一起,并在与父母(主要是母亲)的关系互动中发展起对自己和他人的心理表征,并影响孩子以后的思想、情感和行为。2 岁以后,孩子在与外界互动时,一般是使用早期建立依恋关系的内部(心理)工作模式。

当婴儿需要看护者时,如果看护者是敏感的、可得的,婴儿就会认为别人是可信的、有反应的,自己是可爱的、有被照顾价值的个体,这样的一种内部(心理)工作模式是发生在婴儿内在世界,对婴儿的行为有重要影响;反之,当看护者是不一致和拒绝的,婴儿就会认为别人是没有反应的、自己是不值得关爱的,或者是自己应该自我满足、不需要别人关爱的这样一种内部(心理)工作模式。

为了进一步研究儿童的依恋模式,艾因斯沃斯创设了陌生情境法,在实验室设置一种类似儿童日常生活典型情境,观察儿童在此情境中的反应,从而判断儿童依恋关系的现状。

情境分为 7 种:母子同时进入一个陌生的房间,房内有很多玩具,母亲坐在一旁,孩子自由玩耍;一个陌生人进入房间,起初沉默不语,然后与母亲交谈,再过一会,陌生人走进儿童,和儿童一起游戏;母亲离开,陌生人与儿童在一起活动;母亲返回,安顿儿童,陌生人离开;母亲离开,儿童单独留在室内;陌生人进入房间,与儿童一起活动;母亲再次返回,重新安顿儿童,陌生人离开。在这 7 种情境中,实验者观察儿童对玩具的摆弄行为、儿童的表情和其他情绪反应(如啼哭等),以此判断母子依恋关系的性质。

根据观察结果,艾因斯沃斯将儿童依恋分为 3 种类型:

(1)安全型依恋。当母亲在场时,儿童以母亲为基点,向外探索世界,在玩耍时不时地要回到母亲身边,寻求安慰与支持。对陌生人比较友善,和陌生人也比较合作,整个过程显得快乐。

(2)焦虑型依恋。儿童在母亲离开之前就开始焦虑,紧张地关注母亲的行为,恐怕母亲离开,因此不能尽兴地玩游戏,时不时地观察母亲是否已经离开。当母亲离开后他们更加不安,母亲回来后,一方面想亲近母亲,另一方面又拒绝与母亲亲近,很矛盾。儿童很少对周围环境进行探索,很难安抚,对陌生人也不友好。

(3)回避型依恋。儿童在母亲离开时很少哭泣,母亲返回时,他们不太高兴并设法逃避母亲。对陌生人无所谓。

Main 和 Solomon 提出,除了前 3 种依恋类型,还存在紊乱型类型,是最不安全的类型。在这样的模式下,儿童表现得行为杂乱无章,做事缺乏目的性,前后不连贯,无所适从。

最初人们关注的是婴幼儿与母亲之间的依恋关系,随着依恋联结持续性和稳定性的发现,依恋研究逐渐拓展到了成人领域。依恋关系理论认为,儿童期的依恋关系对今后的人格发展有很大的关系。一个不受欢迎的孩子不只觉得自己不受父母欢迎,而且相信自己基本上不被任何人欢迎;相反,一个得到爱的孩子长大后不仅相信父母爱他,而且相信别人也觉得他可爱。

显然,个体在早期与父母之间发展出的内部工作模式具有相对的稳定性,仍然主导着成人的依恋模式。这些内部工作模式调节、解释和预测依恋对象的行为、思想和情感,也在调节、解释和预测与依恋关系有关的自我的行为、思想和情感。

与儿童的依恋类型相同,成人的依恋风格有如下表现:

(1) 安全型的依恋。很容易与人相处并信任对方,在与人接触时,能忽略同伴的缺点而接纳对方,能够与他人建立亲密关系,喜欢与人分享内在世界,不担心被抛弃或害怕别人离我太近。

(2) 焦虑型的依恋。与别人接近会不安,不容易相信别人。害怕离他们太近而受到伤害。过于苛求对方。想和别人完全融为一体,有时会吓跑别人。

(3) 回避型的依恋。不相信别人爱自己,因为分离而害怕付出情感。

安全型依恋的个体在儿童期会有良好的心理发展,在成人期也可以和他人建立稳定的亲密关系,心理健康水平较高。不安全的依恋个体在学前期、学龄期容易出现退缩、敌意、攻击行为,在成人期,由于不能和同伴或伴侣建立良好的亲密关系,而导致生活质量较低,婚姻生活中有较多的矛盾与冲突,容易滥用药物。

此外,依恋也可以代际传递。依恋的代际传递性是指根据特殊照顾者(常常是父母)依恋的心理状态可以预测婴儿与特殊照顾者之间依恋关系的安全性[①]。父母的依恋模式可以传递给子女,婴儿往往和父母有类似或相同的依恋模式。研究发现,依恋具有传递性,儿童早期与父母形成安全依恋,在儿童长大为人父母时,也更加容易和自己的孩子形成安全依恋,反之亦然[②]。

依恋模式并不是完全不可变,与他人稳定、长期的亲密关系可以使个体的依恋模式发生改变。

二、工作压力

工作是人一生中不可或缺的部分。工作使我们感到自己有力量、有价值,在工作中,逐渐地成熟,走向社会化。美国联邦政府的一项调查表明,美国每年有10 万人死于与工作有关的疾病,有 39 万人因为工作而染病[③]。在任何一个工作环境中,工作压力都是随处可见的。对于战士群体来说,涉及多方面的工作压力。

一般而言,工作条件、角色压力、人际关系因素、职业发展成为工作压力的主

---

① Bernier A, Dozier M. Bridging the attachment transmission gap: The role of maternal mind – mindedness. Internal Journal of Behavioral Development〔J〕. 2003,27(4):355 – 365.

② 桑标. 当代儿童发展心理学〔M〕. 上海:上海教育出版社,2003.

③ 徐世勇. 工作压力会伤人—高效经理人压力管理技能培训与自修教程〔M〕. 北京:企业管理出版社,2007.

要来源。

（1）工作条件。环境优美、舒适的工作环境令人心旷神怡，产生的压力水平较低。在基层部队，虽然战士无法改变工作条件，但是工作条件自然地通过心理因素对战士心理产生影响，尤其是一些条件艰苦、单调的工作环境或是存在物理危险的环境。从心理需求看，单调的环境对人的心理适应不利，因为人的心理需要丰富的刺激，综合发展心理的每一种内容。而存在危险的工作环境、长期的高强度工作量，则使个体过度担心自己的身体健康，心理上容易紧张、疲劳，对工作产生恐惧和厌倦。

（2）角色压力。每个人都在社会中扮演某种角色，承担一定的责任。在工作条件下，工作角色需要个体能够显现出某种能力与价值，能够完成一定的任务或活动，对单位或集体的发展贡献力量。战士根据自身所承担的任务，主观评估自己的能力。一旦工作角色不稳定或是存在性别偏见，不能增强确定性，个体容易紧张和焦虑。在部队，战士对超出自身能力范围的任务极易感到焦虑。

（3）人际压力。人际压力普遍存在，而且对个体的生活影响很大。人际压力是个体压力的一个核心内容。人际关系不和谐，个体能够获得的社会支持力量减少，相互之间具有敌意，强调竞争，不能相互关心，真诚回应，更容易引发个体的压力，同时对工作环境也存有不满，阻碍工作任务的完成。在发生应激性事件时，人际因素尤其重要。

（4）职业发展。良好的职业发展对个体的行为具有促进作用，无望的职业发展会使个体灰心丧气。晋职、调级、获得成就对个体的激励作用会激发个体发挥更大的潜能，一旦愿望受挫，则容易产生不满情绪，自信心下降，紧张焦虑。

如何有效应对工作压力？

（1）加强学习，提高自身的工作能力。人的能力是逐渐提高的，天才在人群中占的比例毕竟很小。虽然有的工作任务要求个体具有天赋，如某些操作技能，但是对于大多数工作内容，个体在经过系统、专业的培训后，都能胜任。后天的学习是提高工作能力的一个重要途径。

（2）合理规划时间。时间是有限的，工作任务是无限的。如何在有限的时间内完成无限的工作任务，对每个人都是一种挑战。人对工作任务的需要源于人的自我价值感。合理规划时间，制定科学的工作计划，主次分明，对于减轻工作压力具有一定的帮助作用。

（3）与他人建立和谐的人际关系。既然压力不可避免，取得社会支持就成为重要的一个环节。社会支持的获得和我们与他人的关系有关。不可否认，良好的人际关系会帮助我们获得更多的社会支持;否则,相反。因此,从这个角度上看,工作压力在某种意义上也是一种人际压力,关系仍然是核心主题。

三、社会与生活压力

人在社会中生活每时每刻都与外界环境互动着,社会与生活中的压力令个体无处可逃。

社会生活中充满各种各样的压力。在社会压力上,就业问题、环境污染、食品安全、贫困、噪声、拥挤等会对个体产生巨大的压力。面对社会压力,个体在感到无助的同时也会产生愤怒和悲哀的情绪。不仅如此,重大的生活变动、意外的灾难事件都可能会让人们在瞬间崩溃,失去理智。

然而,一方面,人们经受现实层面上的社会与生活压力;另一方面,还要承受心理上无穷无尽的压力感。大多数人都面临竞争的问题、对失败的恐惧问题、情感上的孤独问题、对他人以及对自己不信任的问题。

人,总会处于一定的压力中,无处可逃。

在这些压力下,个体如果无法有效适应,将会产生强烈的压力感,甚至是强烈的失控感和无助感。累积的压力在某种程度上更会让人产生悲观的习得性无助。

社会与生活压力和社会文化、社会发展密切联系在一起。处理和应对社会与生活压力,不仅仅需要依靠个人的心理调适能力,还需要社会的参与。恶劣的环境污染危及生存时,使人愤怒,但是没有社会的参加,个人应对的力量是有限的。

第二节 适应

克尔恺郭尔在《生命之路的阶段》中写到:"假如某个朝圣者已经经历了十年漫游,并且一直是进两步,退一步,假如目前圣城已经在望,而他最终被告知那并非圣城。如果这样的话,那他继续前行就是了。但是如果被告知,那就是圣城,但是他的前进方式是错误的。如果要想到达圣城,就必须摒弃这种前进的方式。"那么,我们猜想,这个朝圣者会在多大程度上能够改变以前的前进方式?很难改变[1]。当一个人已经适应了一种行为或处事的方式,要让他发生彻底的改变,放弃熟悉的方式,以新的方式去做事,意味着艰难的改变。

关于适应的概念可以从不同的角度去分析。一般情况下,人总是在追求需

---

[1] 克尔恺郭尔. 哲学寓言集[M]. 杨玉功,编译. 北京:商务印书馆,2000.

要的满足,在满足需要的过程中与环境发生调和作用。这就是适应,它是一种动态的、交互的、有弹性的历程。

行为主义理论认为,人类的适应行为与基本心理需要的满足有关。认可、地位、支配、独立、保护、爱与情感、身体舒适是人的基本心理需求,个体内心存在冲突、缺乏能力、目标水平过高都会导致适应不良。

因此,当个人需求与环境发生作用时,如果不能如愿以偿,通常会造成两种情形:一是形成悲观消极心理;二是从失败中学习适应方法。成功的适应,能增进心理健康,培养健全人格;失败的适应,会造成心理不健康和不良人格。

人们越能适应现实,生活就越有意义。在适应过程中,心理健康的个体可能会激发出创造性,赋予生命以更为丰富的内容。在创造力的激发阶段,创造者忘记了自己的过去与未来,只生活在此时此刻,完全沉浸、陶醉和专注于现在的时刻和眼前的情形,倾心于现在的问题。

专注于此时此刻是一种能力。

在这一刻,个体摒弃了过去与未来。在解决一个当前的问题时,全身心地投入,沉浸于问题之中,寻找答案,不受过去与未来的影响。当一个人背负着过去与未来时,过去与未来不属于他自身,是个体没有消化处理的赘物,是担忧和恐惧的来源。忘记过去,不为未来做准备,也是一种心态。

在创造的那一刻,我们只意识到了当前的情形,对其他的事物几乎是意识不到了。我们距离自己很近,近到几乎忘记了他人,不再担心别人的评价与议论,对与他人的关系以及这种关系带来的责任、恐惧与希望处于暂时性忽略状态,同时完全沉浸在自我体验中,成为了内心纯真、自主的自己。

在放弃评价与判断的那一刻,个体将变得更加积极地接受现在,顺其自然,使事物成为事物本身,在某种程度上,处于"无为"的状态。在接受现在时,个体内心信赖自我与世界,充满信心与勇气,达到人与世界的融合。

第三节　士兵压力的团体心理辅导方案

压力和压力感是两个不同的概念。在团体心理辅导中,工作的内容是个体的压力感,而不是改变给个体造成压力的事件。面对压力,可以使用不同的方法去缓解。通常情况下,在压力的心理辅导中,偏重于对某一具体压力的辅导,如人际压力、工作压力或生活压力,以提高辅导的针对性和有效性。对战士群体而言,辅导侧重于人际压力。通过人际互动的辅导,促进战士心理成熟,对人与人之间的关系有更为理性的思考与实践,从而减少心理困扰,把精力和能量用于工作中,取得更大的成绩。

活动一　我的压力

➢ 活动目的

在平时,每个人都会面对各种各样的压力,如工作压力、生活压力、家庭压力等,压力会给人带来无形的紧迫感。对于基层部队士兵来说,工作压力、生活压力、家庭压力都比较大,情绪长期处于焦虑、紧张状态,不容易缓解,对心理健康产生一定影响。

如何减轻基层部队战士心理压力,缓解紧张和焦虑情绪,发挥心理辅导的专业作用,已经成为部队心理健康教育的一项重要内容和核心工作。

➢ 活动要求

场地要求:室外较宽敞的场地或空间较大的室内场地。

教具要求:纸、笔。

人数要求:20人以内。

➢ 时间安排

120分钟。

➢ 活动过程

团体领导者首先讲解压力的相关知识,帮助战士认识到心理压力和现实压力的区别,从认知上重视压力,有意识地调整心理状态。

按照班进行分组,每个班为一组,围圈而坐。每人一张纸,上面画有压力图,在一个人的画像周围画有不同的圆圈。每人根据自己的实际情况在压力圈里填写自己感到的压力,并进行简单的概括,比如工作时间紧张、家里有大的事情需要惦记等。

每组成员分别给自己的压力按照由小到大的顺序进行排序,并分享自己感到最大的压力,组内其他成员给予支持和建议,介绍处理类似压力的经验和技巧。对于感到难以应对压力的个体,可以在大组内分享,向其他人取经,团体领导者可以对该个体进行具体分析。在活动过程中,针对战士普遍存在的压力状况,团体领导者可以就某种压力进行分析,和个体具体情况相结合,做出处理和心理干预,帮助战士缓解压力。

团体领导者讲评。团体领导者对观察到的活动现象进行分析,帮助战士意识到每个人的心理状态与每个组的潜在特征,并将每个人的反应和存在的心理压力相联系,探讨心理压力的应对技巧。对战士普遍存在的压力进行总结,消除独特性,引导战士从心理上认识压力,对现实压力,如工作任务重、生活环境相对单调等采取接受的态度,不刻意强调改变现实环境,尽可能地调整自身心理状态,自如地应对外界环境,保持情绪的稳定性。对某些可能需要个别干预的战士,需进行活动外的心理干预。

团体领导者对本次活动进行归纳和总结。

活动二　音乐减压

➤ 活动目的

基层部队战士每日的生活都是忙碌的、紧张的,在这样的状态下,很少有机会进行彻底的放松。音乐具有一定的心理治疗作用,已经成为人们的共识。一般情况下,个体听一首喜欢的歌曲,可能会使他暂时的心理愉快,但在一定的时间内多人聚在一起认真地聆听音乐,然后讨论内心的感受,就成为音乐治疗的一种形式。

利用音乐,来达到放松的目的,也是一种压力应对的方式。

➤ 活动要求

场地要求:室外较宽敞的场地或空间较大的室内场地。

教具要求:音响、选好的班得瑞减压音乐。

人数要求:20 人以内。

➤ 时间安排

120 分钟。

➤ 活动过程

团体领导者首先讲解用音乐进行心理放松的原理,介绍目前音乐治疗的大致状况,消除战士对音乐治疗的不解或困惑,激发战士对音乐治疗的好奇,使音乐治疗成为日常生活中战士可以经常使用的压力应对方式。

按照班进行分组,每个班为一组,围圈而坐。

团体领导者要求成员闭目 1 分钟,感受内心的情绪,然后播放音乐,团体在安静的状态中聆听 15 分钟。听完后,每个人分享内心的情绪与感受,团体领导者注意在引导的过程中去共情每个成员的感受,不把观念强加给成员,协助成员打开心扉。

完成一个过程后,可以换一首曲子继续聆听和分享。分享时,团体领导者要注意观察时机,引导成员从体验到的感受中去寻找引发这种感受的事件。比如,有的成员可能会谈到听音乐时自己很伤感,就像是小时候自己曾经要好的伙伴转学了,留下孤独的自己。这时团体领导者就这一事件引导成员感受因为失去伙伴而产生的哀伤情绪,释放压抑的能量。

团体领导者根据选取的不同曲目,预设一些分享主题。比如,在《童年》乐曲中,有的战士联想到小时候与父母之间的点点滴滴,既有爱的情感也有悲伤的情感,在分享和讲述中,对爱与恨的情感进行整合。由此认识和领悟到生活中经历的事情都是自己的财富,正是在挫折与磨难中磕磕绊绊地长大了,心理成熟了,能够承担自己需要承担的责任,不再像孩子那样生活得简单。

团体领导者对本次活动进行总结和分析。

活动三　集体涂鸦

➢ 活动目的

人际压力普遍存在,并且在生活、工作和学习中占据重要位置。对于一个班来说,班内的人际互动对每个战士都产生重要的影响。班是战士内心最近的一个"家",可以给战士带来无尽的支持和帮助,也可能带来折磨与痛苦。班内环境和谐与否对战士的心理健康产生直接的影响。

本活动的目的在于通过游戏性的绘画,使战士相互之间更加了解,减少人际互动摩擦,关系更为融洽。

➢ 活动要求

场地要求:室外较宽敞的场地或空间较大的室内场地。

教具要求:笔、黑板。

人数要求:10 人以内。

➢ 时间安排

120 分钟。

➢ 活动过程

团体领导者首先讲授关于绘画心理的相关知识,然后,要求成员在黑板上画图。指导语:现在,请大家在这个黑板上涂鸦,我们没有人是画家,所以对自己的要求不应太高,只要认真画就好,不要认为自己画得不好看、不专业。画什么呢?画含有房子、树和人在内的一幅画。不一定非要画一个房子、一棵树、一个人,你也可以画很多。根据你的想法,你想怎么画就怎么画,没有任何的硬性要求。这个任务是以班为单位进行的,前提是每个人都要参与,每个人都要画一个事物。至于具体如何完成这幅画,就看你们自己的了。我没有任何具体的建议和指导。为了观察大家完成任务的情况,需要选一名观察员和我一起观察,然后把观察到的现象向大家反馈。

选出一名观察员。团体成员在黑板上完成任务。

团体领导者和观察员反馈,将每个人的反应向当事人进行反馈,并对整体完成情况进行分析,尤其是每个人的表情、行为和当时的反应。

如观察员观察到某个战士在大家讨论如何绘画时,隔离在团体的外围,显得参与度不够强,这时,就可以把这个情况向他反馈,并了解他当时内心的想法和感受。通过了解,这名战士感到平时在班里自己是不受重视的,谈论一些想法时大家反馈得少,认为没有人愿意认真倾听自己,所以在发表关于绘画的意见和建议时,他选择了逃避和远离。通过澄清,团体领导者引导大家鼓励该战士发表自己的意见与建议,提高自信心,参与到集体中来,尝试表现自己。

团体领导者和观察员对团体完成的绘画进行分析。比如,在某次辅导中,一个班在绘画之前,没有认真的讨论,每个人都在黑板上画上自己想画的图像,导致月亮和太阳共舞,房子长在岩石上,整个画面没有逻辑,缺乏整体设计,没有主题,只是七零八凑的一幅图。这个现象引起了成员的反思。在反思中,成员谈到平时班里的关系比较散,凝聚力不够,这次绘画呈现了班里平时的人际互动情况。通过绘画,每个人都真实地看到人际互动是如何发生的,真实地表达了自己,消除了人际间的猜疑与隔阂。

团体领导者将绘画任务和班里的人际互动相联结,把每个人的行为表现与他在班里可能发生的人际互动相联结,从而发现绘画与人际之间的联系。

团体领导者总结整个活动的完成情况,引导成员如何将活动中的领悟运用到生活实践中,促进成员不良人际交往模式的改变。

活动四　人际雕刻

➢ 活动目的

在部队生活中,班里的人际关系状况对个体产生重要的心理影响。人际关系融洽,战士相互之间亲密接触,遇到困难和烦恼时在班里倾诉,互相安慰和支持,获得心理上的帮助。对离开家的战士来说,班是第二个家。

本活动的目的在于帮助战士融洽相互之间的关系,激发创造性思考。

➢ 活动要求

场地要求:室外较宽敞的场地或空间较大的室内场地。

环境要求:安静舒适。

人数要求:不多于10人(一个班)。

➢ 时间安排

60分钟。

➢ 活动过程

团体领导者首先讲解班内人际对个人的影响,每个人都有责任和义务为班创造一个和谐的氛围。人际雕刻可以促进人与人之间的和谐,也可以激发一个人的创造力。

团体领导者带领成员进行静态的雕刻。以一名成员为被雕刻者,其他为雕刻者,被雕刻者静坐或站着,但不能随意移动,雕刻者随意摆成满意的姿势。团体领导者记录每个被雕刻者被雕刻的过程和细节。

团体领导者带领成员进行动态的雕刻。在动态雕刻中,选一名成员为雕刻者,方法同静态雕刻,只是被雕刻者可以随时地移动到任何位置。团体领导者详细记录雕刻的过程和细节。最后进行多人被雕刻,方法同动态雕刻,只是被雕刻的人数增多,创作至最后会成为以1人为中心,使他成为美丽的雕刻品。在多人雕刻中,可以选取6人。团体领导者详细记录雕刻的过程和细节。

团体领导者根据观察到的现象和细节,分析班内在雕刻过程中呈现出的现实人际互动和潜在的人际互动,帮助成员把潜意识的内容意识化,减少人际互动的幻想,增强现实感和人际交往的透明度,使人际交往得以顺利进行。在反馈观察结果的过程中,团体领导者创造一个信任的环境,使成员能够表达自己内心的真实想法,达到活动的目的。

在活动中,选择雕刻者时如果有人主动愿意成为雕刻者,可以让其成为雕刻者,在进行多人雕刻时,可以根据每个班的具体情况进行选择。

团体领导者对本次活动进行归纳和总结。重点分析在活动中每个成员所呈现出的心理和行为特点,比如,有的成员在活动显得过于谨慎,对自己的想法能否被他人接受和认可感到担心,但是内心的真实愿望是希望自己的建议被他人采纳。这种内心的冲突会在行为上表现出来,既渴望积极参与又害怕被拒绝,游离在团体的边缘。

第四节　士兵适应的团体心理辅导方案

个体出生后,永远不会再回到子宫或婴儿期,因此,除了成长,别无选择。成长的其中一种含义具有适应环境的意思。战士入伍后,环境明显地发生了变化,如果再按照原来的环境去生活和工作,就可能会受到更多的挫折。因此,面对新的环境、新的人群,战士必须要学会适应,重新面对自己和他人。

活动　我的角色

➤ 活动目的

新兵来到军营,离开了熟悉的环境,在军营这个崭新的环境中,每个人都要从零开始,重新适应。军队环境具有特殊性,任务重,环境和生活相对单调,个人在集体中比较容易失去自我身份认同感,产生被湮没感,从而对自我的身份与价值产生困惑,迷失方向。通过寻找和定位自身的角色,获得清晰的身份认同,个体就会在生活中获得自我价值感。

本活动的目的在于帮助战士定位自身角色,获得自我身份认同感,适应军营环境,积极而有意义地生活。本活动适合新兵入伍时期进行。

> **活动要求**

场地要求：室外较宽敞的场地或空间较大的室内场地。

人数要求：20 人以内。

教具：笔、黑板。

> **时间安排**

120 分钟。

> **活动内容**

大家围圈而坐，团体领导者介绍本次活动的目的和意义，每个人使用三个描述自己的形容词来介绍自己。团体成员同唱《咱当兵的人》。

团体领导者从当兵的人与别人有啥不一样导入，分析当兵的人在角色和身份上与一般人的区别，当兵的人承担的责任与义务，当兵的人在生活（日常生活、情感生活、家庭生活）、任务上与一般人的区别。

团体领导者阐述人与环境之间的关系，指出，如果要在环境中生存，人只能适应环境，人与环境的关系类似于个人与群体、个人与社会文化之间的关系，否则就会被环境淘汰。个人在与环境的关系中可以进行选择，并承担选择的结果。新环境会带来新的变化，接受变化需要和过去进行区分。在和过去进行区分时，如果对新环境适应不良，心理发展会暂时阻碍在过去的状态中，产生冲突。在人与环境的关系中，可以结合战士的具体情况进行具体分析和引导，尤其是不适应军队严格管理的现象，可以分析的深入一些，从家庭角度进行探讨原因，使个体认识到有些冲突不是现在产生的，现在的环境只是一个引发这种冲突的刺激，因而要从意识上区分现在的环境与过去生活之间的不同。

创造一个温馨的氛围，让战士表达对新环境的期待与自身的期望，想得到的和可能需要付出的，自身在追求这些需要满足的过程中可能会面对的困难与挫折以及可能会发生的不可得，降低战士对军营生活过高的理想化水平，增强现实感。结合战士具体的情况分析自身条件的最大阻碍因素，引导战士在以后的生活中有意的克服，扬长避短，争取获得最大的成就。

团体领导者归纳总结。在歌声《奔跑》中结束。

第九章　士兵心理创伤的团体心理辅导

人类无可避免要经验到创伤,历史是用血泪写出来的。

——van der Kolk

人类一直都在与丧失作斗争,丧失是必不可少的,我们通过丧失、离别与放弃来成长。

——朱迪思·维澳斯特

第一节　创伤心理

创伤会以多种方式发生,无论是能够产生严重心理反应、危及生命的重大事件,还是早期养育者照顾不周,都可能会对个体产生心理与行为上的不良影响,导致个体心理发展固着在某一阶段或心理出现异常,使外显的行为表现得与他人不同。在生活中,令人恐怖或恐惧的事件总是存在的,并且总是难以应付的。创伤不仅造成身体上的伤害,还会导致情感伤害,而情感伤害比身体伤害更令人痛苦,需要更漫长的疗愈时间。人们已经意识到,严重的创伤可以导致急性精神分裂症。

一、创伤事件

生活中的创伤性事件有很多,可以分为不同的类型。在 ICD – 10 中,对创伤性事件的定义:"当事人突然遭遇或持久地陷入异乎寻常的威胁性或灾难性的事件或情境之中,这类事件或情境几乎可使每个人都出现深深的痛苦"(ICD – 10,标准 A:F43.1)。

(1) 创伤性事件,如道路交通事故、危及生命的意外事件。

(2) 灾难,灾难可以分为人为灾难、自然灾难以及暴力、犯罪或恐怖主义。

人为灾难所指的创伤是由人的错误或人所设计的机器或系统的错误造成的,例如,历史上由于人为因素导致的五次核污染事件:1945 年日本广岛、长崎

153

遭原子弹轰炸,1979 年美国三里岛核事故,1954 年美国太平洋核试验诱发"比基尼事件",1957 年苏联乌拉尔核废料罐爆炸和 1986 年苏联切尔诺贝利核灾难。这些人为灾难给人类带来了难以磨灭的伤痛,而且对经历灾难的人的心灵产生极大冲击。据估计,近年来在美国经验到或目睹恐怖分子攻击事件的人们,约有 70% 的人会出现创伤后应急障碍(Post Traumatic Stress Disorder,PTSD),在这些人中,约有 20% 的人在事件发生后 6 个月内发展成 PTSD。

自然灾难是指自然界中发生的异常现象,自然灾难由于其不可抗拒性而对人类造成了极大的危害。近些年来,由于环境的生态系统不断被破坏,地震、海啸、火山爆发、台风、洪水、干旱等突发性灾难或渐变性灾难发生得越来越频繁。人类在自然灾难面前显得很无助和弱小。

暴力、性侵犯、犯罪和恐怖主义所引起的创伤对个体和人类的冲击更是让人心痛,如家庭暴力、战争、连续杀人案等。

(3) 其他可引起创伤性体验的生活事件。在生活中,有些事件虽然没有超出人类所能承受的范围,但是对一些人来说也是可怕的、令人极度恐惧的,产生强烈的无助感,如失业、离异、重大疾病或是亲人的去世等事件。

发生创伤性事件后,根据个体创伤对事件的认识与相应的感受能够评估创伤程度。目前,一般情况下使用 PTSD 筛查表来评估创伤。

二、创伤的分类

在 ICD – 10(国际疾病分类)、DSM – IV(精神障碍诊断与统计手册)和 CC-MD – III(中国精神障碍分类与诊断标准)中对创伤的描述均有所不同。在 DSM – IV 中,对创伤的定义:患者曾遭遇某创伤性事件,并存在患者亲身经历或目睹或面对某一事件或一些事件,包括死亡或死亡威胁或严重的损伤,或可能危及自身的或他人的躯体完整性、患者有强烈的害怕、无助感或恐惧反应。

在 ICD – 10 中,将创伤分为以下几类:

1. 严重应激反应及适应障碍

通过症状、病程和治病原因来识别,如果产生急性应激反应的异乎寻常的应激性生活事件,或某一显著的生活改变导致了连续性不愉快环境并造成的适应障碍,就可以诊断为严重应激反应及适应障碍。虽然应激性生活事件对个体的影响常常取决于个体的特异性、易感性,但是应激性事件或持续不愉快的环境是基本的、压倒一切的致病因素,没有它们的影响,障碍就不会发生。障碍可被看作是对严重或持续应激的适应不良性反应,阻碍个体有效地应对外界环境,从而导致了不能适应社会环境的社会功能障碍。

2. 急性应激反应

急性应激反应属于一过性障碍,不伴有任何其他明显的对异常躯体和精神应激反应的精神障碍,常常在几小时或几天内消退。个体的易感性和应对能力影响急性应激反应的发生和严重程度,易感性强、应对能力弱的个体,容易导致急性应激反应。

3. 创伤后应激障碍

创伤后应激障碍源自于对某一压力事件或某种长、短期存在的压力情境,以迟缓并且拖延的反应来表现。这类事件或情境具有异常的威胁性或是大灾难的性质,它几乎可使任何人痛苦。过去创伤的情节会一再侵入记忆而重现,常做梦或梦魇,一直感觉"麻木"及情感迟钝,和别人疏离,对环境没有反应,快乐感缺失,逃避会使其回忆创伤的种种活动和情境是创伤后应激障碍的典型症状。自主神经经常属于过度激发状态,伴随有过度警戒、易有惊吓反应及失眠。抑郁和焦虑常与以上的症状、征候在一起,自杀的念头也不少见。创伤之后到疾病产生之间的潜伏期有数周到数月之久,但很少超过 6 个月。病程起起伏伏,但大部分的个案都能预期会恢复。不过少部分个案会慢性化而历经好多年,以致形成人格的永久改变。如果有某一些人格特质因素存在(如个性上较强迫或柔弱)或过去有精神官能症,可能会使此种症候发生的临界点降低或使其病程恶化,但它仍不足以完全解释此症候的发生。

4. 适应障碍

主观的苦恼或情绪困扰状态,通常对社会功能及社交表现造成妨碍,发生于对某一重大生活改变或生活压力事件后的适应时期。压力事件可能已影响到一个人社会网络的完整性(如生离死别),或影响到更大的社会支持或价值系统(如移民流亡),或代表一种发展的转型或危机(如上学,初为人父、人母,未能达成人生的目标,退休)。个人因素对此疾病发生的危险性及适应障碍症状表现的形式扮演重要的角色,但假设没有压力事件,就不会发生此种疾病。临床表现各种各样,包含抑郁、焦虑、烦恼(或这些症状的混合),感觉无法去应付,难以事前做计划或觉得在目前的环境下无法继续做下去,而每天的例行表现也有某种程度的损害。行为障碍可能是连带的表现,尤其在青少年身上明显呈现。主要的表现可能是短期或长期抑郁或其他情绪、行为障碍。

在创伤学中,常把心理创伤分为创伤 I 型和创伤 II 型。

创伤 I 型具有的特征:偶发的创伤事件、非恰当的功能反应、在成年期发生、具有创伤后应激障碍的症状特点,即创伤的诱发因素大多是急性的重大危险事件,比如一次偶发的交通事故后出现的症状。

创伤 II 型具有的特征:重复发生的严重的创伤过程、在儿童期发生、尚处于心理发展过程中、复杂型创伤后应激障碍,即创伤的诱发因素经常是生活经历中慢性应激事件,比如儿童期长期的躯体虐待、情感虐待或性虐待,长期屈从某种危险关系不能摆脱等。

不同的创伤具有不同的症状,要求采用不同的治疗方法,其效果也不同。

三、创伤后应激障碍

创伤后应激障碍是指突发性、威胁性或灾难性生活事件发生后数日至 6 个月内所出现的个体延迟和长期持续存在的精神或心理障碍,是一种经历严重身心创伤后所产生的焦虑性疾病,属于心理失衡状态。

1. PTSD 的诊断标准

在 DSM – IV 中,PTSD 的诊断标准更为详细,有 6 个主要的诊断标准。

(1)应激源,患者曾遭遇某创伤性事件,包括:

① 事件:经历、目睹或面对一个或多个事件,它涉及死亡或死亡威胁或严重损伤,或危及自己或他人身体的完整性。

② 主观反应:患者有强烈的害怕、无助感或恐惧发应。

(2)侵入症状(再体验),创伤事件在至少以下之一的方式持续地得以重复体验:

① 反复地和不自主地出现对创伤性事件的痛苦回忆,包括意象、思想或知觉。

注意:儿童可能会反复地玩与创伤的主题或内容有关的游戏。

② 反复痛苦地梦及创伤性事件。

注意:儿童可能有许多不能辨清内容的可怕的梦。

③ 有仿佛创伤事件正在重现的行动或感觉(包括经历的重新体验感、错觉、幻觉、分离性的闪回发作,在觉醒或酒醉时发生)。

注意:儿童可再扮演与创伤相关的情节。

④ 当再次暴露于代表或与创伤性事件的某一方面类似的内部或外部线索时,出现明显的生理反应。

(3)回避症状,长期回避与该创伤相关的刺激,普通反应性的麻木(创伤前没有),可以有以下的表现:

① 努力地回避与创伤相关的思想、感受或谈话。

② 努力回避能唤起创伤性回忆的活动、地点或人物。

③ 不能回忆创伤的重要方面。

④ 对于重要活动的兴趣明显下降,参与减少。

⑤ 与他人的脱离、疏远感。

⑥ 情感的范围受限(没有爱的感受)。

⑦ 前途渺茫感(如对工作、婚姻、子女或正常寿限无所期望)。

回避症状可以分为有意识的回避和潜意识的分离症状。有意识的回避就是以上所列举的。潜意识的分离症状则理解为记忆完全受阻或是"分裂",通过这样的方式保护个体,可怕的创伤事件不会储存在记忆中。

极端的影响会导致"多重人格障碍",人格特点表现为碎片状的记忆。

(4) 高激惹,持续存在醒觉性增高的症状(创伤前没有出现),至少有以下五条:

① 入睡或保持睡眠困难。

② 易激惹或暴怒。

③ 注意力集中困难。

④ 过度警觉。

⑤ 惊跳反应过强。

(5) 持续事件,症状(如侵入症状、回避症状和高激惹)持续超过 1 个月。

(6) 障碍引起具有临床意义的苦恼或者社交、职业或其他重要功能的损害。

如果症状持续超过 3 个月,就可以诊断为慢性应激后应激障碍。创伤事件后至少 6 个月才出现症状,称为延迟创伤后应激障碍。

在诊断时间上,虽然创伤后应激障碍是一个时段性的诊断,在创伤事件后的 1 个月~6 个月内出现症状,但是临床中发现,有时症状是在事件发生几年、十几年甚至几十年后出现。

2. PTSD 的神经生物学机制

当个体受到创伤时,会导致严重的精神、神经与躯体反应。精神上可以表现为焦虑、抑郁,躯体上可表现为失眠、闪回、注意力下降等,躯体反应则有感觉异常、异常的疼痛反应。这些反应均与大脑的工作机制有关。

著名心理学家 Lashley 认为,脑内没有与记忆有关的特殊部位和结构,记忆痕迹弥漫性地储存于整个脑内。这个学说在生理心理学界占据很长时间的支配地位。直到 20 世纪 50 年代,临床报道一例癫痫患者因两侧颞叶内侧部切除而出现严重记忆障碍,才逐渐明确大脑中枢存在与记忆有关的某些神经结构,而且不同类型的学习记忆有不同的脑区参加。尤其是功能影像技术的出现,让人们更多地认识到记忆的脑区。目前,认为与陈述性记忆密切相关的脑区是海马和前额叶皮质。在信息传递过程中,海马接受联合皮质、嗅皮质、屏状核、杏仁、隔核、丘脑和小丘脑的传入纤维,又通过传出纤维投射至联合皮质、乳头体、丘脑前核、外侧隔核和下丘脑等。大量动物研究显示,应激和应激激素可导致海马神经元树突形态学改变和抑制神经的发生,加速海马神经细胞的死亡,进而广泛地影响认知和学习过程,损害海马依赖性的记忆。目前,对非陈述性记忆的核团和脑区还没有明确的定位,近年来发现杏仁核在非陈述性记忆尤其是情绪记忆中起着非常重要的作用。

当处于应激状态时,人体正常的反应是同时激活肾上腺素和糖皮质激素系统,释放去甲肾上腺素和皮质醇。在健康状态下,这两个系统互相调节,在 PTSD 病人中,这种平衡难以维持,两个系统的反应都失调。

肾上腺素负责战斗或逃跑反应,它与维持觉醒和注意、整合记忆有关。在应激或危险情境下,大脑将会增加去甲肾上腺素的合成与释放,使得个体能够对该情境做出合适的反应。当应激情境去除后,肾上腺系统会回复到通常的状态。这种回复到通常状态的能力在 PTSD 病人那里是混乱的。PTSD 个体存在肾上腺过度激活的问题,包括多种神经递质和神经激素的释放,如乙酰胆碱、肾上腺素、去甲肾上腺素以及它们的代谢物水平的增加。这种过度激活与 PTSD 的过度唤醒、再体验、解离、攻击性、广泛的焦虑和惊恐发作有关。另外,肾上腺活性增强似乎还会助长情绪负担记忆的编码。

在整体的应激心理神经内分泌反应中,肾上腺糖皮质激素是认知状态下一个客观变化指标,在急性应激和慢性应激状态下,糖皮质激素水平都明显提高。海马内比其他脑区集中了更高浓度的肾上腺糖皮质激素受体,即 I 类盐皮质激素受体和 II 类糖皮质激素受体,因此也是对应激过程特别敏感的一个脑区。当肾上腺皮质激素受体与肾上腺皮质激素结合时,II 类糖皮质激素受体和极少数结合。而当机体处于应激反应的状态下,肾上腺糖皮质激素的循环浓度提高,II 类糠皮质激素受体的结合得到加强。因此,长时期应激引起的肾上腺糖皮质激素浓度持续释放,或者长期接受肾上腺糖皮质激素的处理,能导致海马容量减少,海马 CA3 区树突萎缩。顶突触结构发生改变、大量锥体细胞变薄和脱落,还发现齿状回颗粒细胞的发生受到抑制。一般来说,依赖海马的认知功能失调的量和肾上腺糖皮质激素的急性影响之间呈倒 U 形关系,慢性应激引起糖皮质激素持续增高引起海马基因表达异常,导致学习和记忆的能力受损。

除了肾上腺素和糖皮质激素系统的影响之外,还有大量的研究认为 PTSD 病人在发育过程中没有建立良好的生物机制。5 - 羟色胺被认为与创伤后应激有关,选择性 5 - 羟色胺再摄取抑制剂(SSRI)对于 PTSD 病人的治疗有效。但是,药物的治疗作用可能更为复杂。PTSD 还可能与 5 - 羟色胺转运体的改变、阿片类物质的失调以及甲状腺激素浓度过高有关。引燃假说也被认为是其中一个 PTSD 发展模型,特别是在如儿童虐待这样的慢性长期应激条件下。该模型认为,重复应激使得边缘系统神经元过度敏感,导致之前阈限下的刺激也能引起反应。

神经影像学的研究结果发现，PTSD 与大脑内白质和灰质、海马以及前扣带回体积较小有关。在儿童期受虐待的幸存者，无论是否构成 PTSD 诊断，同样也发现了海马体积较小的结果，并且减小的体积与虐待严重程度以及 PTSD 症状严重程度有关。海马体积较小与 PTSD 的因果关系目前还没有得出结论，不确定是由于海马体积较小导致了 PTSD 的易感性，还是海马体积较小是创伤性事件的生理反应。更为复杂的是，在某些个体中，这两种结果可能是以重叠的方式同时发生。

另外，影像学研究也证实了 PTSD 个体在语义记忆任务中的海马激活下降，而海马已经被证明在记忆巩固中起到非常重要的作用。有趣的是，研究发现，使用 SSRI（如百忧解）治疗 PTSD 病人发现它能够改进语义记忆，同时使海马体积增加。与此类似的是，在记忆创伤经历时，前扣带回的活动下降，该区域被认为与情绪反应以及情感调节有关。

总之，目前 PTSD 的完整的病理机制尚未完全清楚，但通过对脑及神经生物学和神经病理学的探讨，也许终将揭示其机制。

3. PTSD 的流行病学研究

虽然大部分创伤事件都不会导致 PTSD 症状的出现，但是绝大多数人在其一生中都会遇到符合 PTSD 诊断标准的严重事件。据美国精神病协会（American Psychiatry Association，APA）统计，美国 PTSD 的人群总体患病率为 1% ~ 14%，平均为 8%，个体终生患病危险性达 3%~58%，女性约是男性的 2 倍。德国研究结果为人群总体患病危险性仅为 1.3%，而阿尔及利亚研究结果显示高达 37.4%，同时 PTSD 患者的自杀危险性也高于普通人群，高达 19%。在战争、暴力或经常有自然灾害的国家概率更高。

Kessler 等人研究发现，在美国被诊断为 PTSD 的人群里 88% 的男性和 79% 的女性患有心理疾病，其中最常见的心理障碍为抑郁、焦虑、药物滥用、酒精滥用、吸毒、心身疾病或心血管疾病。至于心理疾病和 PTSD 症状出现先后的问题目前还没有一致的结论。Kessler 提出，抑郁和物质滥用通常是放在其次的，焦虑障碍通常是依附于 PTSD 的，因而 PTSD 的病人更容易患心理疾患。

近年来，我国精神医学界和心理学界越来越重视由自然灾害引起的心理创伤，文献检索显示关于地震和洪灾灾后 PTSD 的流行病学研究报告也越来越多。有研究者对 1995 年—1999 年 5 年内遭受过严重洪涝灾害的洞庭湖灾区成人 PTSD 患病情况进行调查，显示发病率为 33.89%；在张北地震受灾人群的调查中发现，急性应激障碍的发病率为 6.1%，3 个月内 PTSD 的发生率为 18.8%，震后 3 个月的患病率为 7.2%。相对于成年人，地震对孩子造成的心理创伤更为严重，如果不进行有效的心理干预，他们以后出现恐惧、焦虑等各种心理问题的概率会更高。唐山大地震所致孤儿的 PTSD 的调查显示发病率为 23%,提示大地震所致孤儿是发生 PTSD 的高危人群。研究者对唐山大地震后的孤儿进行了调查,发现不少孤儿具有性情孤僻,情绪低落,感到自己低人一等等负面心理表现。

车祸、火灾、抢劫、爆炸和施工塌方等各类人为事故发生后,PTSD 的发生率也很高。早在 1993 年,有研究者就对翻车事故后的 PTSD 进行了研究,发现 41% 的幸存者患有 PTSD。此后,数位研究者均报道,车祸后 PTSD 的患病率在 40% 左右,提示车祸后的幸存者不仅要忍受躯体伤痛,还要经受精神创伤。但与火灾爆炸事故相比,车祸事故后 PTSD 的发病率并不是最高的,特大爆炸事故后 PTSD 的发生率高达 78.66%。目前,我国还没有社区普通人群 PTSD 总体发病率的报道。

对于军人群体而言,军人所承担的特殊任务及特殊的生活方式使 PTSD 成为军人群体中十分常见的精神创伤。在第一次世界大战中,英国士兵守在战壕里,缺乏足够的体力去作战,几乎一个星期就会出现一次物质供应的中断。由于物质短缺,英国士兵一天的死亡人数比整个美国大桥战役中阵亡的人数还要多,出现"战壕神经症"。美国著名的反战军官萨松在 1917 年时变得具有"激惹性",并接受了心理治疗。出于对战友的忠诚和对其孤独反抗的失望,他重返军队,在战争结束后,在很长时间内都受到战争回忆的折磨。第二次世界大战是到目前为止第一次也是唯一一次使用核武器的战争,核武器的幸存者都出现了急性和慢性的心理反应,表现出退缩、惊恐、内疚、精神压力过大等创伤后应激障碍。第二次世界大战中日本的"神风敢死队"自杀式袭击对美国海军造成的伤亡仅次于核武器,位居第二。Kidson 等人对 108 名参加过第二次世界大战的退伍军人进行检查后,发现 49 例在战后 45 年仍然存在明显的 PTSD 症状。

有研究者采用整群抽样对我军的 21198 人进行了流行病学调查,结果显示 PTSD 患病率为 0.485%。其中,陆、海、空军和学员的 PTSD 患病率分别为 0.484%、0.58%、0.84% 和 0.227%,但对特殊兵种或执行救灾任务后的军队来说,PTSD 发病率显著高于和平时期我军 PTSD 横断面调查的结果。高原汽车兵调查显示,PTSD 发病率为 8.65%,烟台"11.24"海难救援军人一个月后的发病率为 17.95%。在对疗养前一个月发生歼教五飞机空中解体导致机毁人亡的一等事故所在部队的飞行员进行了心理健康调查,发现在心理创伤后一周内 PTSD 症状出现率高达 58.33%,此后第 2、3、4 周内发生率依次为 25.00%、11.11% 和 5.56%。

4. PTSD 的易感人群

PTSD 患者虽然大多为直接经历创伤事件的受害者、目击者与救援者,但不一定只有经历重大创伤事件才会导致 PTSD。对于哪些人容易罹患 PTSD,有研究者做了大量的调查。

年龄是导致 PTSD 的一个重要因素,儿童、青少年和老人更容易出现焦虑等精神障碍。焦虑水平高的个体会对生活中的应激事件作出更大的反应,倾向于使用逃避的应对方式,不利于 PTSD 症状的缓解。

有过精神疾病史,伴有原始性冲动的人格障碍、性变态、癔症、反社会的行为方式人群是高发人群。经历过情感问题、战争或自然灾害等事件的个体更容易患 PTSD。他们更容易将引起短暂焦虑增加的生活经历归因于不幸感和灾难。

个体处于低社会阶层,缺乏有效的社会资源,在发生创伤事件时,得到的社会支持较少,心理防御能力减弱,容易出现 PTSD 症状。S. M. Escolas 等人对 561名参加过战争的美国现役士兵进行依恋模式与自我报告的 PTSD 症状进行相关研究,发现依恋模式和士兵自我报告的 PTSD 症状有关,具有安全型依恋模式的士兵报告了较少的 PTSD 的症状。研究表明,经历战争创伤后,安全型的依恋模式有助于预防或减少 PTSD 症状的发生和发展;而安全型依恋模式可以令个体获得较多的社会支持,从而减轻 PTSD 症状。

智力也是一个因素。智力水平低下的个体,在遇到创伤事件时,难以形成有效的应对,而应对方式的不同可降低或增加应激反应水平,从而调节着应激与应激结果之间的关系。Koob 研究表明,在受到精神创伤后,如果采用恰当的应对方式,可以避免 PTSD 的发生。

四、创伤的心理分析

心理学派从不同的视角努力研究和探讨创伤,以帮助更多的人从创伤中恢复过来,走出阴影,开始新的生活。

对弗洛伊德来讲,生命始于创伤。胎儿在母体内获得各种营养并安全地生活着,从母体内娩出对胎儿意味着到一个陌生的、危险的环境中生活,必将在婴儿心理上造成巨大的恐惧、不信任、焦虑、无助等感觉。

弗洛伊德认为,创伤事件包括童年早期经历的事件、青春期经历的事件和青春后期经历的事件,强调创伤事件所导致的创伤性记忆。创伤治疗的目的是重建创伤记忆,对来访者的自我、人际关系和社会功能进行连接、整合和修复。

埃里克森则从安全感角度探讨创伤,提出创伤摧毁了个体的安全感。创伤持续时间的长短受到重新认知和理解创伤事件所需时间这两个因素的制约。如果个体能有效地将创伤在意识中整合、认知和重构,积极回归现实生活,创伤就得到了治疗与修复;如果创伤没有充分地得到治疗,在几年的潜伏期后,创伤事件受到激发,仍可能出现各种并发症状。

近年来,一些心理学者从自体心理学和客体关系理论的角度对创伤进行认识,认为创伤破坏了心理需要的五大领域,即安全、信任、控制、尊重、亲密关系领域以及对自身和他人的认知图式,因此强调认知深层的改变。

1. 自体知觉的变化

当创伤来临时,个体的自体心理解组,自体组织的模式与结构由那一刻开始僵化固着。个体使用强烈的防御抵制恐惧与痛苦。

许多创伤幸存者退缩并且依赖逃离和疏远来维持安全感,失去了生命的活力和效能。

他们需要花费更多的能量去管理未处理的创伤经验与解离情绪,没有力量复原,在亲密关系中充满各种依附与分离的困难。例如,有的来访者在受到暴力伤害后,开始罹患厌食症,用这种无效的方式控制他的感觉。创伤导致个体思考方式、感觉、防御及关系的改变。

当创伤发生时,强烈的情绪体验使个体失去思考能力,对信息的处理退化到前语言阶段,不能认知创伤。因此,对来访者而言,最重要的是能够用语言去描述自体组织系统上的改变。

创伤会导致个体感官运动表征的变化。未处理的创伤记忆成碎片状,自由流动在潜意识的觉察中,个体压抑了强烈哀伤与暴怒。个体不能用语言表达环境,意味着脑部以感官、非口语行为和情绪声调的形式来经验潜意识创伤素材,没有文字语言可以触及这个表征。个案经验到瞬间经验再现、感觉、行为的渴求,但他们并不了解这些意味着什么。

在试图控制未处理创伤素材的过程中,可能发展出僵化及重复的思考模式。大多数人出现经由社会认可的强迫行为,例如工作或运动,其他人则可能会罹患强迫症或其他成瘾行为。

2. 情绪的变化

所有记忆都是围绕基本情绪组织而成。在创伤记忆中,恐怖、战栗、厌恶、无助、羞耻、暴怒、绝望以及哀伤混杂在一起。经验这些情绪感受会使认知能力瘫痪,强烈的情绪随后被否认、解离,这些潜意识感觉持续在幸存者生活中组成经验,使得每一件事看似令人恐惧,每一个人看似具有威胁。

当创伤经验发生时,身体回应了超过负荷的情绪威胁。多数创伤幸存者转向药物、饮食障碍以及其他强迫性行为,压抑对未处理的感受,直到一些未预期的线索触动这些深埋的情绪,对现在的关系产生影响。

3. 防御机制的变化

创伤发生时,原始防御自动地保护自体免于经验暴力的强烈影响。受创伤期间需要防御作用保护,但这些防御常常在创伤事件过后许久,仍持续地自动运作。

功能性的失忆与否认是一种心智运作方式，它想要全然地甩开、忘记或佯装不知创伤经验曾经发生的事情。对整个事件的失忆可能是任何一种创伤的结果，但看来似乎更普遍发生在长期或重复暴力所衍生的后遗症。

解离是一种心智运作方式，当事件冲击太强烈而无法忍受时，它将感官运动表征加以分裂。解离之后会模糊地感觉到有某种困扰的感觉，而这些感受难以用语言标示。

当防御抵抗重复性的极端暴力时，即可能形成意识的多重状态，自我开始依据不同感受来组织各种状态，这些状态被活生生的经验所强化，如果暴力持续够久，这些状态甚至会发展成为人格。

许多创伤幸存者有多重的意识状态，儿童状态、加害者状态及成人状态，但并无极端的人格分裂。理想化也是创伤幸存者常见的人际防御方式。因为对自己感到羞耻，他们对其他人投射正向感受，把别人的生活看成是完美的、充满全知奇妙的。

认同攻击者是内射加害者表征，而后对自己或他人行动外化表现出来的结果。投射性认同是另一种人际防御作用，至少需要两个人才能运作。一个人潜意识地投射出一种感受到环境中，然后，另一个人潜意识地认同这个感受，并行动外化出来。在创伤幸存者身上，个案不知不觉地将他们所不愿经验的感受投射到与之互动的其他人身上。通常，这些人产生一种好像是又好像不是他们感觉的那种模糊感。如果这感受没有被标示出来，那么家庭成员、朋友或是治疗师将不知不觉地对幸存者行动外化出这些感受。除此以外，创伤幸存者还使用合理化、理智化与抵消作用的防御机制。

4. 客体关系的变化

当创伤发生时，自体与他人的心理表征变得狭窄，只有受害者、加害者及遗弃性权威等表征。若这种内化是关系的正确表征，这些基于创伤而来的知觉便会在生活中类化。根源于过去的移情现象覆叠在今日的人际关系之上，带来混乱、痛苦，以及最终投射的行动外化。

当创伤幸存者的移情不知不觉地发作，想努力地由现有关系中整理过去经验，当时关系的阴影覆盖在今日的关系互动中，许多人发现他们一而再、再而三地处在一种破坏的关系中，以重复的强迫方式想努力地处理旧伤。

移情导致了扭曲的客体关系，进而影响亲密关系，而自体知觉通常也随之摇摆不定。

五、心理创伤的治疗

严重的生活事件发生之后，有的人能够很好地应对，而对有些人来说，某些严重的生活事件却成了长久、严重的创伤性事件。有研究表明,约占70%的当事人可以在没有专业人员帮助的情况下自己消化其创伤,另外30%的当事人则或多或少会由此而产生心理障碍,在日后表现出焦虑、抑郁、躯体形式障碍、进食障碍、睡眠障碍、酒依赖和药物依赖等不同的症状。

在治疗创伤后应激障碍上,心理治疗得到了广泛的使用。在第二次世界大战中,对以战争单位为主的群体研究表明,很多人患有创伤后应激障碍。精神科医生和精神分析师,如美国的美林格和英国的比昂在对士兵进行集体治疗及建立治疗联盟的过程中积累了大量治疗经验。在2001年"9.11"事件时,一个陆军军官目睹了同事和密友的死亡,离死亡只有一步之遥。最初,他没有任何反应,但是后来发展成极度的愤怒和罪恶感,并且开始酗酒,最终不得不离开工作岗位。在他回到工作岗位之前,必须接受使用认知—行为疗法进行的社区酒精治疗。

Bisson等人对关于PTSD的心理治疗进行了总体分析,以PTSD患者的临床创伤应激症状的严重程度和病人自我报告的创伤应激症状、抑郁、焦虑等情况为评估指标,对治疗PTSD的所有心理治疗方法进行了疗效比较,发现认知行为疗法以及小组认知行为疗法、EMDR、团体心理治疗、压力管理均可以有效治疗PTSD,而且病人报告EMDR的疗效显著好于其他方法,其他没有聚焦于创伤症状的疗法并没有显著地减少PTSD的症状。

1. 创伤的认知治疗

对PTSD的认知治疗包括引导来访者重新思考对于自己、他人以及与创伤情境有关的负性知觉和信念。随着这些消极假设得到重新评估,来访者慢慢形成一个更具肯定性和力量性的自我与他人形象,并对创伤事件有了更为连贯的理解,发生临床上症状的改善。

以下一些信念和想法是一些创伤来访者最为常见的不合理认知:

(1)我是残缺的,而且永远不会变好、不会被爱,得不到我想要的任何东西。

(2)生存环境是危险的,我会再次受到伤害。

(3)在避免额外的创伤方面,我是无能为力的。

(4)人们都是危险的、掠夺性的,他们不值得信任。

(5)未来是令人绝望的。

和来访者相比,治疗师更容易看到这些认知上的歪曲。但是,如果治疗师只是对来访者的认知表示反对或是与其争论,或是用陈述性的语句来告诉来访者真实发生的事情,治疗不会起作用。

治疗师要为来访者提供机会,唤醒他们在创伤事件中的情绪,体验伴随创伤事件的想法和自我知觉,同时,以更理性的视角来分析创伤事件。Resick和

Schnicke 指出,只有当来访者对于创伤的记忆被激活,并且重新体验创伤当时所产生的想法和感受,对创伤相关的假设和知觉的再加工才会产生最大的效果。这也就意味着,仅仅是讨论某次创伤事件,不去激活某种程度的情绪记忆,是不能改变来访者的记忆认知的。

在治疗中,来访者详细地描述创伤事件和把创伤事件写下来都可以帮助来访者记忆并体验创伤事件,在讲述创伤事件方面,治疗师鼓励来访者尽可能地通过语言详细描述,并充分体验内心的感受。在询问方式上,治疗师尽量使用开放式,给来访者一个想象的空间。布置家庭作业同样可以帮助来访者进行认知重构。来访者使用文字记述创伤事件,在治疗时间内可以和治疗师讨论某个具体的话题,在治疗时间之外,来访者继续对与创伤有关的假设和知觉进行再认知,进行自我治疗。

随着来访者在治疗中不断重复讲述创伤事件,讨论和探索创伤事件激活的情绪与想法,来访者对创伤事件的讲述变得越来越详细,并具有逻辑性。对创伤事件连贯性的讲述与 PTSD 症状的减轻直接相关。来访者能够将创伤事件的断裂点联结上,赋予创伤事件以新的视角和新的意义,降低对创伤事件的混乱感受,产生完成感,从而将创伤事件放在一个更广阔的背景中去认识和思考。断裂的创伤事件开始连续,破碎的记忆开始整合。来访者逐渐增强稳定感。

来访者对创伤事件的认知重构在回忆和加工消极记忆的时候可能已经发生。在治疗时间内,治疗师创造了安全的治疗环境,当来访者讲述创伤故事时,重复体验焦虑感,也在一定程度上缓解了焦虑的消极性质。来访者不再为焦虑而焦虑,而是将它看成一种情绪,解除焦虑与灾难化认知之间的联系,焦虑不再如此可怕。

认知治疗的目的是改变来访者看待自己和创伤事件的方式,增强对内在世界的洞察力。在治疗中,来访者对生活经历有了更为深刻的理解,降低在当前环境中激发创伤后应激障碍的刺激强度。比如,当来访者意识到与治疗师建立亲密的人际关系并不总是危险的,那么,在现实生活中,将会降低与人互动中产生的挫败感、愤怒或是恐惧。

2. 创伤的心理剧治疗

Moreno 认为,心理剧是一种治疗方式,是随着人们进入他们的内在现实,让他们描述并以他们看到的情形去运作。透过戏剧行动,参加心理剧的人将长期埋藏的情境带到表面,以释放情绪压力。1921 年,Moreno 首先在维也纳的精神治疗中心采用心理剧疗法治疗来访者。

心理剧的程序如下:

(1) 提供事实上的设备,包括圆形舞台、观众席和必要的道具。

（2）选择表演者，来访者、工作人员、观众都可参与进来。

（3）导演和观众都要清晰地了解心理剧要解决的问题。

（4）导演要大体勾画出剧情，鼓励来访者大胆表演，并及时引导剧情向目标方向发展。还要邀请观众进行评论，以加强取得的效果。

心理剧对导演的要求较高，他们必须经过专门训练，思路清晰，目光敏锐，并且具有很强的应变能力。普通人是不能设计和导演心理剧的。

Kellermann 提出，在 PTSD 的心理剧治疗中，重新演出、认知性重新处理、附加能量的释放、附加现实、人际支持和治疗性仪式代表着创伤经验的共通成分以及心理剧的一般治疗因素。

创伤事件的重复性重新演出是创伤的典型症候，同时也是大多数创伤治疗方法的一个必要部分。重复性的强迫行为可以被当成是想要控制无法忍受的压力所做的不成功习惯作为，而记得、重复然后修通的这种有计划过程则提供大多数创伤治疗方法（包括心理剧）一个行动纲领。这种治疗性的重新演出和重新经验涉及不断地经历创伤事件、详细地说出记忆和感知，并且用行动来呈现任何无法用语言表达的状况。让创伤经验在众人面前展现出来，其本身就释放了在早先事件中产生的情绪压抑。

创伤治疗的目标在于帮助来访者整合冲突性的信息，并且为旧的信息建构新的意义。这种创伤事件的认知性重新处理有时候可以带来"行动顿悟"，让受创伤人们可以暂时寻找到一些意义。由于他们经常会解离，因此，要主动帮助他们用叙事或个人史的方式将纯粹的感知回想转化成一种更为整合的经验。

情绪宣泄是一种释放的经验。同时，受创伤人通常比他人易感且脆弱，并且采用了一些原始防御机制来保护自己，避免痛苦，因此，获得支持对他们很重要。只有在来访者形成足够的内在控制后，才可以鼓励来访者进行情绪宣泄，并且在情绪宣泄之后要伴随某种矫正性的情绪学习。这一点经常是在想象场景中进行的。

附加现实场景可以被引入心理剧中，来抵消已经做过的事情以及做一些必须被抵消的事情。因此，心理剧可以改变创伤事件，容许不同情绪反应，以最终改变创伤事件的悲剧色彩。当然，想象的使用并不是为了扭曲现实，而是通过强化受创伤人们的内在主观世界，运用"仿佛"状态来适应现实。

有些受创伤的人需要在生活中有"耀眼"的时刻，并且接受人际的支持和欣赏。Allen 和 Bloom 所指出，透过提供一种新的安全、自尊和亲密感，团体可以有助于受创伤个人的社会性重新整合。而且，团体可以帮助受创伤的人不再孤立，可以与他们有相似情绪体验的人一起分享，从而获得角色的积极转化。

在心理剧中，仪式可以帮助人们渡过生活的变迁，以及帮助他们在一个有结构的架构内适应新环境。在创伤经验之后,仪式特别有助于给予人们安全感以及协助他们用象征的方式表达感觉。在心理剧中,可以通过神学、象征和故事的运用来达到对仪式的最佳利用。

案例分析:"来福枪男人"Rick①

"来福枪男人"Rick,42 岁,曾参与 20 世纪 60 年代的火线支持行动。在行动中,小组的不同成员驻扎在废弃的小屋里。Rick 和他的同伴准备夜宿。村庄周围似乎很安全,不具有危险性。然而,就在睡觉之前,炮弹袭击了村庄,Rick住的屋子被击中,他昏了过去,然而他活了下来。当他恢复意识后,震惊地发现三个同伴都死了,而且同伴已经被炸成碎片,尸块和血迹撒在 Rick 身上。

在创伤事件发生前,Rick 一直适应得很好,对生活大致满意,而且人际关系良好,童年过得也很快乐。然而,在事件结束后的 20 年中,Rick 所有的关系都有困难。他历经数段婚姻,长期受到抑郁的折磨,包括好几次解离。当参加社交集会时,他感到失去联结,感到孤立,好像自己是在观看自己。他具有 PTSD 所有症状。

最悲痛的是他存活的罪恶感,他责怪自己在越战中存活。他幻想死去的同伴还活着的话会如何审判他,他想象他们会责备他还活着。

1990 年,Rick 开始接受心理治疗。他参加退伍军人的联谊会,使得他所有的症状变得难以承受。他说在初次会谈时已经到了一个临界点,要不就加入已逝同伴的行列,要不就是脱离持续的痛苦并选择活下去,显然,他在生死之间做抉择。

评估显示 Rick 基本上有很好的自我强度。在角色分析方面,他拥有很多健康的角色,包括开创的探险者、说故事者、有勇气的探险家和富有同情心的朋友。

在心理剧治疗中,介入的第一个部分是让 Rick 暖身而进入最使他苦恼的那个创伤经验,特别是被他三个死去的同伴审判的幻想中。Rick 的宗教信念使他能够把去世同伴的声音放在死后的世界里,在场景布置上,有三个坐垫放在地板上,象征着他的同伴。在三个同伴中,Joe 对他的罪恶感影响最深。创伤治疗师让 Rick 和 Joe 谈话,谈论多年来他对 Joe 和另两个同伴的痛苦、自责、自我厌恶、罪恶和羞愧。Rick 离开椅子,来到 Joe 的坐垫上,抱着坐垫,无声地哭泣了 10 分钟,然后和 Joe 说话,表达多年来痛苦的幸存罪疚感。接下来 Rick 和 Joe 交换角色,并代表 Joe 说话。在扮演 Joe 的角色中,他很惊讶地听到自己说:"你这个该死的笨蛋,我很高兴,其他人也很高兴我们没有全部倒下。不要忘了,如果可以

---

① Peter Felix Kellermann,Hudgins M K. 心理剧与创伤——伤痛的行动演出〔M〕.陈信昭,李怡慧,洪启慧,译.北京:高等教育出版社:2007.

的话,我们都想要对方活下去,我们希望你活着,也很高兴你活着。这让我们觉得很棒,所以你要好好活下去。"

接着有一连串的角色互换,包括表达对彼此的关心,然后结束这一幕。Rick说他现在觉得平静安详,是他多年来未曾有过的状态。

Rick又接受了四次会谈,并且提及一些高涨的情绪体验是以前未曾有过的,他已逝战友的批判声已经转为和善的了。

此案例说明了 Rick 如何透过个别心理剧克服了 PTSD,包括幸存者愧疚。经过治疗,Rick 逐渐投入富有生命力的生活,并拥有一份全新而稳定的关系。

3. 创伤的 EMDR 治疗

创伤来访者的治疗一般分为建立治疗关系、针对创伤的治疗、帮助来访者重新融入生活三个阶段。在这三个阶段中,不同治疗取向的治疗师可以运用不同的治疗方法,比如认知行为治疗、心理动力学心理治疗、催眠治疗、心理剧治疗等。一般情况下,在第二个阶段加入 EMDR 治疗,会使治疗效果更彻底。

眼动脱敏与再加工(Eye Movement Desensitization and Reprocessing,EMDR)由 Francine Shapiro 于 1987 年创立,最初仅为眼动脱敏(EMD),1991 年发展为眼动脱敏与再加工,其中眼动脱敏仅是 EMDR 中双侧刺激的一种,而双侧刺激是 EMDR 操作中众多组分的一部分。EMDR 是一种整合的心理疗法,它借鉴了控制论、精神分析、行为、认知、生理学等多种学派的精华,建构了加速信息处理的模式,帮助来访者迅速降低焦虑,并且诱导积极情感、唤起患者对内的洞察、观念转变和行为改变以及加强内部资源,使患者能够达到理想的行为和人际关系改变。

EMDR 治疗的疗程可分为如下 8 个步骤:

(1)采集一般病史和制定计划。在第一个阶段,评估患者是否适合接受此疗法,及制定出合理的治疗目标和可能的疗效。

(2)准备期。帮助来访者预备好进入重温创伤记忆的阶段,教导放松技巧,使来访者在疗程之间可以获得足够的休息及平和的情绪。

(3)评估。使用 SUDS 量表,评估来访者的创伤影像、想法和记忆,并标出严重程度。

(4)敏感递减。实际操作动眼和敏感递减阶段,以逐步消除创伤记忆。

(5)植入。用指导语对来访者植入正向自我陈述和光明希望,取代负面、悲观的想法以扩展疗效。

(6)观照。把原有的灾难情况画面和后来植入的正向自我陈述及光明想法在脑海中连接起来虚拟练习,以新的力量面对旧有的创伤。

(7)结束。准备结束治疗,若有未及完全处理的情形,以放松技巧、心像、催眠等方法来弥补,并说明预后。

(8) 评估。总评疗效和治疗目标达到与否,再制定下次治疗目标。

EMDR 必须由经过专门培训的治疗师来实行,并且要接受足够的督导。

4. 创伤治疗的核心原则

在创伤心理治疗中,要注意遵循一些原则:

(1) 为来访者提供安全的治疗环境与氛围。在治疗关系中,无论是来访者还是治疗师,安全感对促进治疗工作至关重要。Herman 等人认为,由于创伤可能导致危险,因此,安全对创伤幸存者来说是核心主题。只有在感到安全的环境中,创伤幸存者才能放下防卫,能够相对放松地去看自己并和别人发生链接。

在治疗中,安全至少包括身体安全和心理安全。身体安全是指幸存者感觉到没有遭受来自治疗师或者其他人身体侵犯的可能性,在治疗期间所在的建筑不会垮塌或着火,生命是有保障的。心理安全则意味着在治疗过程中,来访者不会感到自己被批评、伤害、拒绝、明显被误解、被不必要地打断或嘲笑,并且创伤治疗师和来访者的心理界限确信不会被侵犯。只有这样,来访者才会开始卸下防御,更开放地处理与创伤事件相关的思维、感受和记忆。

由于创伤暴露会导致过度警觉,很多创伤来访者会预期危险,耗费大量的资源去觉察即将到来的危险并认为安全的环境也存在危险的因素。因此,让来访者心理感到安全是最重要的。对有些来访者来说,一个安全的治疗环境也可以是不安全的,尤其是一些多重创伤的受害者,对安全更是极其敏感,需要较长的治疗时间,才能体验到治疗中的安全,和治疗师一起进行治疗工作。因此,当来访者感到危险时,创伤治疗师要聚焦于安全。

在创设安全的治疗环境与氛围上,创伤治疗师可以向来访者提供必要的安全信息,让来访者感到他已经脱离了危险的环境或是有能力克服现在的危机状况。在治疗选择上,来访者可以对治疗做决定,选择创伤治疗师。这些都有助于帮助来访者增强安全感。

(2) 保持治疗的稳定化。稳定就是一种持续的心理和生理状态,一个人不会因为破坏性的内在或外在刺激而崩溃。在创伤心理治疗中,稳定化是一个非常重要的问题。

① 保证来访者生命的稳定。

生命稳定是首要的,对来访者而言至关重要。生命稳定是指一般生活的稳定状况。生活在极端混乱和贫穷环境中或有慢性职业危险的人,很难忍受治疗所激活的痛苦。例如,饥饿、恐惧、种族或性别歧视、没有居住场所的不安全感,都不利于在面对激活的痛苦时,进行情绪的复原。没有充分的安全感、食物和住所,要比经历创伤更为痛苦。因此,对于经历了创伤,并且缺乏基本的生命保障的人而言,首先是社会工作干预,其次才是心理干预。在"5.12"汶川地震中,很多在地震中失去了亲人,身体残缺,保障受灾人群的基本生活需要是先于心理干预的,否则心理干预很苍白无力。

② 保证来访者情绪的稳定。除了生命稳定之外,创伤幸存者还应该具有某种水平的心理自我平衡,二者对于开始创伤治疗同等重要。一般来说,对一些有急性精神病性症状、高自杀风险、高水平的创伤后应激、严重焦虑或抑郁的人,要在开始创伤治疗之前进行一些其他的干预,比如恰当地使用药物、危机干预等。如果缺乏前期的治疗,激活创伤素材不仅会导致现存症状的恶化,而且会使幸存者现有的调节情绪状态的能力丧失,有可能导致回避行为的增加,如物质滥用、自杀,或是脱落。

③ 保证治疗关系的稳定。治疗师和来访者之间良好的工作关系是所有成功治疗的最重要成分,创伤心理治疗也不例外。大量临床研究表明,影响治疗效果的不是治疗技术而是治疗关系。尽管有些治疗方法比其他方法对治疗关系的冲击和影响更大,但是事实是如果来访者感到被接受、被喜欢、被认真地对待时,所有的治疗效果都会很好。不管是在短程还是长程的治疗中,治疗关系同样重要。

创伤治疗几乎总是包括重新回顾和处理痛苦记忆,重新激活危险并易受伤害的感受,所以成功的治疗特别取决于治疗性的支持和连接。积极的治疗关系可以降低治疗的脱落率,稳定来访者治疗的参与性和对治疗的依从性,能够忍受痛苦的想法和感受,对治疗师的解释、建议和支持容易采纳与接受。

在治疗中,创伤幸存者逐渐激发先前与创伤有关的记忆和情绪,体验到各种负性情绪,并且一些严重的创伤幸存者在治疗中都会存在一些拒绝或抛弃的负性感受,这些负性情绪和感受如果在治疗师尊重、共情、抱持的态度中被接纳、被理解,他们就可能会逐渐停止对目前治疗关系的泛化,而被当前积极的感觉去条件化。因此,治疗关系不仅是促进治疗进展的有效因素,也是治疗的组成部分。

(3) 治疗师要控制反移情。不管采用什么方式治疗,都会出现治疗师对来访者的反移情。在创伤心理治疗中,由于治疗师本人的因素,同样会对来访者作出一些反应。

在治疗中,治疗师的早年经历、成人创伤或其他不愉快的事件都会引发本人的创伤反应。某创伤治疗师 A,自身正在经历母亲死亡的创伤。当治疗一个儿子跳楼自杀的来访母亲时,内心创伤体验被激活,体验到极度的哀伤与共情,无法对来访者工作。某创伤治疗师 B,在父母争吵的环境中长大,多次目睹父母之间的暴力,在治疗一个涉及家庭暴力的来访者时,激起强烈的愤怒与无助,不能从自身创伤中抽离。

在治疗中,治疗师可能会否认或认知上避免治疗过程中的某些主题。由于治疗师本人内心尚没有修通的部分,影响治疗师对来访者内心世界的探索。这时,治疗师对来访者感到很愤怒,因为来访者刺激了治疗师所回避的记忆或感受,因而认为来访者发生了阻抗。

反移情会干扰治疗。事实上,所有的治疗师都会在治疗工作过程中产生反移情。不是所有的反移情都是负性的,阻碍治疗的进展。有些反移情可以促进治疗的进展,对于正性反移情,治疗师也要觉察与监管。然而,当反移情干扰治疗时,必须采取一些措施去减少这种影响。处理反移情的负性反应的措施之一是接受创伤心理治疗师的督导。另外,也可以参加结构化的同伴咨询小组,在小组中分享治疗中的困难与困惑。最后一个方法是创伤治疗师在其他治疗师那里做个人分析,修复自身的心理创伤,增加治疗师对于人性复杂性认识的深度,完善人格。

六、危机干预

在咨询实践中,所有的咨询问题都是从危机干预开始的,人们只有在问题已经很严重甚至出现危机时才会向专业人员求助。危机是一种认识,当事人认为某一事件或境遇是个人的资源和应付机制所无法解决的困难。除非及时缓解,否则危机会导致情感、认知和行为方面的功能失调。

危机总是复杂多样的。尽管如此,危机干预工作者可以使用相对直接和有效的干预方法来处理危机。目前,专业咨询者和一般工作人员一般采用六步法,用于帮助许多不同类型危机的求助者。

(1) 从求助者的角度出发,确定和理解求助者本人所认识的问题。如果危机干预人员从自身角度出发,认识求助者的危机境遇,那么危机干预工作就偏离了轨道,失去了工作的重点,甚至对求助者而言危机干预工作没有任何意义与价值。明确求助者的困境是危机干预工作的首要任务。在了解求助者的危机情况时,可以使用倾听技术,并注意同情、理解、真诚、接纳,以及尊重求助者。

(2) 保证求助者的安全。在危机干预过程中,危机干预工作者将保证求助者安全作为首要目标,这是非常必要的。安全包括生理安全和心理安全两方面的内容。虽然将求助者安全放在第二步,但在整个危机干预过程中都应该将这一点作为首要的考虑。

(3) 给予求助者以支持。工作人员与求助者充分沟通和交流,使求助者相信工作人员是能够给予其关心和帮助的人。危机干预工作人员不从好与坏的角度评价求助者的经历与感受,积极与求助者建立信任关系,让求助者相信工作人员确实很关心他,为他考虑,对工作人员产生信任感。

工作人员在与求助者建立信任关系上,必须无条件地接纳求助者,并且不在乎求助者对帮助是否能够回报。

（4）提出并验证可变通的应对方式。大多数情况下，求助者由于处在思维混乱的状态，对内心状态没有良好的认知，自然不能恰当地判断什么是最佳选择。有些处于危机状态的求助者甚至认为人生已经无路可走了。工作人员要和求助者讨论其他可供求助者选择的应对方法，让求助者相信这个世界上还可以找到关心和帮助他的人，还可以应对目前的困难情况，生活是有希望的。在讨论时，可以选择其中的几种与求助者讨论，切忌多而杂。

（5）制订计划。帮助求助者制定计划，寻找另外的个人、组织团体和有关机构的支持，讨论求助者现在能够采用的、积极的应对机制。计划的制订应该与求助者合作，让其感到这是他自己的计划，需要自己的努力和参与，不能只把责任推给帮助者。

（6）得到承诺。如果制订计划这一步完成得较好的话，那么得到承诺这一步就比较容易。多数情况下，保证这一步比较简单，让求助者复述一下计划，认可计划，并达成合作的协议。

第二节　士兵心理创伤的团体心理辅导方案

人的出生和死亡本身就是创伤事件，个体心灵必定会在创伤中前行。由于各种各样的原因，战士群体要比一般人群经历更多的创伤事件。创伤随时都有可能发生，并且具有不确定性。发生创伤事件后，心理辅导要及时跟上，虽然有的创伤会随着时间的逝去而自行修复。从心理因素上分析，没有人在创伤事件面前是免疫的，创伤事件对人的心理产生的影响受到创伤事件对个人的重要性的影响。

活动一　认识创伤

➤ 活动目的

基层战士在执行具有一定危险性的军事任务中，不可避免会经历或大或小的创伤，大到面临生命威胁，小到发生人际纠纷。在创伤情况下，人的心理会出现紧张、焦虑、恐慌等创伤心理反应。创伤心理反应会导致个体在较长时间内都处于不良心理状态，影响生活和学习。

因此，识别生活中的创伤事件是应对创伤的第一步，在此基础上修复创伤，恢复心灵的安宁。

➤ 活动要求

场地要求：室外较宽敞的场地或空间较大的室内场地。

教具要求：音响、事先选好的班得瑞放松音乐。

人数要求：20人以内。

➤ **时间安排**

120分钟。

➤ **活动过程**

在音乐中，团体成员闭目，安静地坐在椅子上聆听10分钟的音乐。团体领导者讲解关于创伤的知识和处理创伤的意义，加深成员对创伤的理解和体悟，同时认识到创伤事件不一定都是重大事件，生活中的小摩擦和小冲突都有可能成为影响心理健康的因素。

按照班进行分组，每组成员开始讨论在现在或以前的生活中所遇到的重大压力事件或创伤事件，讨论事件对自己的影响以及如何产生的影响。

团体领导者针对发现的个别需要重点辅导的人员进行关注，在团体中使用支持的技术帮助个体修复创伤。

团体领导者总结。

活动二　父亲，我还没有和你告别

➤ **活动目的**

生活中，我们会经历很多的应激事件，有的事件具有创伤性，对个体的心理造成影响。对战士群体而言，在训练、执行任务与生活中，由于军事化管理与环境的影响，可能常常会经历负性生活事件。某班，某战士的父亲突然去世，没能见上父亲最后一面。归队后，情绪低落，变得不爱说话，开始吸烟，训练与生活受到一定的影响。

为了帮助该战士修复创伤，团体领导者设计了辅导方案，以该战士所在的班为对象，进行团体心理辅导。

➤ **活动要求**

场地要求：室内较宽敞的场地。

教具要求：纸、笔。

人数要求：10人。

➤ **时间安排**

120分钟。

➤ **活动过程**

首先，团体领导者说明辅导的目的，指出在班的环境中，大家一起来帮助该战士缓解丧亲之痛，慢慢地走出抑郁情绪，恢复训练与生活。在生活中，亲人的去世对我们的生活造成很大的影响，尤其是父母的去世影响为最大。辅导对象

173

在父亲临终前没有见上最后一面,没有一个告别的仪式,内心很内疚。

团体领导者以某一个案为例,说明哀悼仪式的重要性。某个案,男,初中时和一个女同学关系很好,建立了良好的伙伴关系。由于某些原因,个案转学到其他学校,和这个女同学没有再联系。高考后,一个偶然的机会,个案听说这个女同学得了重病已经去世。在这个女生去世的过程中,所有的哀悼都没有完成,成为个案的遗憾。在哀伤的情绪影响下,个案开始感到生活是不需要认真的,一切都是不可控的,变得玩世不恭。

团体成员开始分享和自己有关的丧失事件。有的成员谈到小时候奶奶看护自己的时间最长,和奶奶情感深厚,奶奶去世后感到很孤单。有的成员谈到小时候没有玩伴,家中的狗是自己最好的朋友,在这个伙伴由于意外死去后同样感到成为了孤零零的一个人,感到孤独。还有的成员谈到父母的大病,担心父母会离开自己,成为没人管的孩子。在团体成员自由分享过程中,该战士意识到哀伤情绪不是自己独有的,很多人的内心都会存在。虽然事件不同,但是内心的感受是相同的,没有任何差别。

团体领导者针对个案进行具体工作,共辅导4次。

第一次团体辅导的部分对话:

……

某战士:我爸爸65岁。他吸烟,咳嗽得厉害。农村嘛,有时候不是很讲究养生,不让他抽他也不愿意。如果回家时给他买一些烟,他会非常高兴。他很能干。家里有我和哥哥两个孩子,他支持我们读书。后来,我入伍了。他特别支持我入伍,说这是一件很光荣的事。拿着我穿军装的照片给周围的邻居看,别提多美了。(微笑)他虽然没上过大学,但是教育孩子是成功的。

团体领导者:在你的内心,父亲一直以来给了你很多的支持与帮助。当你感到困难的时候,你感觉他和你是在一起的。

某战士:嗯。我特别庆幸我是他们的孩子。以前家里的经济条件不太好,他们省吃俭用,从来没有因为缺钱抱怨过,也从来没有因为缺钱而说过一些生气的话。顶多就是说没事,会过去的,你们学你们的,家里的事别管。我记得印象最深的一件事就是他身体衰弱以后,咳嗽,难免会有些小毛病。我妈说他也不去医院看病,当时我和哥哥都在上学,就挺着,吃点药就算了。真应该好好带他去医院检查检查,现在也没有机会了。

团体领导者:你感到父亲为了孩子可以牺牲、奉献自己,对父亲的这份爱,你很感动。父亲在你的内心是积极的形象,不惧怕任何的困难与磨难。或许你也想为父亲做点什么,但是在当时你是无能为力的。

　　某战士：是啊。医生把他的遗体推出来的时候，我就想以后再也见不到他了，看着他的遗体，我……（流泪）没怎么照顾过他，心理愧疚啊。还想着以后成家了买套房子，把父母接过来，一家人共同生活，让他们安度晚年，尽尽孝心……太突然了！当时我都不能接受。

　　团体领导者：或许任何人在这样的突发事件面前都是无助的。内疚与愧疚充满了你的内心。或许在你的心中，和父亲的关系互动中，有非常美好的回忆。在你的印象中，你觉得和父亲在一起时，最愉快的事情是什么？（注释：让来访者回忆和父亲最愉快的事情，稳定来访者的哀伤情绪）可以谈谈吗？

　　某战士：一家人在一起吃饭。我上高中的时候，有一年正月家里包饺子，我们都会包。大家有说有笑地包饺子，包完了就煮，然后一起吃饺子。感觉特别温馨。在家里总是呆不够，家里热闹，我爸不像有的爸爸那样，爱发脾气，给孩子找错。他从不找错。我的性格就像他。还有就是高考的时候，我爸一直陪着我。有一天下午考试还下雨，我从考场一出来，就看见他下身都湿透了，带着伞呢，但是时间太长了。当时，我就觉得很温暖，觉得他和我是在一起的。

　　团体领导者：父亲已经成了你心中力量和希望的象征。

　　某战士：是啊。他在，我就觉得有力量、有支持，他不在了，希望和力量就没有来源了。有个奇怪的事，原来我是不吸烟的，自从父亲去世后，我也开始吸烟了。

　　团体领导者：吸烟时有什么感觉？

　　某战士：和别人不一样，别人吸烟都是自己想吸，觉得愉快，我是不自觉的吸烟，觉得不吸烟是不对的，必须要吸烟，以完成一件事情，要不然，心理就不安。而且吸烟时也没有感觉。

　　团体领导者：很刻板地要做一个吸烟动作？

　　某战士：好像是。

　　团体领导者：你父亲吸烟吗？

　　某战士：对，他吸烟很厉害，早晨起来就开始吸，我妈说他也不听，一盒烟两天就没了，算是烟瘾比较大的了。他自己吸烟，但是他不让我们吸烟，他说要把精力放在正事上，比如学习。我和哥哥都不吸烟。

　　团体领导者：不自觉地模仿父亲的行为来和父亲保持一种关系？父亲吸烟，我也吸烟，我们俩还在一起。如果你不吸烟，就找不到和父亲发生联系的事情了，就觉得和他隔绝开了。或者说是用吸烟的方式来缅怀父亲。

　　某战士：有点那种感觉。

　　团体领导者：父亲去世后，丧事是怎么操办的？

　　某战士：我到家的第二天就火化了，按照老家的习俗，在家里设了灵堂，守灵3天。我一共在家呆了5天。办完丧事就回来了。

团体领导者：在这期间，在心里有没有和父亲说说心里话？如何看待父亲的去世这件事？

某战士：没多想，就是觉得机械地做一些事情。大脑都不想了，迟钝了。

团体领导者：好，那就给你留一个作业。如果父亲坐在你的对面，你想对他说什么？把你想说的话写下来。

某战士：好。

……

第二次团体辅导的部分对话：

……

某战士：父亲，我想和你说说话，和你在一起呆几天。时间太短了，你走得太快了，我都没反应过来。从小到大，你给了我支持和帮助，没有你，就没有我的现在，我感谢你。生老病死，谁都没法逃开，既然如此，就面对和接受死神的来临，希望你在天堂没有痛苦，没有烦恼，过得幸福，我们也就放心了。我和你来告别了，以后请你多保重，没有我们的日子里你要自己爱惜自己，别太累了。家里你就放心吧，有我和哥哥呢，妈妈就交给我们了。父亲，我不能一直沉浸在失去你的痛苦中，过得有意义也是你的愿望。以后，我会努力，做有意义的事情，让我的人生和你一样精彩。父亲，相信我，我会做到的。

团体领导者：做几个深呼吸。父亲听了你的话后，感到很放心，也就可以安心地走了，去了没有烦恼、只有幸福的地方。用心去感受父亲的身体离开了椅子，在慢慢地升高，升到天空中，离我们越来越远。慢慢地，我们看不见他了，可是他是微笑着离开的，因为他对家里很放心，知道家里人一定会过得很好。

某战士：现在感觉不是那么悲伤了，有些伤感。还有一些失落的感觉。

团体领导者：或许当你感觉父亲离开你的时候，你是失去了他，就像是每次我们离开家去远方的时候一样。

某战士：嗯。我会努力工作，创造一个精彩的人生。

……

第一、二次团体辅导要以建立相互之间的信任感为主，创造安全的团体环境，让成员知道在团体内讨论一些负性事件和情绪是安全的，不会受到批评与指责，也不必感到内疚与羞耻。了解需要重点帮助战士的大致情况，要注意该战士的情绪和感受，维护其安全感。第三、四次辅导以重点帮助该战士为主，处理其哀伤的情绪。

在哀伤的团体辅导中,团体领导者一方面要重点关注需要辅导的战士,同时也要通过其他成员的分享,发现积极的力量,给予个案以其他视角,帮助个案增强现实感,提高处理哀伤的能力。在团体结束时,团体领导者也要注意处理成员的分离情绪。

第十章 士兵生涯规划与生命教育的
团体心理辅导

生命的意义在于奉献,对他人感兴趣,相互合作。

——阿德勒

在这个世界上,我敢讲,能如此有效地帮助人们在最恶劣的逆境中坚持下来的,莫过于对生命意义的认识。

——弗兰克尔

第一节 生涯规划

生涯是个人通过从事工作所创造出的一个有目的的、延续一定时间的生活模式。该定义是由美国国家生涯发展协会(National Career Development Association)提出,是生涯领域中被广泛使用的一个概念。

"延续一定时间"指生涯不是作为一个事件或选择的结果而发生的事情,也不是局限于某一特定工作或职责的时间段。更确切地说,生涯在本质上是持续一生的过程,受个人性格、家庭、社会等多种因素的影响和制约。"创造出"在这里指生涯是一个人的愿望与可能性之间、理想与现实之间妥协和权衡的产物。生涯发展是个体不断做出选择的结果。在选择时,人们需要权衡利弊,从这一点上来说,没有绝对完美的生涯道路,但是对个体而言,也许会有比较适宜的生涯道路。"有目的的"指生涯对个人来说是有意义和有价值的。生涯是选择的结果,需要个体的思考和执行,因个体的人生价值观念不同而有不同的选择结果。"生活模式"在这里意味着生涯不仅是一个人的职业或工作,还包括生活中的各种角色担当。对于"工作"一词,容易被误解,每个人对它的理解不同。在这里,工作是个体从事的一种可以为自己、他人和社会创造价值的活动。

职业生涯规划是指个体对一生中所要从事职业的预期与计划。个体职业生涯规划是一个变化的过程,随着社会、家庭、工作环境以及人生价值观的改变,个体相应地调整对职业的期待。

战士在部队服役期间,从事的是军人这个职业,行使的是军人角色功能。军人职业的环境和任务具有特殊性,对战士的人格要求较高,而且服役到一定年限,还涉及退伍或转业的问题,对战士的心理更是一次考验。在战士入伍时,加强战士职业生涯规划方面的教育,可以帮助战士以发展的眼光看待部队服役的经历,从整体上设计自己的人生之路。

一、帕森斯的特质因素理论

弗兰克·帕森斯的特质因素理论又称帕森斯的人职匹配理论,是最早的职业辅导理论。特性与因素匹配理论产生后,在就业领域内产生了极大的影响。

美国波士顿大学教授弗兰克·帕森斯于 1909 年在其《选择一个职业》的著作中提出了一个全新的观点,即人与职业相匹配是职业选择的关键。

他认为,每个人都有自己独特的人格模式,每种人格模式的个人都有其相适应的职业类型。所谓"特质"就是指个人的人格特征,包括能力倾向、兴趣、价值观和人格等;而所谓"因素"则是指在工作上要取得成功所必需具备的条件或资格。最重要的是,这些特质都是可以通过心理测量工具来加以评量,同样这些因素也是可以通过对工作的分析而了解的。

这样就使得职业指导由理论分析走向了实际应用,从一般的定性分析走向了精确的定量测量。从此,职业规划真正成为一门科学。

帕森斯特质因素理论较强的可操作性,使之被人们广为采用,近百年来经久不衰。其具体步骤如下:

(1) 探究个人,即评价求职者的生理和心理特点(特质)。是否喜欢某个职业,对个体能否在该职业中取得成就至关重要。个体要充分了解自身的特点,如兴趣爱好、能力、性格、缺点等,在此基础上,对职业做出选择,这样可以使个体在职业生涯中充分发挥其潜能。

通过心理测量及其他测评手段,获得有关求职者的身体状况、能力倾向、兴趣爱好、气质与性格等方面的个人资料。这些测验包括:

① 成就测验:用以了解一个人究竟学会了多少东西,又有哪些是对工作有价值的。

② 能力测验:测试个人的最佳状态,并展现他在多大程度上能胜任某项工作。

③ 人格测验:测试个人未来最适合担任那类工作,并可能实现多大的发展程度。

而后,通过会谈、调查等方法获得有关求职者的家庭背景、学业成绩、工作经历等情况,并对这些资料进行评价。

（2）分析各种职业对人的要求（因素），并向求职者提供有关的职业信息，如职业描述、工作条件、薪水等。人有多种需要，并且对每个人而言重要的东西不同。例如，有人认为工作环境是第一位的，有人则把工作性质和自尊联系起来。它包括：

① 职业的性质、工资待遇、工作条件以及晋升的可能性。

② 求职的最低条件，诸如学历要求、所需的专业训练、身体要求、年龄、各种能力以及其他心理特点的要求。

③ 为准备就业而设置的教育课程计划，以及提供这种训练的教育机构、学习年限、入学资格和费用等。

④ 就业机会。

（3）人职匹配，即整合个人和工作领域的信息，这是特性因素理论的核心。在职业指导过程中，他提出了职业设计的三要素模式：①清楚地了解自己，包括性向、能力、兴趣、自身局限和其他特质等资料，以便做到特性匹配，即不同的人去适合自己的"活"；②了解各种职业必备的条件及所需的知识，在不同工作岗位上所占有的优势、不足和补偿、机会、前途，以便做到因素匹配，即要知道某类的"活"适合什么样的人；③上述两者的平衡，即指导人员在了解求职者的特性和职业的各项指标的基础上，帮助求职者进行比较分析，以便选择一种适合其个人特点又有可能得到并能在职业上取得成功的职业。

毫无疑问，特质因素理论为人们的职业设计提供了最基本的原则，人们可以使用它在实际中为人解决职业规划发展的问题。但也应该看到理论中的静态观点和现代社会的职业变动规律不相吻合，它业忽视了社会因素对职业设计的影响和制约作用。

二、舒伯的职业生涯发展理论

美国著名的职业学家舒伯认为，每一个生涯发展阶段都有其特定的生涯发展任务，并且前一阶段的发展任务达成与否，关系着后一阶段的发展情况。他将生涯发展分为成长阶段、探索阶段、建立阶段、维持阶段和衰退阶段。

1. 成长阶段（出生到14岁）

在成长阶段，幼儿必定要面对父母由于工作而不能24小时照顾自己所产生的与父母的分离。幼儿对父母不能每时每刻陪伴在自己身边感到不解，很多幼儿会问父母："妈妈（爸爸），你为什么要离开我？你能不能不去上班？我要和你一起去上班。"这时，父母会对幼儿解释工作的含义与意义，初步了解到人是要工作的，并对父母的职业产生了兴趣。随后，幼儿在成长的过程中，接受了各种教育，开始幻想自己长大后会从事的职业，并在父母的鼓励与要求下为从事某一种职业有意识地培养自己的各项能力。

舒伯将成长阶段具体分为 4 个时期：

（1）前职业期（出生到 4 岁）：幼儿对职业没有任何兴趣，对自己将来从事的工作没有任何的概念。

（2）幻想期（4 岁到 10 岁）：儿童从外界感知到许多职业，对于自己觉得好玩和喜爱的职业活动充满幻想和进行模仿。母亲是第一个影响孩子职业兴趣发展的人。在早期的关系互动中，母亲关注孩子的兴趣，引导孩子对职业进行思考。比如，有的男孩子喜欢汽车，母亲就会激发孩子思考，怎样才能把职业和汽车联系在一起，研究、制造汽车就成为一种可能。孩子或许就幻想自己长大后要当一名研究、制造汽车的人。

（3）兴趣期（11 岁到 12 岁）：对不同的职业进行分析、评价，清楚自己的兴趣，愿意根据自己的兴趣选择将来的职业，大致地做出职业选择。

（4）能力期（13 岁到 14 岁）：开始考虑自身条件与喜爱的职业是否相符，有意识地进行能力培养。

2. 探索阶段（15 岁到 24 岁）

在这个阶段，开始意识到职业是生活中重要的一部分，评估自己的就业能力，尝试不同的职业，发现适合自己的职业。

（1）试验期（15 岁到 17 岁）：综合认识和考虑自己的兴趣、能力与职业社会价值、就业机会，开始进行择业尝试。

（2）过渡期（18 岁到 21 岁）：进入职场或经过专门的职业培训，考虑现实因素，把自己的情况与现实因素相结合，对自我有更清晰的认知。

（3）尝试期（22 岁到 24 岁）：选定工作领域，开始从事某种职业。

3. 建立阶段（25 岁到 44 岁）

为建立稳定职业阶段，经过两个时期。

（1）尝试期（25 岁到 30 岁）：对初就业选定的职业不满意，再选择、变换职业工作。变换次数各人不等。也可能满意初选职业而无变换。

（2）稳定期（31 岁到 44 岁）：个人开始致力于稳定工作，并在工作中创造越来越多的业绩，发展势头也越来越好，是创造性很强的一个阶段。

4. 维持阶段（45 岁到 64 岁）

在这一时间内，个人已经在工作领域内取得一定的成就或名誉，很少谋求在工作上有新领域的发展，更多的是维持目前的工作状态，并继续创造，在现有基础上能够前进。

5. 衰退阶段（65 岁以上）

65 岁以后，脑力和体力逐渐衰退，工作活动慢慢减少，有些人会退出全职工作而选择兼职工作,或者是工作活动完全停止,从事一些休闲娱乐或志愿活动。

三、霍兰德的人格类型理论

当人们进行职业选择时,有时由于不了解自己的性格等因素,在职业选择上犹豫不决或是一头雾水。由此,在必要的情况下,一些专业的测试能够帮助个体进行职业选择,为个体了解自己适合做的工作提供指导和参考。在职业选择上,一般情况下人们会做的测验是人格测试和兴趣测试。中国是最早使用心理测量和心理测验技术的国家。早在 2500 年前,思想家和教育家孔子就已经在他的教育实践中使用观察的方法把学生按照能力的等级进行分类,即中上之人、中人和中下之人。汉代学者董仲舒所说的"一手画方,一手画圆,莫能成"是世界上做早的心理测验。6 世纪中叶中国江南的"抓周"目的就在于考察幼儿的兴趣。由于众多原因,现代的心理测量理论与技术没有在中国产生,而是在产生工业革命后的一些西方国家产生的。之后,心理学家研究了多种人格测验,代表性的有卡特尔 16 项人格因素问卷(16PF)、明尼苏达多项人格测验(MMPI)、梅耶—布瑞格斯人格特质问卷(MBTI)。

在人才选拔中,经常使用的是职业兴趣测验,目的在于帮助求职者清晰地了解自己的兴趣爱好,以在求职的过程中选择自己感兴趣的职业,并能够自觉地投入精力,创造价值。美国职业心理学家霍兰德提出了人格类型的理论,在其所著的《职业决策》一书中提出人格类型与职业相关,描述了与 6 种人格类型相匹配的职业,并编制了一套职业适应性测验(SDS)。霍兰德认为,在现实的文化中,可以将人的人格分为实际型、研究型、艺术型、社会型、企业型与传统型 6 种类型。每一特定类型人格的人,对相应职业类型中的工作或学习感兴趣,并寻求能充分施展其能力与价值观的职业环境,个人的行为取决于个体的人格和所处的环境特征之间的相互作用。在上述理论假设的基础上,霍兰德提出了人格类型与职业类型模式。不同类型人格的人需要不同的生活或工作环境,例如"实际型"的人需要实际型的环境或职业,因为这种环境或职业才能给予其所需要的机会与奖励,这种情况即称为"和谐"。类型与环境不和谐,则该环境或职业无法提供个人的能力与兴趣所需的机会与奖励。

职业兴趣测试就是通过科学的心理测试,帮助个体了解自己的人格类型,在择业时尽可能根据自己的兴趣去选择职业,并在喜欢的职业中充分发挥聪明才智,获得满足与快乐。然而,在实际生活中,这 6 种人格类型与相匹配的职业不是绝对的一一对应,影响个体择业的因素很多,如社会环境、家庭背景等。

第二节　生命教育

生命是什么？"生命"一词,最早见于战国时代的《战国策·秦策三》:"万物各得其所,生命寿长,终其年而不夭伤。"后来,生命特指一些能独立于大自然以外的物质个体。在本书中,生命特指人的生活。

一、生命的意义

人类需要意义。人类生活在"意义"的领域中,我们赋予所经历的事物以我们的意义,即我们创造了意义。没有人能够脱离意义而适应现实环境。现实在不同人的眼中呈现不同的色彩。虽然没有绝对的意义,但是有人的意义显得高尚,有人的意义却很糟糕。人活着却没有意义、价值、目标与理想,会产生极大的痛苦。在极度痛苦的情况下,甚至会结束自己的生命。

生命的意义很难用标准的一两句话来回答,因为生命的意义因人而异,因时间而已。每个人都是独一无二的,所以意义也就有了不同的内容,抽象的生命意义是不存在的。每个人在生活中,都会寻求属于自己的需要去完成的任务或活动,没有谁能够被他人替代。在寻找生命意义的过程中,每个人都有自己的答案,并且只有在承担生活的责任后才能获得答案。

1. 亚隆的生命意义观

亚隆,存在心理治疗大师。他认为"意义"和"目的"本是两个不同概念。意义是指道理或清楚的条理,寻找意义是指寻找清楚的条理。目的是指意向、目标、功能。在询问某件事情的目的时,人们是在问它的功能:它是做什么用的?要达到什么结果? 一般情况下,人们都会把这两个词当作同义词使用。

亚隆认为,意义有宇宙意义和个人意义之分。宇宙意义强调世界和人类的生命都是神预定计划的一部分,人类的生命要致力于效仿上帝的目标,而上帝代表完美,所以生命的目的是努力达到完美。

在个人意义上,有5种来源:

（1）利他。利他可以为很多人提供生命的意义。在为他人付出的过程中,获得了自我实现。亚隆在临床实践中,深刻地体会到有意义感的人生活得更充实,在面对死亡时比缺乏意义感的人更乐观。相信付出是好的,对别人和社会有益,以一颗善良而慈悲的心去感受世界,这成为很多人生活意义的来源。

（2）为理想奉献。每个人都有理想,每个人都是透过理想而达成的结果。为了某个"理想"而有意义的活着是一种常见现象。家庭、国家、政治或宗教理想、信仰、科学的探索都可能会成为理想。为理想而奉献首先包含着利他的成分,最终是为了大多数人的利益。即使是没有明显的功利色彩,能够把个人提升到自我之外的活动也是重要的。

(3)创造力。创造力是可以给人提供意义感的另一个来源。每个人都会在某一方面具有某些创造性或独创性。在创造中,创造出某种全新的东西,强烈地使人产生存有的意义感,虚无的生活焕发出耀眼的光芒。总是有一些人把自己投身于创造,在创造中感受生活与生命的乐趣和价值。创造力是人与生俱来的一种潜能。

(4)快乐主义。有人认为生命就是快乐地活着,生命是一个礼物,人们要欣赏它、享受它、阅读它,生活的目的就是全然地活着。追求快乐是人的行为的根本原因。只要是能够让人快乐的事情,快乐主义者都会把它们视为意义的框架内容。

(5)自我实现。追求自我实现的人相信人必须致力于实现自己,发挥自己的潜能。对于自我实现,马斯洛认为,“人类的构造迫使他走向越来越完全的存有,也就是走向大多数人所说的美好价值,走向平静、仁慈、勇气、诚实、爱、无私和善良。”①自我实现是人活着的目的与意义,是高级的需要层次。自我实现是人的本性,是一个自然的过程。

在这5种来源中,快乐主义和自我实现关注的是自我,利他、献身于理想和创造力超越了自我,反映内心的某种渴望,为某种外在的人或事服务。

2. 阿德勒的生命意义观

阿德勒1870年出生于奥地利的维也纳,在六个孩子中排行第二,从小驼背,行动不便。他认为他的童年生活并不快乐,因为他觉得无论如何努力都赶不上哥哥。他在兄弟姐妹中的排行和童年身体疾病对其理论形成有重要的影响。他认为不管有无器官上的缺陷,儿童由于身体弱小,必须依赖成人生活,而且一举一动都受成人的控制,所以普遍存在自卑感,但是自卑感并不是异常的象征,而是个人在追求优越地位时一种正常的发展过程。1902年弗洛伊德邀请阿德勒参加维也纳精神分析会举办的周三晚间讨论会,但是后来两人的观点出现分歧,阿德勒另组织了“自由心理分析研究学会”,并称其研究为“个体心理学”。

阿德勒认为,生命具有三项任务。我们每个人的生活都受限于三个约束,在赋予生命以意义时,每个人都要考虑这三个因素:一是人类生活在地球上,每个人都是人类的一员,我们尽可能地利用地球上的资源生存和繁衍,发展肉体与心灵;二是没有人是人类的唯一成员,我们与其他人密切相关,个人的脆弱与限制

---

① Kilpatrick D,Dubin W,Marcotte D. Personality,Stress of the Medical Education Process and Changes in Affect Mood State[J]. Psychological Reports,1974,3:1215 – 1223.

使个人无法完成更多的目标,也无法实现延续生命的目的,从这一点上看,一个人对于自己和全人类利益的最大贡献,就在于与他人相联系;三是人类由两性组成,任何男女的生命都会经历这一问题。

对这三个约束,阿德勒认为,人必须面对三个问题:第一,职业类问题,即在资源有限的地球上,怎样才能找到一个得以生存下去的职业? 第二,社会类问题,如何与他人合作,并分享合作的利益? 第三,两性类问题,即如何依赖两性关系,延续自己的生命? 如何调整自我以适应两性关系?

由此,阿德勒认为,"生命的意义在于:对同类感兴趣,作为团体的一分子,为人类幸福贡献自己的一份力量。"①

二、生命与死亡

人必将会面临衰老和死亡,生命无法拖延。生和死是人生的必然过程,是相依相存的。虽然在生活中人们谈论得更多的是生,但死亡是在生命的表层之下对人的思想和行为产生巨大的影响。死亡是原始焦虑的来源,也是精神病理的基本来源。虽然死亡的发生是在生命中的某一时刻完成,但是关于死亡的思考一直伴随人们生命的整个过程。

形体的消亡会使人毁灭,可是人们对死亡的观念却能够拯救人。

一个人的生命突然受到威胁时,如果改变对生命与死亡的观念,生命从此更为丰富多彩,比如某人在常规的身体检查中被告之得了某种重大疾病,并且治愈的希望渺茫,或许会在短时间甚至是瞬间改变对生命和生活的看法。在现实生活中,这样的例子很多。

某病人在死于癌症之前写下了这样的一些话:"我发生一项改变,我相信不会再变回去了。名声、政治上的成功、金钱的追求,突然间都变得毫不重要。在刚知道自己得癌症时,我根本没有想到参议员的宝座、银行的存款,或是自由世界的命运……自从我被诊断为癌症以后,我和妻子之间再也没有争吵。我过去一向会责备她从前面而不是从后面挤牙膏、无法满足我挑剔的口味、不问我意见就安排客人名单、花太多钱买衣服。现在我一点也不在意这些事情,觉得这些事无关紧要……取而代之的,是对以前认为理所当然的事,有了全新的评价——和朋友共进午餐,搔搔墨菲的耳朵,听它满足的"喵喵"声,妻子的陪伴,安静的晚上靠着床头灯读书或杂志,在冰箱里搜寻咖啡。有生以来第一次,我真的在品尝生命。最后,我了解自己并非不朽之人。"②觉知当下的一切,就是对生命最真挚

---

① 阿尔弗雷德·阿德勒. 生命对你意味着什么〔M〕. 北京:国际文化出版公司,2000.

② 欧文·亚隆. 存在心理治疗(上)〔M〕. 易之新,译. 台北:张老师文化事业股份有限公司,2003.

的热爱,也是克服死亡焦虑的最终方法。

面对死亡,我们会感到焦虑,毕竟让我们感受深刻的是生而不是死。死亡是焦虑的来源。不仅成人会意识到人必有一死,有的小孩在三四岁时就知道了死亡。在和父母的关系互动中,有的父母会和孩子有这样的交流:

父(母):孩子,和小时候相比,你已经长大了。

孩子:爸爸(妈妈),什么是长大?

父(母):长大就是你能够自己干很多事情了,不需要爸爸(妈妈)帮忙了。

孩子:那我就能和爸爸(妈妈)一样大了!

父(母):爸爸(妈妈)就老了。

孩子:爸爸(妈妈),什么是老?

父(母):老了,就是走不动了,跑不动了……

孩子:爸爸(妈妈),我不愿意让爸爸(妈妈)老! 爸爸(妈妈),你会不会死啊? 我不让你死!

父(母):……

在临床上,多数来访者最终都会谈到对死亡的恐惧。

对话示例:

某战士:什么事情都要完美,我才会感到安全,就好像是活在想象中,不能面对现实。从初中开始,就爱幻想,对于不能改变自己感到很无奈。

治疗师:感到无奈的时候,你如何看待自己的无奈?

某战士:不愿意体会无奈的感受,那会感到很孤独。遇到事情,容易往坏处想。有时,想把自己解脱了,死了算了。反正不能把所有的事情都掌控得很好。

治疗师:当你感到不能控制所有的事情时,内心是焦虑的,害怕自己会受到莫名的惩罚,极度地不安全,就像是世界上没有谁能够保护你一样。

某战士:是的。内心充满了危险,又说不上来是什么样的危险,特别害怕。只有自己变得强大了,才会感到安全,才不会毁灭。

面对死亡,人们自然地会去防御。在防御机制上,一般使用个人独特性和终极拯救者这两种方式来对抗死亡焦虑。

独特性是一种非理性的想法,是个人为了自我安慰而使用的防御机制。虽然在意识层面,个体知道自己和别人没有不同,但是在内心,个体相信年老、死亡都是发生在别人身上的,由于自己的独特性,自己不会受到伤害、不会毁灭。在生命早期,我们相信是自己创造了整个世界,和其他人、物之间没有任何的界限,认为死亡离我们很遥远,可以用意念来左右死亡。

终极拯救者和独特性相伴而行,相信有终极拯救者。儿童时期,相信父母是全能的,是我们的保护伞,在他们的呵护下无所畏惧。长大后,逐渐地理解了父母不是全能的,于是开始寻找新的终极拯救者,或者是在宗教中寻找,或者是在信仰中寻找。在终极拯救者的保护下,我们得到了永生。

三、生命观

生命总是和它的必然结局相联系,如果看待生命时,不把它和死亡连接在一起,这样的生命观是不科学的。死亡是有机体的解体,除了构成有机体实体的各种化学成分,什么东西都不会留下来。为了获得永生,人们努力创造价值,让后人得以纪念。于是,每个人都在现实生活中寻找意义。当然也存在一些极少数人隐居到深山老林,过起了与世隔绝的日子,选择了逃避。

1. 承担责任

生命是承担责任。每个人都会面对多种多样的责任。对于那些能够为他人负责、可信任的人,通常都认为他们是有责任感的人。在心理健康层面上,责任指的是个体有理性行为的能力。一个人要做什么选择、创造什么感觉,都是由自己决定的。人自己创造了自我、命运、困境、感受和苦难。不能承担责任的个体,总会不断地去责备他人或是外界的力量,不能获得自身心灵的成长。

责任和自由相关联。个体在承担责任的同时,自由地创造了自身的命运。那些行动或没有履行的行动,都是个体自由选择的结果。在不同的环境中,个体都有权利选择做什么,内心最终是自由的。从这个角度上说,每个人都是每个人生活的创造者。当个体成为自己,对外界和自己负责时,就必然会体验孤独,因为每个人都是一个独立的世界。当个体抱怨生命没有意义、空虚无聊时,也失去了选择的自由,失去了责任。如果自由选择会给个体带来焦虑,自然当个体不能承担责任时,就会潜意识地逃避自由和责任,陷入自己的生活是由他人或其他力量所决定和影响的怪圈,寻找替罪的羔羊,把责任推给他人。

2. 人的价值在于为社会做贡献

在第二次世界大战中,有个美国士兵在潜水艇中服务,他坐在散兵坑里冻得发抖,感到莫大的痛苦。忽然,他灵感一闪,瞬间就明白了这种痛苦的意义。于是,他的注意力不再集中在此时此刻的烦恼上,而是把自己的经历放在更为广阔的意义中去思考,把个人和国家联系在一起,把个人痛苦与国家的利益相连接,超越个人的痛苦,追求一个更伟大的目标。贝特兰说:"一个人不可能仅仅凭着职责的意义来进行认真的思考,我需要不时得到一些小小的成功来保持动力。"①

人是社会的人,社会关系是人的本质属性。从个人角度上,人的社会活动首先满足了自身的需要,从群体的角度看,人创造了社会,促进了社会的发展。如果一个人只依赖于社会生活而不为社会作贡献,那么他就会失去存在的价值。人的最终价值是为社会发展作贡献。抛开个人视角,将自我放在一个更广阔的空间,可以在某种程度上超越个人价值与利益,与外界融合。

3. 实现自己的潜能

每个人的生命都渴望心与身的和谐统一,渴望个人与他人和社会的和谐统一。每个人的潜能都是无限的,都在呼唤着自身价值的实现。自我实现的过程意味着发展真实的自我、发展现有的或潜在的能力。它并不是一种终结状态,它是实现潜能的过程,没有时间和质量限制。它意味着充分地使自己成为一个整体,成为多个自我的统一。

第三节　士兵生涯规划的团体心理辅导方案

战士入伍后,正处于舒伯所言的职业探索阶段,开始评估自身的能力,在适应部队环境的情况下思考将来适合自己的职业,为以后的人生做打算。生涯规划不是瞬间完成的,它是一个连续的过程,随着战士对自身的认识与社会环境的变化,战士对人生有不同的思考,导致生涯规划的调整与变化。

活动一　我的未来不是梦

➤ **活动目的**

个人为了生存和发展,必须要从事一项职业,但是每个人都有性格和能力上的差异,选择适合自己的工作是每个人都曾经遇到的一个难题。战士退伍后,马上面临的就是二次择业。如何根据自身的优势,在诸多的职业类型中,选择一种职业作为以后人生的起点,对大多数战士来说都是比较复杂和迷茫的。重新进入地方,意味着开始新的生活。个人的人生价值观、兴趣爱好、能力特质等因素都会影响个人的选择。

在本活动中,通过活动的过程,让战士更加了解自己的人格特质和价值观,帮助战士对退伍后选择适合自己的职业有一个大致的倾向和想法,以免浪费太多时间在社会里摸索,尽快找到自己在社会中的位置,重建归属感。

---

① 托马斯 A 哈里森. 我好! 你好! 〔M〕. 北京:光明日报出版社,1988.

➢ **活动要求**

场地要求：室外较宽敞的场地或空间较大的室内场地。

人数要求：20人以内。

教具：纸、笔。

➢ **时间安排**

120分钟。

➢ **活动内容**

整个团体随机分为两组。团体领导者介绍本次活动的目的和意义，说明人格特质和职业之间的相互关系，引导成员认识到根据自己的人格特质选择将来职业的意义，一个人的兴趣对一个人的择业和对职业的态度有重要影响。团体领导者给小组成员布置团体任务，要求每个小组中，团体成员向小组介绍自己，分析自己有哪些特质，是怎么样的一个人，哪些是自己喜欢的特质，哪些是自己讨厌的特质，这些特质在生活中对自己有何影响。

我自己觉得我是一个____的人：

☐ 有恒心的	☐ 有谋略的	☐ 害羞的	☐ 缺乏想象的
☐ 有条理的	☐ 直觉的	☐ 有责任感的	☐ 好交际的
☐ 好奇的	☐ 固执的	☐ 具体的	☐ 爱冒险的
☐ 情绪化的	☐ 爱动脑的	☐ 慷慨的	☐ 有说服力的
☐ 周到的	☐ 精确的	☐ 内省的	☐ 节俭的
☐ 依赖的	☐ 理想主义的	☐ 顺从的	☐ 爱争辩的
☐ 有主见的	☐ 文静的	☐ 被动的	☐ 追根究底的
☐ 乐观的	☐ 友善的	☐ 助人的	☐ 独立的
☐ 有创意的	☐ 实际的	☐ 防御的	☐ 天真的
☐ 浮躁的	☐ 柔婉的	☐ 含蓄的	☐ 拘谨的
☐ 喜欢表现的	☐ 有野心的	☐ 真诚的	☐ 机智的
☐ 冲动的	☐ 冷漠的	☐ 理性的	☐ 富想象力的
☐ 善解人意的	☐ 活跃的	☐ 顺从的	☐ 擅言词的
☐ 慌乱的	☐ 刚毅的	☐ 合作的	☐ 保守的
☐ 有自信的	☐ 颖悟的	☐ 忧虑的	☐ 有同情心
☐ 不重实际的	☐ 沉着的	☐ 有效率的	☐ 悲观的
☐ 细心的	☐ 理想主义的	☐ 机智的	☐ 自贬的
☐ 敌意的	☐ 高傲的	☐ 圆滑的	☐ 投机的

请小组成员在每个组内分享到目前为止自己做的最成功的事情、最想做的事情、最失败的事情，思考自己的兴趣和爱好对做事的影响。

189

1. 到目前为止,你认为自己最成功的事情是＿＿＿＿＿＿＿＿。

2. 你目前最感兴趣的事是＿＿＿＿＿＿＿＿。

3. 到目前为止,你认为自己最失败的事情是＿＿＿＿＿＿＿＿。

4. 你未来十年最想做的事是＿＿＿＿＿＿＿＿。

5. 你希望别人为你做的事是＿＿＿＿＿＿＿＿。

团体领导者归纳总结每个人的人格特质的特点,并结合人格特质和做事情的成功与失败情况,带领成员思考在职业选择中,根据自己的特点,如人格、兴趣爱好等,来选择相应的职业会使一个人更能够获得幸福感和价值感。虽然社会职业丰富多样,各个行业竞争很激烈,但是在自己个人的努力中,仍然可以通过自身的条件与优势创造自己的事业,追求人生的精彩。

团体领导者在观察中,可对那些心态消极的战士进行重点辅导,引导他们树立积极乐观的心态,走出消极悲观的状态,认真面对即将开始的新生活。

团体领导者总结。每个人都有过去、现在与未来,不管处于什么状态,必定会面临各种各样的选择。我们最终将为自己的选择负责。

活动二　告别军营,开始新的生活

➤ 活动目的

每个人的人生从头到尾就是一个长长的故事,有精彩,有伤痛。在军营生活中,战士从地方到部队,经历了环境的巨大改变和军营生活中多姿多彩的故事,每个人都在内心经历了一次蜕变。即将离开军营,离开朝夕相处的战友,去面对新的环境,每个战士都会对分离产生一定的心理反应,适当的表达内心的情感,向军营生活告别,对战士开始新的生活具有一定的帮助意义。活动的目的在于创造一个氛围,让战士表达对军营生活的感悟,修复内心可能曾经产生的负性情绪,获得积极的力量,增强对未来生活的信心。

➤ 活动要求

场地要求:室外较宽敞的场地或空间较大的室内场地。

人数要求:20 人以内。

教具:纸、笔。

➤ 时间安排

120 分钟。

➤ 活动内容

大家围圈而坐,团体领导者介绍本次活动的目的和意义。在歌曲《穿上军装的那一天》中开始团体活动。团体领导者按照入伍第一天、一年兵、两年兵和退伍的时间序列引导战士回忆军营生活的点滴,在团体内分享印象深刻的事件和瞬间。在成员分享的过程中,领导者需要注意维持安静、温暖和理解的环境,以使战士在分享内心故事时能够感到安全,让情感自然地得以流动和涌现,并表达出来。

在战士讲述的过程中,团体领导者把战士讲述的故事进行提炼,或是按照军营典型生活事件的索引记录整理,最后进行总结归纳,帮助战士梳理内心的情感。在事件导引上,可以重点探讨新兵集训、重要任务、战士个人生活中的重要事件、战友之间的感人瞬间等内容,尤其是新兵集训,训练量大,对战士身体、心理都是一个考验。

在活动的最后20分钟,播放歌曲《离开部队的那一天》,让战士认识到即将结束部队的生活,走向新的未来,处理分离的情绪和情感。

团体领导者总结,引导成员,人生是一个历程,可能由不同的阶段组成,没有谁能够提前把人生安排好,面对和接受变化是人生的基本态度。军人角色在很多男儿的心中是神圣而威武的,在军营的生活中,每一个人内心都无形地或多或少地增添了男性的力量与无畏的勇气,在某种意义上,增强了战士的男性性别认同感,从而带着更坚强与勇敢的心态去面对以后的生活。军营生活不同于其他环境,在朝夕相处的日子里,战士之间建立了深厚的友谊,而这种友谊是沉淀在内心的、永远不会抹去的情感,随着时间的延续,慢慢地成为每个人心中一笔宝贵的财富。军营生活经历由一系列带有军队核心特点的故事组成,通过讲述这些故事,整合一些破碎的片段,将故事连接成一个连续体,成为一个整体,印刻在战士的内心世界。

第四节　士兵生命教育的团体心理辅导方案

生命是可贵的、独特的。人们对生命、对社会都会有一个看法或态度。生和死是同一个过程的两个视角。我国的儒家思想珍视人的生命,强调重生轻死,让现有的生活有意义、有价值,对死相对来说比较忌讳。西方文化则更多地把生和死等同看待。恩格斯说:"生就意味着死。"[①]生和死是一个过程不可分割的两个方面。在西方文化背景下,人们更能够轻松地讨论生死问题。

讨论生死问题,可以帮助战士树立全面的"生命观",探讨如何在面对死亡的过程中消除死亡对自己的负面影响,更加珍惜生命和生活,活得精彩。

---

① 中共中央马克思恩格斯列宁斯大林著作编译局.马克思恩格斯选集〔M〕.4卷.北京:人民出版社,1972.

活动　珍爱生命,乐观生活

➤ 活动目的

人最宝贵的是生命,生命是智慧、力量和一切美好情感的唯一载体。生命教育的目的,是引导战士正确认识人的生命,培养战士珍惜、尊重、热爱生命的态度,增强对生活的信心和社会责任感,树立正确的生命观。

青年战士年龄大多在 18 岁到 25 岁之间,心理发展相对不成熟,看待事物难免有偏差,情绪不稳定。通过活动帮助战士感悟生命与生活,促进其心理成熟,能够理性地看待生命和生活中的各种事件,以积极的心态面对挫折与磨难,乐观生活,展现自我。

➤ 活动要求

场地要求:室外较宽敞的场地或空间较大的室内场地。

人数要求:20 人以内。

教具:纸、笔。

➤ 时间安排

120 分钟。

➤ 活动内容

大家围圈而坐,团体领导者介绍本次活动的目的,通过小故事讲解关于生命的基本知识,引导成员树立珍爱生命、珍惜时间和生活的理念。

团体领导者带领成员画出生命线。

指导语:现在,请大家闭上眼睛,想一想我们的过去、现在和将来(5 分钟)。请准备好纸和笔,如果在某件事情或某个阶段上,你感到心情愉快,就用颜色鲜艳的笔工作,相反则用颜色黯淡的笔工作。

在纸的中央位置上画一条长长的横线,末端画上箭头。在原点处标上 0,在箭头上的某一点标上你预期的寿数。标题是我的生命线。这条线代表的是你一生的时间,在不同的点上代表不同的生命时间。

现在请根据你所规划的生命长度,找到现在你的年龄所处的点,标出来。比如,你现在 18 岁,就标出 18 岁的那个点。在这点的左边代表着过去的岁月,右边代表着未来的日子。把过去对你有着重大影响的事件用笔标出来。比如,你 6 岁上学了,就找到和 6 岁对应的位置,填写上学这件事,初中一年级时和同学有矛盾,就在初中一年级的位置标上人际困扰。以生命线为参考界限,快乐的事情标在生命线的上方,如果非常愉快,就把它标得更高一些,痛苦的事情标在生命线的下方,如果非常痛苦,就把它标得更下方一些。这样,我们就用不同颜色的笔和不同位置的高低,记录了自己在今天之前的生命历程。

　　对于未来的部分,我们可以设想,在不同的时间想干什么,就在相应的时段上把它标出来,写上要干的事情。这件事情给我们带来快乐的不同程度标在不同的高度上。生活中既会有快乐,也会有痛苦。把可能遇到的困难也标在相应的位置上,比如,当你觉得面临死亡时,缺少经济的支持等,就可以把它标在生命线的下方。这样,我们的生命线就画完整了。

　　当把生命线画完后,团体领导者带领成员把注意力集中在此时此刻,引导成员接受过去已经发生的事情,事件本身不可改变,能够改变的是我们对待事件的态度。和过去与将来相比,现在是可以把握的,要珍惜现在的时间与生命,过好现在,才能拥有未来。对于未来,要有规划,设计目标合理而现实,按照自己的目标去努力实现。

　　团体领导者与成员一起讨论在生命线上的重要事件,帮助成员重新认知事件,清晰思考现在的现实生活,对未来的规划给予鼓励和支持。如发现需要个别辅导的成员可在活动结束后进行个体心理辅导。

　　团体领导者总结,引导成员人生是一个过程,每个人有每个人的故事,在这些故事的背后是我们每个人的想法和欲望,无法预设我们的人生故事。每个人能够做的事情就是珍惜今天。

参 考 文 献

[1] 张小乔. 心理咨询的理论与操作[M]. 北京:中国人民大学出版社,1998.

[2] 樊富珉. 团体心理咨询[M]. 北京:高等教育出版社,2005.

[3] 亚隆. 团体心理治疗——理论与实践[M]. 李敏,李鸣,译. 北京:中国轻工业出版社,2010.

[4] Cormier S,Nurius Paula S. 心理咨询师的问诊策略[M]. 张建新,等译. 5 版. 北京:中国轻工业出版社,2004.

[5] Ivey Allen E,Ivey Mary Bradford. 心理咨询的技巧和策略[M]. 时志宏,高秀苹,译. 5 版. 上海:上海社会科学院出版社,2005.

[6] 霍尔 C S. 弗洛伊德心理学入门[M]. 陈维正,译. 北京:商务印书馆,1991.

[7] 黄希庭. 心理学导论[M]. 北京:人民教育出版社,1991.

[8] Burger Jerry M. 人格心理学[M]. 陈会昌,等译. 北京:中国轻工业出版社,2000.

[9] 约瑟夫·洛斯奈. 精神分析入门——150 个问题的解说与释疑[M]. 郑泰安,译. 天津:百花文艺出版社,1987.

[10] 李武石. 寻找弗洛伊德——精神分析理论与经典案例[M]. 李光哲,李东根,杨华瑜,译. 北京:科学出版社,2009.

[11] 车文博. 精神分析新论[M]. 弗洛伊德文集:第 5 卷. 长春:长春出版社,2004.

[12] 弗洛伊德. 弗洛伊德心理哲学[M]. 杨韶刚,等译. 北京:九州出版社,2003.

[13] 哈里 A 威尔默. 可理解的荣格——荣格心理学的个人方面[M]. 杨韶刚,译. 北京:东方出版社,1998.

[14] 霍尔卡尔文 S,诺德拜沃农 J. 荣格心理学纲要[M]. 张月,译. 郑州:黄河文艺出版社,1987.

[15] 冯川. 荣格文集—让我们重返精神的家园[M]. 冯川,苏克,译. 北京:改革出版社,1997.

[16] 沈德灿. 精神分析心理学[M]. 杭州:浙江教育出版社,2005.

[17] 车文博. 人本主义心理学[M]. 杭州:浙江教育出版社,2003.

[18] 王慧君. 团体领导者训练实务[M]. 台北:张老师文化事业股份有限公司,1996.

[19] 罗杰斯. 罗杰斯著作精粹[M]. 刘毅,钟华,译. 北京:中国人民大学出版社,2006.

[20] Lavinia Gomez. 客体关系入门——基本理论与应用[M]. 陈登义,译. 台北:五南图书出版股份有限公司,2006.

[21] Sheldon Cashdan. 客体关系治疗—关系的运用[M]. 林秀慧,林明雄,译. 台北:心理出版社股份有限公司,2001.

[22] 弗尔达姆 F. 荣格心理学导论[M]. 刘韶涵,译. 沈阳:辽宁人民出版社,1988.

[23] 戈布尔弗兰克 G. 第三思潮——马斯洛心理学[M]. 吕明, 陈红雯, 译. 上海: 上海译文出版社, 2006.

[24] Dawn Freshwater, Chris Robertson. 情绪与需要[M]. 潘成英, 译. 北京: 北京大学医学出版社, 2008.

[25] 卡伦·霍妮. 我们时代的病态人格[M]. 陈收, 译. 北京: 国际文化出版公司, 2007.

[26] 卡伦·霍妮. 我们内心的冲突[M]. 王作虹, 译. 贵阳: 贵阳人民出版社, 1990.

[27] 卡伦·霍尔奈. 女性心理学[M]. 窦卫霖, 译. 上海: 上海文艺出版社, 2000.

[28] 阿尔弗雷德·阿德勒. 理解人性[M]. 陈太胜, 陈文颖, 译. 北京: 国际文化出版公司, 2000.

[29] 弗里兹·李曼. 直面内心的恐惧——分裂、忧郁、强迫、歇斯底里四大人格心理分析[M]. 杨梦茹, 译. 太原: 山西人民出版社, 2007.

[30] Marjorie Taggart White, Weiner Marcella Bakur. 自体心理学理论与实务[M]. 林明雄, 林秀慧, 译. 台北: 心理出版社股份有限公司, 2002.

[31] Siegel Allen M. 汉斯·科赫与自体心理学[M]. 林明雄, 林秀慧, 译. 台北: 心理出版社股份有限公司, 2002.

[32] 弗洛姆. 爱的艺术[M]. 李健鸣, 译. 上海: 上海译文出版社, 2008.

[33] 中华医学会精神科分会. 中国精神障碍分类与诊断标准(CCMD—3)[M]. 济南: 山东科学技术出版社, 2001.

[34] John Briere, Catherine Scott. 心理创伤的治疗指南[M]. 徐凯文, 等译. 北京: 中国轻工业出版社, 2009.

[35] 肯尼迪 C H, 左尔莫 E A. 军事心理学—临床与作战中的应用[M]. 贺岭峰, 高旭辰, 田彬, 译. 上海: 华东师范大学出版社, 2008.

[36] 王焕林, 崔庶, 陈继军, 等. 中国军人心理创伤后应激障碍的流行病学调查[J]. 中华神经科杂志, 1996, 29(2): 69-72.

[37] 王煌蕙, 靳同朝, 张志林, 等. 军事飞行员心理创伤后应激反应与心理干预效果[J]. 中华航空航天医学杂志, 1999, 10(4): 229-233.

[38] 伍志刚, 刘爱忠, 谭红专, 等. 洪灾区成 PTSD 及其危险因素的研究[J]. 中国临床心理学杂志, 2003, 11(2): 173-175.

[39] 汪向东, 赵承智, 新福尚隆, 等. 地震后创伤后应激障碍的发生率及影响因素[J]. 中国心理卫生杂志, 1999, 13(1): 28-30.

[40] 张本, 王学义, 孙贺祥, 等. 唐山大地震所致孤儿心理创伤后应激障碍的调查[J]. 中华精神科杂志, 2001, 33(2): 111-114.

[41] 何鸣, 吴仁刚, 杨德森, 等. 翻车事故幸存者中精神创伤后应激障碍[J]. 中国心理卫生杂志, 1993, 7(4): 148-151.

[42] 徐唯, 宋瑛, 梁爱民, 等. 特大爆炸事故幸存者创伤后应激障碍的初步研究[J]. 中国心理卫生杂志, 2003, 17(9): 603-606.

[43] 高民杰. 河北唐山地震后孤儿的心理变异及其社会化治理[J]. 山西地震, 2002, 2:

145 – 147.

[44] 陈俊,林少惠.创伤后应激障碍的心理预测因素[J].华南师范大学学报(社会科学版),2009,4:64 – 69.

[45] Hudgins M Katherine.创伤后压力障碍症的经验性治疗——治疗性螺旋模式[M].陈信昭,王环莉,张莉莉,等译.台北:心理出版社股份有限公司,2004.

[46] Kellermann Peter Felix,Hudgins M K.心理剧与创伤—伤痛的行动演出[M].陈信昭,李怡慧,洪启慧,译.北京:高等教育出版社,2007.

[47] 赵冬梅.心理创伤的治疗模型与理论[J].华南师范大学学报(社会科学版),2009,3:125 – 160.

[48] 徐光兴,李希希.创伤后应激障碍的心理应对机制之比较研究——从中美两国的文化心理背景出发[J].华东师范大学学报(教育科学版),2004,22(3):62 – 67.

[49] 吴兴曲,王倩云,杨来启,等.312 名高原汽车兵心理创伤后应激障碍的调查[J].解放军预防医学杂志,2002,20(6):431 – 433.

[50] 惠武利,徐德忠,施旺红,等.烟台"11.24"海难救援军人发生创伤后应激障碍的危险因素分析[J].中华流行病学杂志,2001,22(4):280.

[51] 董景五.疾病和有关健康问题的国际统计分类[M].北京:人民卫生出版社,2008.

[52] 施琪嘉.创伤心理学[M].北京:中国医药科技出版社,2006.

[53] Gilliland B E,James R K.危机干预策略[M].肖水源,等译.北京:中国轻工业出版社,2000.

[54] Rice Phillip L.压力与健康[M].石林,等译.北京:中国轻工业出版社,2000.

[55] Eric Berne,M D.人间游戏——人际关系心理学[M].田国秀,曾静,译.北京:中国轻工业出版社,2006.

[56] 朱瑟琳·乔塞尔森.我和你——人际关系的解析[M].鲁小华,孙大强,译.北京:机械工业出版社,2009.

[57] 托马斯.A.哈里森.我好!你好![M].北京:光明日报出版社,1988.

[58] 崔亚平,许玲.儿童不安全依恋研究综述[J].河南科技学院学报,20115(5):107 – 110.

[59] 陈琳,桑标.依恋模式的代际传递性[J].心理科学进展,2005,13(3):267 – 275.

[60] 王争艳,刘迎泽,杨叶.依恋内部工作模式的研究概述及探讨[J].心理科学进展,2005,13(5):629 – 639.

[61] 巴斯 D M.进化心理学[M].熊哲宏,张勇,晏倩,译.上海:华东师范大学出版社,2007.

[62] 维克多·E·弗兰克尔.追寻生命的意义[M].何忠强,杨凤池,译.北京:新华出版社,2003.

[63] 欧文·亚隆.存在心理治疗[M].易之新,译.台北:张老师文化事业股份有限公司,2003.

[64] 欧巧云.当代大学生生命教育研究[M].北京:知识产权出版社,2009.

[65] 阿尔弗雷德·阿德勒.生命对你意味着什么[M].周郎,译.北京:国际文化出版公

司,2000.

［66］刘平青.职业生涯与自我管理[M].北京:清华大学出版社,2011.

［67］马斯洛.自我实现的人[M].许金声,刘锋,等译.北京:生活·读书·新知三联书店,1987.

［68］刘丹凤.军人心理咨询理论与应用[M].北京:军事科学出版社,2008.

［69］段兴华,张星杰,侯再芳.理性情绪疗法的理论及应用[J].内蒙古农业大学学报(社会科学版),2003,3:100 – 102.

［70］苏光.高校团体心理辅导的理论探析[J].思想政治教育研究,2007,2:125 – 126.

［71］吴玲,刘志宏.论团体心理咨询领导者的必备条件[J].四川教育学院学报,2007,11:1 – 3.

［72］王文鹏."来访者中心疗法"对人本德育的启发[J].河南科技学院学报,2009,3:112 – 115

［73］谢姗姗.相互作用分析理论在心理咨询与治疗中的应用[J].江苏教育学院学报(社会科学版),2009,3:24 – 28.

［74］程肇基,谢旭慧.青少年团体辅导中领导者的有效沟通技巧[J].江西教育(管理版),2011,7 – 8A:56 – 58.

［75］杨晓桦.团体咨询中组长的人格特征、角色和技巧[J].天中学刊,2003,4:111 – 112.

［76］Diagnostic And Statistical Mental Disorder, Fourth Edition (DSM – IV) [J]. Washington, DC:APA,1994. 393 – 445.

［77］Davidson JR. Recognition and Treatment of Posttraumatic Stress Disorder[J]. JAMA,2001, 286(5):584.

［78］Bisson J, Andrew M. Psychological Treatment of Post – traumatic Stress Disorder (PTSD) [J]. Cochrane Database Syst Rev,2007,18 (3):2135 – 2139.

［79］Kessler RC,Sonnega A,Bromet E,et al. Posttraumatic Stress Disorder in the National Comorbidity Survety[J]. Arch Gen Psychiatry,1995,52(12):1048 – 1060.

［80］Kidson M A ,Douglas J C ,Holwill B J . Osttraumatic Stress disorder in Australian World War II Veterans Attending a Psychiatric Outpatient Clinic [J] . Med J August , 1993, 158, 563 – 566.

［81］Laurel L. Hourani, ,Jason Williams, Valerie Forman – Hoffman,et,al. Influence of Spirituality on Depression, Posttraumatic Stress Disorder, and Suicidality in Active Duty Military Personnel[J] . Depress Res Treat,2012,2012:425463.

［82］Escolas SM, Arata – Maiers R, Hildebrandt EJ, et,al. The Impact of Attachment Style on Posttraumatic Stress Disorder Symptoms in Postdeployed Service Members[J] . US Army Med Dep J,2012,Jul – Sep:54 – 61.

［83］Emine Z. K,Cengi Z. K,Sanas Y. Is Anxiety Sensitivity a Predictor of PTSD in Children and Adolescencents[J]. Journal of Psychosomatic Research,2008,65:81 – 86.

［84］Koob G. F. Corticotro in Releasing Factory,no Repinephine and Stress[J]. Biological Psychiatry,1999,46:1167.

[85] Amir N,Stafford J,Freshman M,et al . Relationship Between Trauma Narratives and Trauma Pathology[J]. Journal of T raumatic Stress,1998,11:385 – 393.

[86] Mikulincer M, Shaver P R, Berant E. An Attachment Perspective on Therapeutic Processes and Outcomes[J]. J Pers. 2012 ,20:1467 – 1494.

[87] Allen S N,Bloom S L. Group and Family Treatment of Posttraumatic Stress Disorder [J]. Psychiatric Clinics of North America,1994,17,2:425 – 437.

[88] Mellmen T A,Nolan B,Hebding J. A Polysomnographic Camparison of Veterans With Combat-Related PISD, Depressed man,And Non – Ill Controls[J]. Occupational Health and Industrial Medicine,1997,37:16 – 17.

[89] Prelinger E. Thoughts on Hate and Aggression[J]. Psychoanal Study Child. 2004,59:30 – 43.

[90] May U. Abraham's Discovery of the "bad mother". A Contribution to the History of the Theory of Depression[J]. Int J Psychoanal,2001,82(2):283 – 305.